민주정치와
공공경제

민주정치와 공공경제

초판 1쇄 찍은날 2024년 11월 22일
초판 1쇄 펴낸날 2024년 11월 25일

지은이 김유현

펴낸이 최윤정
펴낸곳 도서출판 나무와숲 | 등록 2001-000095
주   소 서울특별시 송파구 올림픽로 336 910호(방이동, 대우유토피아빌딩)
전   화 02-3474-1114 | 팩스 02-3474-1113
 e-mail : namuwasup@namuwasup.com

ISBN   979-11-93950-09-8   03300

민주정치와
공공경제

김유현 지음

책을 내며

나는 국회의원 보좌관이다. 겸임교수로 일주일에 한 번 강의도 한다. 2014년 경제학 박사학위를 받은 후 보좌관이 되었고 강의도 시작했으니, 얼추 10년이 넘었다. 중간에는 지역 연구원에서 연구위원으로 4년 가까이 일하며 정책 연구를 했다. 이 역시 지방자치단체를 정책적으로 지원하는 역할이었으므로 지방정부와 지역정치를 경험한 셈이다.

이 책은 이와 같은 정치 현장의 경험을 바탕으로 쓴 것이다. 정치학자가 아닌 관계로 수준 높은 정치학 이론이나 연구 결과를 담아낼 수는 없었다. 그러나 정치 현장의 경험에서 얻은 지식이 무용한 것은 아니다. 오히려 가끔은 복잡한 이론적 지식보다 현장에서의 경험적 지식이 현실 정치를 이해하는 데 도움이 될 수 있다. 그렇다고 이 책이 학술적 측면을 완전히 배제한 것도 아니다. 애당초 책을 쓸 때 강의 교재로 사용할 목적도 있었던 만큼 경제학, 정치학, 철학 등 다양한 학문을 접목하여 경제와 정치, 철학을 접목하여 기존의 이론과는 다른 새로운 접근으로 당위적이고 이상적인 관점에서 정치경제학 모델을 제시하고자 노력했다.

정치 현장의 주인공은 정치인이다. 보좌관이라는 직업은 국회의원의 의정 활동을 보좌하는 역할에 머물러야 하므로, 보좌관이 정치 현장에서 벌어지는 일들에 대해 주관적으로 느끼는 내밀한 가치 판단이나 자기 생각을 모두 말할 수는 없다. 그럴 때마다 '내가 정치인이라면 어땠을까'를 생각하며 스마트폰에 짧은 메모를 남기곤 했다. 가끔은 책을 읽고 느낀 점이나 기억하고 싶은 중요한 문장이 있을 때도 메모를 남겼다. 이 책은 그렇게 쌓인 메모들에서 출발했다.

그동안 적어 둔 메모들을 갈무리해 보니, 핵심은 정치적 의사결정이나 행위가 본질에서 벗어나면 안 된다는 것이었다. 흔히들 정치를 프레임 싸움이라고 한다. 여기에는 정치적 대결과 경쟁이 더 나은 결과를 가져올 수 있을 것이라는 믿음이 반영되어 있다. 그러나 아무리 정치가 대결과 경쟁의 과정이라고는 하지만, 그것이 지나친 정쟁으로 치달으며 본질을 벗어나는 순간부터는 정치 본연의 목적을 달성할 수 없다. 실제로 정치 현장에서 치열한 정쟁과 대결이 벌어지는 동안 논의의 본질은 사라지고 정치적 이해득실을 따지는 껍데기만 남은 경우가 많았다.

정치의 본령은 국민의 뜻을 받들어 사회적으로 가장 옳은 길을 찾아가는 것이다. 그리고 그 과정의 끝에는 국민의 행복한 삶이라는 궁극적인 목적이 있다. 그렇다면 정치는 사회적으로 가장 옳은 길을 어떻게 찾아가는 것일까? 국민의 행복한 삶을 지향한다고 하는데, 행복이란 무엇인가? 또 대체 행복한 삶이란 어떤 삶을 말하는가? 사회 안에서 많은 사람이 어울려 함께 행복하려면 무엇이 필요할까? 이런 질문들이 꼬리에 꼬리를 물었다.

민주주의의 근간은 국민주권의 원리라고 한다. 대의민주제에서 정치인은 국민을 대표한다. 그러나 정치인이 국민의 뜻을 정말로 잘 대표하고 있는지, 정치가 국민의 뜻대로 이뤄지고 있는지 의문을 갖지 않을 수 없었다. 정치적 이해득실만 따져 가며 정쟁에 몰두하고 있는 정치가 과연 국민의 뜻을 따르는 것일까? 극단적인 갈등과 대립으로 정쟁을 넘어 전쟁으로 치닫고 있는 정치가 과연 대화와 타협의 정신을 실현할 수 있을까? 이렇게 정치가 본질을 벗어나 겉돌게 된 원인은 무엇일까? 어떻게 하면 정치가 본류를 찾아 본연의 역할을 하게 할 수 있을까? 또다시 많은 질문이 떠올랐다.

인간은 물질적으로 풍요롭고 정신적으로 평안함을 추구하며 행복에 이른다. 사회적 동물인 인간은 경제성과 도덕성을 발현하여 함께 살아가는 법을 터득했다. 이러한 인간의 본성으로부터 유권자인 시민은 사적 가치와 공적 가치의 조화를 찾아 자신만의 정치적 선호를 형성한다. 민주정치는 시민의 다양한 정치적 선호로부터 공통점을 찾아 사회의 일반의지를 확인하고, 그것을 실현함으로써 모두가 행복하게 살아갈 수 있는 사회를 만들어 간다. 개인 차원에서 정치적 선호는 반성과 성찰의 결과물이고, 정치가 만든 사회적 합의는 대화와 타협의 산물이다. 정치적 선호의 차이와 다양성으로부터 찾아낸 공통분모는 시민의 보편적 의지다. 따라서 민주주의 원리는 개인의 특수성으로부터 사회의 보편성을 추구한다. 그러나 안타깝게도 현실의 정치에는 특수한 이익의 경쟁만 있을 뿐, 보편적 가치를 실현하려는 노력은 잘 보이지 않는다.

경제학자의 시선에서 바라본 현실 정치는 기득권 세력이 만나 힘겨루기하는 경기장 같았다. 정치권력을 앞세운 기득권, 경제력을 앞세운 기득권, 법을 앞세운 기득권, 전문지식을 앞세운 기득권, 심지어 언론까지, 온갖 기득권 세력이 이합집산하며 대결을 펼치고 있다. 그러는 사이 정치에서 국민은 사라지고 있다. 하루에도 수백 번 국민을 외치지만, 실제로는 국민이 없다. 경제가 중요하다고 하지만, 국민을 위한 경제는 사라지고 GDP 규모와 성장률 같은 숫자만 남는다. 사회정의에 대한 사회적 합의를 찾고 그것을 실현할 방법을 찾아야 할 정치가 시장 논리에 함몰되어 경제성장만을 외치고 있다. 사회는 치열한 경쟁으로 물들었고, 정치는 심각한 정쟁으로 물들었다. 모두가 행복하기를 바라지만 아무도 행복할 수 없는 사회의 구조적 모순 앞에, 권력 쟁탈전으로 전락한 정치는 사회보다 더 심각한 모순을 드러내고 있다.

단단히 꼬인 실타래를 풀려면 정치가 민주주의의 본질을 다시 찾아가야 한다. 민주정치를 살려낼 방법은 국민주권의 원리를 제대로 실현하는 것이고, 그 유일한 해법은 시민의 정치 참여다. 시민의 정치 참여가 궁극적으로 지향하는 것은 모든 국민이 동등한 정치적 영향력을 갖게 하는 것이다. 이를 위해서는 국민 모두에게 공평한 참여 기회를 제공해야 한다. 그 시작은 생활권의 확립이다. 모든 국민을 위한 생활권 확립은 공공경제가 지향하는 바다. 결국 민주정치가 공공경제의 올바른 역할을 정립하고, 공공경제가 생활권을 확립하여 민주정치를 바로 세우는 선순환이 이뤄질 때 우리 사회의 복잡한 문제들을 해결할 수 있을 것이다.

현실 정치의 경험에서 얻은 이러한 결론은 이미 잘 알려진 것이다. 시민의 정치 참여만이 비뚤어진 정치와 사회를 바로잡을 수 있다는 것에 대해 내용적으로 공감하지 않을 사람은 별로 없을 것이다. 그러나 실천이 어렵다. 우리는 먹고살기 너무 바쁘다. 경쟁에서 낙오되는 것이 두렵고, 상대적 박탈감과 소외감이라는 부정적 감정에 대한 공포와 혐오가 강하다. 치열한 경쟁에서 남는 것은 승자와 패자의 계층 분리 현상이다.

그래서 생활권 확립이 더더욱 중요하다. 보편적인 삶의 안정을 전제로 할 때 우리 모두는 동등한 시민으로서 서로를 존중하는 문화를 확립할 수 있다. 시민의 권리는 경쟁에서의 승패와는 무관하다. 모두가 시민으로서의 권리를 누릴 수 있는 공공경제를 완성하는 것이 진정한 민주정치를 향해 가는 초석이다.

글을 쓰는 것은 언제나 무거운 책임감을 갖게 한다. 그 무게감을 이겨낼 수 있도록 힘을 주신 분들이 너무도 많아 성함을 일일이 언급하기를 일찌감치 포기하는 게 맞는 것 같다. 언제나 살아갈 용기를 주는 가족을 비롯해, 크고 작은 소중한 인연을 맺고 늘 긍정적인 메시지를 전해 주시는 모든 이에게 깊은 감사의 마음을 전한다.

2024년 11월
김유현

차 례

프롤로그

정치 참여는 시민의 권리이자 의무다

우리는 민주주의가 너무도 당연하게 존재하는 것이기에 그 소중함을 잊고 살아가는 것 같다. 민주주의가 그냥 얻어진 것이 아니라는 것을 몰라서가 아니다. 오랜 역사를 통해 인류가 견뎌낸 인고의 시간 끝에 자유·인권·평등의 가치가 빛을 발하게 됐고, 수많은 시민의 연대와 협력이 빚어낸 혁명의 결과로 민주주의가 탄생했다. 역사의 시계를 돌려 지금의 사람들이 그 당시로 돌아간다고 해도 다시 이뤄낼 수 있을지 장담할 수 없을 만큼 민주주의의 확립은 인류가 이룬 위대한 업적이다. 우리나라도 서슬 퍼런 군사독재의 칼에 맞서 싸운 수많은 시민의 숭고한 희생이 있었기에 지금의 민주주의를 누릴 수 있게 되었다.

그런데도 우리는 그렇게 소중한 민주주의를 마치 당연히 얻은 것처럼 대하고 있는 것은 아닌지 반성해 볼 필요가 있다. 4년에 한 번, 또는 5년에 한 번씩 돌아오는 선거일에 투표장에 가는 것만으로 민주시민으로서의 권리와 책임을 다했다고 만족하고 있지는 않은가? 선거일을 쉬는 날 정도로 생각하거나, 투표하지 않는 것도 일종의 정치적 의사 표현이라며 애써 변명하고 있지는 않은가? 또 맨날 싸우기만 하는 정치판에 신물이 나서 이제는 쳐다도 보기 싫다며, 정치인들의 잘못된 행동을 탓하고만 있지는 않은가?

민주주의는 사회 구성원 모두가 함께 살아가는 길을 찾아가는 과정이다. 함께 살아가는 길을 함께 살아가야 할 사람들이 스스로, 그리고 함께 정하는 것은 너무도 당연한 이치다. 그 길에 대한 생각이 각자 다를 수는 있지만, 그 다름의 공간 속에서 공통된 부분을 찾아 사회적 합의를 찾아 실현하는 것이 바로 민주주의 정치다.

　이 책은 국민의 다양한 의견을 모아 생각의 차이를 좁히고 이해관계를 통합하여 다수가 동의할 수 있는 새로운 길을 찾아내는 역할을 정치가 할 수 있도록 시민이 적극적으로 정치 참여에 나서야 함을 말하려고 한다.

　시민이 정치로부터 멀어지는 동안 민주주의는 점점 더 그 가치를 잃어 간다. 시민의 다양한 생각과 이해관계를 정치라는 용광로 안에 녹여 내고, 대화와 타협의 과정을 거쳐 공익에 부합하는 결정을 내리는 것이 바로 민주주의다. 그런데 시민이 정치에 관심을 갖지 않으면 논의할 대상이 사라지게 된다. 시민의 정치 참여 없이 실질적인 민주주의를 기대할 수 없다. 정치에 대한 시민의 관심이 사라진 상황에서는 정치인이 자의적으로 논의의 대상을 찾고, 자기 판단으로 민의를 정의할 수밖에 없다. 이런 환경에서는 민주주의가 소수 정치인의 놀이터로 전락할 가능성이 크다. 시민이 정치에 관심을 갖지 않으면 기득권 세력과 정치인의 결탁으로 소수 기득권 세력의 이해관계가 민주주의를 장악하는 문이 활짝 열린다. 기득권 세력은 자신들에게 유리한 방향으로 정치적 의사결정을 유도하는 방법을 알고 있고, 실제로 그렇게 할 수 있는 힘과 권력을 갖고 있다. 그들은 자신들이 원하는 방식으로 법과 제도를 만들기 위해 수단과 방법을 가리지 않는다. 따라서 시민이 정치와 멀어지는 순간부터 정치판은 소수 기득권 세력이 벌이는 이전투구泥田

鬪狗의 장으로 흘러가게 된다. 이런 정치가 싫다며 관심을 아예 끊어 버리는 시민이 많아지면 많아질수록 기득권 세력의 정치 장악은 더 심해지는 악순환이 벌어져, 결국에는 민주주의 자체가 형해화하는 지경에 이르게 될 것이다.

꼭 기득권 세력이 아니라고 하더라도 시민 중 보편적 다수는 정치에 무관심한 가운데, 정치에 관심이 많은 소수의 시민만이 지나치게 큰 목소리를 내는 것도 문제가 될 수 있다. 이른바 '정치 고관여층'은 특정 정당의 당원으로서 당론에 영향을 미치고, 각종 정치 관련 매체를 통해 적극적으로 정보를 수집하며, SNS 등을 통해 자기 의견을 표출하기도 한다. 물론 정치에 관심이 많은 시민이 적극적으로 정치에 참여하는 것 자체는 매우 긍정적인 일이다. 그러나 보편적 다수가 침묵하는 가운데, 한쪽으로 치우친 소수의 시민이 전체 시민을 과잉 대표하여 편향적인 여론을 주도하는 것은 바람직하지 않다.

특히 이런 모습이 특정인 또는 특정 세력을 맹종하는 팬덤Fandom의 형태로 나타나거나, 혹은 특정 세력에 대한 과도한 혐오로 나아가는 것은 매우 위험할 수 있다. 이는 민주주의를 대화와 타협의 장이 아니라 혐오와 극단적 대결의 장으로 이끌어, 다수의 보편적 시민이 정치로부터 더 멀어지게 만들 수 있다. 마치 상대를 흠집 내고 죽이는 것이 승리를 쟁취할 수 있는 유일한 길인 것처럼 전쟁터에서나 있을 법한 잔인한 게임의 법칙이 정치를 지배하게 되면, 시민의 다양한 생각과 이해관계를 조정하여 더 나은 사회를 위해 공익적인 가치를 생산하는 진정한 민주주의 정치를 기대할 수 없다.

다수 시민이 정치에 관심을 갖고 다양한 의견을 적극적으로 표출함으로써 공론의 장을 형성하고, 정치에 실질적으로 참여하는 것이 올바른 민주주의의 모습이라는 점을 부인할 사람은 아마도 거의 없을 것이다. 민주주의를 지키고 발전시켜 나가는 것은 보편적 시민인 우리 모두의 몫이다. 정치가 소수의 편견이나 특수한 이해관계에 지배당하게 해서는 안 된다. 현재를 살아가는 우리는 앞선 시대를 살았던 시민들이 어렵게 얻어내고 지켜낸 민주주의를 더 소중히 생각하고 발전시켜 나가야 할 책임이 있다.

> 나의 목소리가 국가의 일에 미칠 수 있는 영향력이 아무리 약하다 할지라도, 자유 국가의 시민이자 주권자의 한 사람으로 태어나 투표권을 가진 것만으로도 정치에 관해 알아야 할 의무를 나 자신에게 부과하기에 충분하다.[1]

무엇이 시민을 정치로부터 멀어지게 하는가?

'무슨 말을 하려는지는 알겠다. 아무리 그래도 꼴 보기 싫은 건 싫은 거다. 먹고살기도 바쁜데 정치에 관심을 가지라니, 무슨 한가한 소리냐?'고 할지도 모른다. 뭐가 옳은지 몰라서가 아니라, 그걸 알면서도 정치에 관심을 둘 겨를이 없거나, 관심을 두고 싶어 하지 않는 사람들이 우리 주위에는 여전히 많다. 우리는 왜 이렇게 정치에 무관심해지는 걸까?

---

1   Jean Jacque Rousseau, *The Social Contract*, 1762 (김중현 역, 『사회계약론』, 펭귄클래식, 2010), pp.11~12.

첫째, 보수와 진보 사이의 단조로운 이념 대결과 이념의 왜곡이 시민을 정치에서 멀어지게 한다.

현실에서 정치는 다수의 정당이 정권 획득 경쟁을 벌이는 대결의 장이다. 비록 서로 다른 정치적 이념을 가진 세력들이 만나 지지고 볶고 싸우기는 하지만, 결국에는 대화와 타협의 결과물을 찾아 합의점을 도출하는 것이 정치의 매력이다. 그런데 요즘 정치는 정치세력 간의 극단적 대결만 있을 뿐, 합의점을 도출해 내지 못하고 있는 것 같다. 서로를 죽이지 못해 안달이 난 마냥 싸우기만 한다. 동네에서 길을 걷다 벌어지는 사소한 다툼을 보기만 해도 기분이 썩 좋지 않은데, 매일같이 정치 뉴스를 도배하는 것이 싸움이고 정쟁이니 불쾌한 것이 당연하다.

정쟁의 원인이 되는 가치와 이념의 대결도 단조롭기 짝이 없다. 소위 말하는 보수와 진보라는 상황적 이데올로기만 있을 뿐, 다양한 가치와 철학의 복합적이고 다원적인 논의가 사라지고 있다. 더욱이 대결을 벌이는 보수와 진보라는 이념도 원래 그것이 가진 의미에서 벗어나 왜곡되어 있다.

원래 '보수'의 이념은 지키고자 하는 분명한 가치가 있다. 대체로 그 가치는 사회의 안위를 지켜내기 위한 전통적인 사회질서의 본질에 관한 것으로, 대다수 시민이 인정하는 보편성을 갖춘 것들이다. 만약 지켜야 할 대상이 특정 권력자와 그를 둘러싼 측근 세력, 또는 소수 집단의 사적 이익이라면, 그것은 진정한 보수가 아니다. 흔히 우리는 권력 또는 자신의 이익을 지키기 위해 변화를 거부하는 태도를 보이는 사람을 보수주의자라고 부르는데, 이는 우리 사회에서 보수라는 이념이 얼마나 왜곡되어 있는지를 보여 주는 한 단면이 아닐까 한다.

진정한 보수는 변화를 두려워하지 않는다. 보수정치 이념의 선구자라고 하는 영국의 정치인 에드먼드 버크는 "변화할 수단을 갖지 않은 국가는 보존을 위한 수단도 없는 법"이라고 했다.[2]

진정한 보수는 지향하는 가치를 지키기 위해 나머지 다른 것들에 대해서는 얼마든지 변화를 추구할 수 있어야 한다. 1688년 영국의 명예혁명은 보존과 교정이라는 두 원리가 강력하게 작동한 결과물이었다.[3] 이는 전통과 질서를 보존하기 위해 낡은 봉건 시대의 왕권과 귀족 계급의 기득권을 내려놓게 하는 교정 작업이었다고 할 수 있다. 의회를 중심으로 하는 민주주의적 정치질서를 받아들인 왕과 귀족은 봉건 시대의 계층적 질서에서 내려오던 실질적 기득권을 포기했다. 이와 같은 평화적인 기득권 포기의 대가로 왕실과 귀족 계급은 형식적인 명예를 유지할 수 있었다. 이는 '명예에는 강한 사회적 책임이 수반된다'는 전통적 사회질서에 대한 보편적 합의가 이뤄낸 성과라고 할 수 있다.

반면 '진보'는 지향하는 가치를 실현하기 위해 사회의 근본적 변화를 추구한다. 이를 위해 필요하다면 투쟁과 혁명도 주저하지 않는다. 진보의 이러한 변화 지향의 바탕에는 과거에 확립된 기득권적 사회질서에 대한 저항이 강하게 깔려 있다. 아무리 오랜 세월 누적된 사회질서라고 하더라도 인권과 자유, 평등과 같이 더 본질적이고 보편적인 가치를 위한 새로운 사회질서로의 변화를 다수 시민이 원한다면, 투쟁과 혁명에 나서야 한다는 것이 진보의 태도다. 영국의 명예혁명보다 101년 늦었던 1789년 프랑스 혁명은 봉건 시대의 계층적 질서로부터 누적된 기득권 세력의 횡포에 대해 민중이 보여 준 극단적인 형태의 저항이었

---

2 Edmund Burke, *Reflections on the Revolution in France*, 1790 (이태숙 역, 『프랑스 혁명에 관한 성찰』, 한길사, 2008), p.65.

3 앞의 책, p.65.

다. 보편적 다수의 시민이 주인이 되는 민주주의적 통치 질서를 확립하기 위해 피를 동반한 물리적 투쟁 방식의 혁명을 선택한 것이다. 이처럼 진보는 기득권적 질서에 저항하고, 변화를 지향하는 이념 성향이라고 할 수 있다.

보수와 진보의 사회적·역사적인 배경을 생각해 볼 때, 지금 우리나라의 보수와 진보는 상당히 왜곡된 모습으로 나타나고 있다. 우리나라 보수가 추구하는 본질적인 가치와 전통적인 사회질서가 무엇인지 모르겠다. 물론 우리 사회의 오랜 전통과 질서, 헌법과 법치주의, 공동체, 자유, 자본주의 시장질서 등 보수가 내세우는 가치가 없는 것은 아니다. 하지만 실제로는 기득권 세력의 이해관계를 지키려는 것이 보수의 현주소가 아닌지 강한 의심이 든다. 보수가 지향하는 가치가 기득권 세력의 논리에 따라 왜곡된 이상, 그것은 진짜 보수주의가 아니다.

먼저 법에 따라 권력을 행사해야 한다는 통치의 제약 원리인 법치주의가 국민에게 준법을 강요하는 원리로 둔갑하고 있다. 법치주의를 앞세워 권력에 맞서는 국민을 처벌하고 길들이려고 하는 것은 법치주의 본래의 의미에서 완전히 벗어난 것이다. 국민이 법을 지키는 것은 사법질서의 확립과 준법 정신, 시민 의식의 문제이지, 법치주의와는 다른 것이다. 법치주의의 본질은 국가가 국민의 기본권을 침해하지 않도록 국가권력을 행사하는 통치 집단을 제약하는 데 있다. 그런데 기득권 세력이 자기 이익을 지키기 위해 보수를 점령하여 법치주의를 왜곡하고 사법질서를 장악하면서, 국민은 더 이상 법 앞의 평등을 체감할 수 없게 되었다.

또한 보수는 개인의 자유와 자본주의 시장질서를 앞세워 재벌과 대기업, 초부유층 등 경제 기득권 세력의 이해관계에 편승하고 있다. 그러는 동안 노동자, 중산층, 서민 등 당장 먹고살기 위해 아등바등하는 대다수 국민에게 개인의 자유는 그림의 떡이 되어 가고 있다. 생계를 위한 활동에 자신의 시간을 갈아 넣고 있는 사람들에게 개인의 자유는 사치일 뿐이다. 더욱이 보수는 개인의 자유를 앞세우는 척하지만, 실제로는 방송과 언론을 장악하며 표현의 자유를 위축시키고 있다. 안보가 최우선이라면서도 외교 정책을 이념화하고, 남북 관계는 악화일로를 달려 평화가 위협받고 있다. 보수는 전통을 지키겠다면서도 친일사관親日史觀에 사로잡혀 항일 독립운동 정신을 훼손하고 민족 정신을 뿌리째 흔들고 있다. 또한 헌법 정신을 구현하겠다면서도 친기업, 경제성장 제일주의에 빠져 노동자와 국민의 기본권 강화를 소홀히 하고 있다. 이처럼 기득권 세력을 위해 새로운 사회질서를 만들어내는 것은 진정한 보수가 아니다. 보편적 가치 아래 확립된 사회질서를 지키는 것이 보수의 올바른 태도다.

진보 역시 평등과 정의, 인권 같은 보편적 가치를 앞세우지만 보수에 대한 비난에 매몰되어 정치적 대결 구도를 심화하고 갈등을 키우는 것은 아닌지 우려되는 상황이다. 건강한 사회 발전을 위해 변화를 추구하고 있다고 하지만, 실상은 정권 교체에 혈안이 되어 있다. 당장 권력 창출에만 눈이 멀어 보수와의 대결 구도를 키우고, 민생이 아닌 정쟁에 몰입하는 모양새다. 진보가 추구하는 사회의 바람직한 가치라는 것들도 일부 보수 정치세력을 적폐로 규정하고 그들을 청산하고 싶은 욕구 앞에 무릎을 꿇은 것은 아닌지 의심된다. 더 나은 사회를 위해 진보적 정치세력이 정권교체에 나선 것인지, 정권교체를 위해 진보적 정치세력이 존재하는 것인지 헷갈릴 지경이다. 이런 상황은 대체 보수가 뭘 지키려고 하는지, 진보와 보수의 대결이 무엇을 위한 것인지에 대한 시민들의 혼란을 키우고 있다.

보수와 진보의 이념적 성향과 가치의 선택은 그 사회의 환경과 여건, 바람직한 사회질서에 대한 대중의 판단이 반영되어 결정되는 것이다. 자유주의, 평등주의, 공동체주의, 사회주의 등 지향하는 가치를 직접 내세우는 이념과 달리, 보수와 진보는 어떤 가치를 지키고자 하는지, 또는 어떤 가치를 위해 변화를 지향하는지에 따라 달라지는 상황적 이데올로기다. 보수와 진보는 가치의 그릇과 같다. 그릇의 모양만 보자면 보수는 사회의 근본적 질서와 체제를 지키기 위해 그 외 나머지 것들의 변화를 추구하는 모양을 가진 그릇이고, 진보는 사회의 질서와 체제 그 자체의 변화를 추구하는 모양을 가진 그릇이다. 안정을 추구하는지, 변화를 지향하는지에 따라서 그릇의 모양만 다르게 보일 뿐, 그 안에 무엇을 담을 것인지에 따라 보수와 진보의 실질적인 내용도 달라진다. 봉건주의적 신분제 사회의 구속에서 벗어나, 인권과 시민의 자유를 새로운 가치 질서로 확립하려고 할 때의 자유주의는 진보의 가치를 대표한다. 그러나 사회질서의 안정을 추구하는 사람들이 지켜야 할 가치로서 자유를 앞세운다면, 자유주의는 보수의 대표적인 가치가 될 수 있다. 가치를 실현하는 방법의 차이에 불과한 진보와 보수가 대화와 타협이라는 정치의 본질적 성격을 배제한 채, 권력다툼에만 빠져 극한의 갈등과 대결을 벌이는 모습에 시민들이 환멸을 느끼지 않는다면 그것도 이상한 일이다.

둘째, 정치 리더십의 실종과 사익을 추구하는 정치가 혐오의 정치를 낳았고, 시민이 다시 혐오의 정치를 혐오하게 되는 악순환이 벌어지고 있다.

정치와 선거는 정권 창출을 위한 경쟁에서 우위를 점하기 위해 더 많은 유권자의 지지를 확보하는 과정이다. 통상 정당과 정치인은 선거가 다가올수록 이러한 경향이 더욱 심해져 보수와 진보 어느 쪽이든 중산층을 앞세우고, 중위투표자의 언어를 사용하려 노력한다. 다양한 정치적 스펙트럼 위에 유권자가 폭넓게 분포하는 상황에서 조금이라도 더 많은 사람의 정치적 성향에 가까이 머물기 위해 노력하는 것이 선거에서 승리할 수 있는 길이라는 중위투표자 정리가 오랜 세월 선거의 법칙으로 자리 잡았기 때문이다. 이는 사회 발전 과정에서 대립하는 극단적 주장을 조율하여 양측의 의견을 모두 반영한 사회적 합의를 끌어내고, 사회 통합을 지향하는 민주주의 정치의 본원적인 기능을 고려할 때 바람직한 원리라고 할 수 있다.[4]

그런데 요즘의 정치를 보면 전형적인 선거 승리의 법칙과 달리, 지나치게 한쪽으로만 치우쳐 지지층 결집에만 집착하고, 극단적 용어를 남발하는 경향이 뚜렷해지고 있음을 알 수 있다. 이는 우리 사회가 보편적으로 지향해야 할 본원적 가치 중심의 정치적 리더십이 사라지고 있다는 징표가 아닐까 하는 생각이 든다. 과거에는 민주주의 확립과 사회 발전이라는 명확한 지향점을 바탕으로 정권 획득의 정당성을 실질적으로 확보하고자 노력했다.

그러나 지금은 대놓고 당리당략이나 사적 이해관계를 중심으로 정치가 돌아가고 있는 모양새다. 대다수 국민이 행복하게 살아갈 수 있는 사회를 지향하기보다 우리 편을 지키는 것이 가장 중요한 정치적 목적

---

4 중위투표자의 선호가 시민들의 다양한 선호를 적절히 혼합한 중도적 선호를 대표할 수 있음을 전제로 했을 때 그렇다는 말이다. 그러나 중위투표자 정리가 소수의 희생을 요구하는 다수의 횡포로 흘러 버리는 부정적 측면도 있음을 분명히 할 필요가 있다. 정치가 국민의 다양한 생각과 이념을 통합해 보편적이고 공익적인 결론을 이끌어야 한다고 할 때, 통합의 방식으로 다수결 원칙에만 의존하면 소수 시민의 소외와 권리의 사각지대를 만들어낼 수 있으므로 보완이 필요하다는 것이 중위투표자 정리의 또 다른 중요한 시사점이다.

이 되어 버린 것 같다. 내가 살기 위해서는 상대를 죽여야 하고, 그러기 위해 정권 획득이 필요하다고 노골적으로 말한다. 사회적 가치 실현을 위한 정치인의 봉사와 희생 정신이 사라지고, 정치인과 그 주변인의 생사고락生死苦樂만이 전체 정치 과정을 지배하고 있다.

정치뿐만 아니라, 사회 전반에서 승자독식의 치열한 경쟁이 난무하고 있다. 심각한 대학 서열주의와 능력주의에 대한 맹신이 사회를 이상한 방향으로 오염시키고 있다. 대학 입시 경쟁의 결과가 남은 인생의 향방을 오롯이 결정하는 사회에서 새로운 유형의 계층화 현상이 나타나고 있다. 경쟁의 승자 그룹에 속하는 사람들은 견고한 상위 계층을, 패자 그룹은 하위 계층으로 고착화하고 있다. 승자와 패자를 가르는 가장 중요한 요인으로 개인의 노력보다, 부모가 누구인지에 따라 결정되는 가정환경이 대두됨에 따라 사회 이동성Social Mobility은 더욱 떨어지고 있다.

이렇게 승자 그룹과 패자 그룹의 양극화와 고착화가 심화하면, 사람들의 승패에 대한 집착은 더 심해질 수밖에 없다. 승패에 대한 집착은 곧 사회 안에서 일률적으로 정의된 성공에 대한 관념을 사람들에게 심어 주고, 그것을 기준으로 타인과 비교하려는 성향을 강화한다. 이에 따라 승자가 된 사람의 우월 욕망은 더욱 자극받아 지배자의 위치에 서려 하고, 이를 충족하지 못하는 패자의 대등 욕망은 사회적 소외와 배제에 대한 저항심으로 누적되어 사회 안정성을 저해하는 잠재적 요인이 되어 간다.

극단적인 경쟁을 지향하는 정치와 사회의 난맥상이 유권자의 정치적 지지와 선택의 성향에도 고스란히 반영되고 있다. 특정 정당의 당원들이 중심이 된 지지자 그룹 중 일부는 '특정인이 아니면 절대 안 된다'는 맹목적인 팬덤을 형성하고 있다. 그런가 하면 다른 한쪽에서는 특정인을 욕하고 비난하는 것에만 혈안이 되어, 극단적인 정치 성향을 여과 없이 표출하는 사람들도 늘고 있다. 이러한 일부 시민의 극단적인 정치적 성향 표출 행위는 우월 욕망과 대등 욕망의 대리전 양상을 보이며 사회 갈등을 키워 가고 있다.

그런데도 정치가 이와 같은 극단적인 경쟁 사회의 문제를 완화하는 기제로 작동하기는커녕, 오히려 더 심화되도록 부추기고 있다. 정치세력들이 서로 상대편을 제거하고 자기 세력을 지키기 위해 각자의 편에서 극단적인 정치 성향을 표출하는 지지자들을 정쟁의 장으로 끌어들여 적극적으로 이용하고 있는 모양새다.

승자가 모든 것을 독식하는 극단적 경쟁이 사회를 병들게 하는 상황에서 정치마저 그러면 안 된다. 누군가를 죽이기 위한 정치는 정치가 아니다. 정치는 함께 살자고 하는 것이다. 정치는 그와 같은 사회의 극단적인 경쟁과 대결을 완화하고, 대화와 타협으로 사회적 합의의 길을 찾아 보편적 시민이 함께 잘 살 수 있는 사회를 만들어 가도록 노력해야 한다.

하지만 현실의 정치는 반대로 가고 있다. 정치판에서 가치의 경쟁은 사라지고, 내가 살기 위해 상대를 죽여야만 하는 전쟁터가 되어 가고 있다. 정치권에서 정권 획득을 놓고 벌이는 양당의 극단적 대결에 적극적으로 참여하는 시민의 반대편에서는 이 같은 혐오의 정치에 질려 정치를 혐오하는 시민이 늘어 가고 있다. 자신의 정치적 선호를 드러내는 권리 자체를 포기할 만큼 혐오의 정치를 혐오하는 시민이 많아지면 민주주의 시스템이 정상적으로 작동하기 어렵다. 극단적인 정치 성향을 표출하는 일부 시민만이 정치에 적극적으로 참여해 극한의 대결을 벌이는 상황에서는 대화와 타협, 통합의 정치가 불가능하다. 혐오의 정치에 질려 버린 다수 시민이 정치로부터 멀어져 보편적 중심 세력이 약해지면, 민주주의는 퇴행의 길로 빠져들 수밖에 없다. 어렵게 정착한 민주주의가 퇴행하는 것은 우리 모두에게 손해다.

이런 때일수록 현실 정치를 냉정하게 평가하고 객관적으로 바라보며, 자신의 의견을 적극적으로 표출하는 중심 세력으로서 시민의 역할이 중요하다. 팬덤이든 아니든, 특정 정당의 적극적인 지지층이든 아니든, 대다수 시민이 정치에 적극적으로 참여할 때, 보편적 다수 시민의 뜻에 따라 더 나은 사회를 향해 나아가는 민주정치를 기대할 수 있다.

셋째, 정치가 소수 기득권의 경제 논리에 지배당하면서 대다수 소시민을 절망에 빠뜨리고 있다.

현재 우리의 정치는 자본주의, 개인주의, 물질만능주의에 포획됐다. 정치적 의사결정 과정을 지배하는 가장 중요한 원리로 경제 논리가 앞서고 있다. 그러나 우리가 살아가는 기반은 시장이 아니라 사회다. 다수의 사람이 모여 서로 관계를 맺으며 더 행복하게 살기 위해 사회가 만들어졌고, 그런 사회 안에서 좀 더 효율적으로 자원을 활용하고 물질적인 풍요를 누리기 위해 만들어진 것이 시장이다. 시장의 효율성을 위해 다수의 행복한 삶을 희생시키는 것은 본원적으로 타당하지 않다.

그러나 현실의 정치는 경제 논리에 지배당하고 있다. 그리고 경제 논리의 뒤에는 재벌, 대기업, 고용주 등 기득권 세력이 버티고 있다. "법인세율을 낮춰야 기업의 경쟁력이 높아지고 고용과 투자를 늘려 경제가 활성화된다. 그러니 세금이 좀 줄어서 서민과 중산층을 위해 쓸 돈이 줄어들더라도 이해해라. 조금만 기다리면 대기업이 돈을 벌어 그중 일부가 중소기업과 노동자에게 흘러가는 낙수효과Trickle-down Effect가 나타나 좋아질 것이다." 기득권이 앞세우는 전형적인 논리다. 부자의 세금을 깎아 주면서 어떻게 세입을 늘리고 재정을 건전하게 하겠다는 것인지, 그러면서 동시에 어떻게 서민과 중산층을 돌보겠다는 것인지, 모순처럼 느껴진다.

정치권에 등장하는 경제 논리의 상당 부분은 기득권의 이해관계를 대변한다. "기업의 오너가 자식에게 경영권을 물려주지 못해 어려움을 겪고 있으니, 상속세를 깎아 주어 경영 승계가 원활하게 이루어질 수 있도록 돕고 기업이 성장할 수 있도록 하면 경제도 살리고 일자리도 늘릴 수 있다."

그러나 법인은 특정인의 것이 될 수 없다. 기업의 오너가 소유하는 것은 법인의 주식이다. 따라서 자식에게 물려줄 수 있는 재산도 주식이다. 정당하게 상속세를 내고 주식을 물려주면 된다. 경영을 누가 맡을 것인지는 주주총회에서 다른 주주들의 의견을 모두 반영해서 결정하면 된다. 왜 오너의 자식만이 가장 훌륭한 경영자가 될 수 있다고 생각하는 것인지 모르겠다.

한편 어떤 형태가 되었건 재산을 축적할 수 있는 근원은 소득이다. 노동소득이든 자본소득이든 벌어들인 돈으로 재산을 축적하는 것이다. 따라서 상속세 부담의 과중은 소득세 부담과 함께 고려되어야 한다. 노동소득에는 그렇게 과세하면서 자본소득에는 제대로 과세도 하지 않고, 자본소득을 기반으로 축적한 재산을 자식에게 물려줄 때까지 과세를 완화하겠다고 하면 이것은 너무도 불평등한 것 아닌가?

경제 기득권 세력은 기업이 돈을 잘 벌어야 경제가 살아나는데, 노동조합과 인건비 부담이 걸림돌이라고 말한다. 이에 따라 정치권에서도 노조의 파업으로 기업이 망하면 경제가 어려워지고 일자리가 줄어들기 때문에 노조 활동을 제약하고 인건비도 줄이고, 해고도 쉽게 할 수 있도록 노동시장을 유연화해야 한다는 주장이 끊이지 않는다. 놀랍게도 이는 소수 정치인의 의견이 아니다. 헌법에 따라 당연히 보장해야 할 노동 기본권 강화 법안도 반대가 극심해 통과되지 못할 정도다. 당장 노후 빈곤과 노인 자살률이 심각한 사회문제임에도 불구하고 연금 개혁의 목표는 노후소득 보장성 강화가 아니라, 기금의 고갈 시점 연기다. 국민의 삶을 고민하는 것이 아니라, 재정과 숫자에 대한 걱정뿐이다. 심각한 사교육비 문제와 공교육의 역할, 학벌주의와 경쟁 심화, 교육 기회 불평등 같은 본질적인 문제를 해결해야 할 교육정책도 킬러 문항 배제, 사교육 카르텔 타파와 같이 표면적인 부분만 건드리며 겉돌고 있다.

이처럼 정치적 의사결정 과정에서 경제 논리가 지나치게 큰 비중을 차지하는 것도 시민이 정치에 무관심해지도록 만든다. 사회 전체를 균형 있게 봐야 할 정치가 부유한 자본가와 재벌 대기업 중심의 경제 논리에 사로잡히게 되면, 더 많은 노동자와 중산층, 사회적 약자인 소시민이 정치로부터 멀어진다. 사회의 한 부분에 불과한 경제가 사회 전체를 종합적으로 이끌어 가야 할 정치를 지배하는 것은 여러모로 타당하지 않다.

이 책은 무엇을 말하려고 하는가?

이 책은 인간의 삶과 사회의 본질에서부터 시작해서 현실의 문제를 근원적으로 해결하기 위해 시민의 정치 참여가 얼마나 중요한지를 말하고자 했다. 또 경제 논리가 정치를 지배하는 것에 대한 문제의식을 바탕으로, 사회를 구성하는 일부의 영역인 경제가 본연의 역할을 다하도록 하되, 정치는 사회 전체에 대한 종합적인 시각에서 균형 잡힌 사회 발전을 이끌어야 함을 강조하고자 했다.

　이러한 생각의 결론은 민주정치와 공공경제로 이어진다. 시장이 만들고 해결하지 못하는 문제를 해결할 주체는 정부다. 정부는 조세와 예산을 수단 삼아 공공경제를 이끈다. 정부를 이끄는 것은 정치고, 민주정치는 시민 참여를 통해 완성된다. 시민 참여는 공공경제를 통해 만들어지는 시민의 공정한 정치 참여 환경을 전제조건으로 한다. 따라서 모두가 행복한 사회로 나아가려면 공공경제와 민주정치가 시민 참여를 매개로 함께 발전하는 선순환 구조를 만드는 것이 중요하다.

　이 책은 모두 4부로 구성되어 있다. 1부에서는 인간의 삶과 행복에 대한 논의를 통해 사회 안에서 시민의 다양한 견해를 모아 사회적 합의를 이끌어냄으로써 보편성을 확립해 가는 정치 과정의 중요성을 말하고자 했다.

　인간은 욕구 충족을 위해 살아가는 동물이면서도, 동시에 선과 악에 대한 도덕적 판단 능력을 지닌 유일한 존재다. 욕망을 통제하는 이성이 있기에 우리는 함께 살아가는 방법을 터득할 수 있었다. 인간은 끝없이 재생산되는 욕망의 노예가 아니라, 보편적 도덕 법칙의 통제 아래 정신적 평안을 얻음으로써 진정한 행복에 도달할 수 있다. 지금의 나는 앞으로 되고 싶은 미래의 나를 만들어 가는 토대다. 현재의 내가 욕망의 영향 아래 살아가고 있더라도 미래의 나는 도덕적 선함에 머물게 되기를 희망한다. 인간은 생각하는 존재고, 생각한다는 것은 반성할 줄 안다는 것이다. 지금의 나와 미래에 되고 싶은 나의 차이를 메워 가게 하는 것이 반성과 성찰이다. 반성과 성찰의 과정이 있기에 지금의 나를 극복하고, 되고 싶은 미래의 나의 모습을 꿈꿀 수 있는 것이다. 진정한 행복에 이르기 위한 개인의 삶은 이렇게 발전하면서, 개인의 인생사를 이룬다.

인간은 사회적 동물이다. 사회가 없으면 인간은 살아갈 수 없다. 혼자서는 생존에 필요한 자원을 조달할 수 없고, 타인에게 인정받고자 하는 기본적인 사회적 욕구도 충족될 수 없다. 흥망성쇠興亡盛衰를 반복하는 국가와 사회의 역사라는 것도 개개인의 인생사가 모여 만들어진다. 개인은 다른 사람과의 끊임없는 관계 형성을 통해 직접 경험하지 못하는 것을 간접적으로 이해하며, 세상의 이치를 배워 나간다. 인간은 타인과의 관계를 통해 자신의 경험에 갇혀 있는 반성과 성찰을 사회를 향해 확장시켜 나갈 수 있고, 이를 통해 사회에 대한 현재의 판단과 미래의 지향점을 생각하게 된다. 이러한 인간들의 집합적인 반성과 성찰의 과정을 통해 사회는 진보해 나간다.

모든 현상은 본래의 것(正, Thesis)과 반대되는 것(反, Antithesis)을 갖게 마련이다. 이러한 정과 반의 현상들의 통합(合, Synthesis)을 이뤄 가며 사회를 진보하게 하는 것이 사회 구성원의 집합적 반성과 성찰이다. 사회 안에서 양립하기 어려운 생각과 이해관계가 대립하며 때로는 모순적 상황을 만들고 갈등이 심화하기도 하지만, 그 안에서 공동의 이익을 찾아내고 최대한 보편적으로 동의하는 사회적 합의를 이끌어 실행하는 노력을 통해 사회가 발전하는 것이다.

이기적이고 합리적인 개인이 자신의 목적을 극대화하는 경제 활동도 결국 사회 안에서 행복을 추구하는 인간 삶의 일부일 뿐이다. 경제 활동을 통해 개인이 행복을 추구하고 있다고 할 때, 사회는 그런 개인이 자신의 행복을 추구할 수 있는 근원적 공간이다. 그렇게 모든 사람이 자유롭게 경제 활동에 참여하면서 행복하게 살아갈 수 있는 사회를 만들어 가는 것이 정치다.

2부에서는 경제와 사회에 대해 논한다. 사회를 구성하는 시장과 정부, 시민사회, 각 부문의 역할과 특징을 논하고, 모든 영역이 균형 있게 발전할 때 사회도 건강하게 발전해 나갈 수 있음을 말하려고 한다.

시장질서는 인간이 물질적으로 풍요로운 삶을 살기 위해 노력하는 가운데 형성된 자생적 질서 중 하나다. 경제적 효율성을 앞세운 경쟁과 교환의 원리를 토대로 시장은 자원을 배분한다. 이론적으로만 보자면, 일정한 요건을 충족할 때 시장은 사회에서 가장 효율적인 자원 배분 상태에 도달할 수 있다. 그러나 현실의 시장은 여러 가지 이유로 완전한 효율성에 도달할 수 없고, 그 배분의 결과가 사회를 안정적으로 지속할 수 있게 할 만큼의 사회정의를 보장하지도 않는다.

한편 시장의 가격 기구가 아닌 정치적 의사결정 과정의 지배를 받는 정부는 사회를 종합적인 관점에서 건강하게 발전시키고, 모든 국민이 행복하게 살아갈 수 있는 공공경제 환경을 조성한다. 이를 위해 입법·사법·행정을 포괄하는 정부는 법을 만들어 집행하고, 조세를 거둬 마련한 재정을 지출한다. 정부가 모든 국민에게 적용되는 법규를 정하고, 얼마의 세금을 누가 얼마나 부담하게 할지, 또 세금으로 만들어진 재정을 누구에게 얼마나 쓸지를 결정하고 실행하게 하는 것이 정치 과정이다.

그러나 정부를 지배하는 정치 과정이나, 정부가 만들어 가는 공공경제도 시민사회의 도움 없이는 최선의 방향으로 나아갈 수 없다. 시민사회는 다수의 횡포로부터 소외되는 사회적 약자를 위해 사회 서비스를 제공하고, 민주주의 정치 과정에서 다양한 의견을 반영하여 다원주의를 실현하는 핵심 주체이기 때문이다.

결국 사회를 구성하는 시장과 정부, 시민사회가 어느 한쪽으로 치우치지 않고 균형 있게 발전할 때 사회의 건강한 발전이 가능하다. 이를 위해 정치는 전체 사회를 종합적인 관점에서 바라보면서 사적인 이해를 조정하고, 공익에 대한 합의점을 도출한다. 시장질서가 경제적 관점에서 사적으로 효율적인 자원 배분을 추구하는 것이라고 한다면, 정치는 공적인 가치 지향을 정하고 그에 따라 시장을 포함한 사회 전체 자원의 배분을 재조정한다. 복잡하게 얽힌 시민의 다양한 이해관계는 정치 과정을 통해 조화를 이룰 수 있고, 그렇게 사적 이해관계가 조화를 이룬 타협의 결과는 공익으로 실현된다. 따라서 정치는 시장과 정부, 시민사회를 연결하는 가교 역할을 하며, 균형 잡힌 사회 발전의 길을 찾는 과정이라고 볼 수 있다.

3부에서는 민주정치의 본질을 생각해 보려고 한다. 민주주의는 국민주권의 원리를 토대로 하는 정치 체제다. 민주주의의 핵심 원리인 국민주권의 원리는 사회계약론에서 기원한다. 자연법 사상에 따라 모든 사람은 기본적인 권리를 갖고 태어났으며, 그런 면에서 동등하다. 사회계약은 그렇게 동등하게 태어난 사람들이 함께 살아가기 위해 자발적으로 맺은 약속이다. 국가는 그 약속을 모두가 지키면서 함께 살아갈 수 있도록 만들어낸 수단이다. 사회계약에 참여한 사람들이 자신이 가진 권리 중 일부를 양도해 거대한 국가권력을 형성했으므로, 국가권력은 반드시 사회계약에 참여한 사람들 모두의 공익을 위해서만 사용되어야 정당하다.

다음으로 경제학에서 흔히 말하는 주인과 대리인 문제를 바탕으로 지금의 대의민주제가 국민주권의 원리를 제대로 실현할 수 있는지, 그렇지 못하다면 문제가 무엇인지에 대해 이야기한다. 대의민주제 하에서 국민주권의 원리가 제대로 실현되기 위해서는 투표 과정에서 다양한 국민의 정치적 선호가 제대로 반영되어야 한다. 그래야 국민을 위해 정치권력을 행사하는 올바른 정치인을 대표로 선출할 수 있다.

그러나 이게 다가 아니다. 아무리 훌륭한 정치인이라도 선거 이후 정치권력을 공익을 위해 사용하지 않는 우를 범할 수 있다. 따라서 정치 과정에서 선거가 제대로 치러졌다고 하더라도 평소 국민이 정치에 관심을 기울이고, 정치인을 철저히 감시해야 한다.

정치가 국민주권의 원리를 실현하지 못한다면, 그것은 실질적인 민주주의라고 할 수 없다. 이러한 관점에서 정치인의 권력의지, 정치적 정당성, 정당정치 등에 대한 각론을 들여다보고, 각각의 본래 의미를 되짚어 본다. 일반적으로 정치인의 권력의지를 단순히 권력을 갖고 싶은 마음으로 여기는 것은 잘못된 생각이다. 권력의지는 국민주권의 원리를 실현하겠다는 의지여야 한다. 정치인 본인이나 측근 세력, 자신과 가까운 기득권 세력을 위해서가 아니라, 사회의 일반의지에 따라 국민을 위해서만 권력을 사용하겠다는 강력한 의지가 바람직한 권력의지다. 정치적 정당성도 마찬가지다. 권력의 실질적 정당성을 확보하는 길은 보편적 다수 국민의 뜻에 따라 권력을 사용함으로써 국민주권의 원리를 실현하는 것이다. 정당정치와 관련해서도 정당 내부의 민주주의가 국민주권의 원리를 실현할 수 있게끔 제대로 작동하는지가 중요하다.

마지막 4부에서는 지금 우리 사회의 문제들을 해결할 수 있는 올바른 정치, 민주주의의 방향에 대해 논한다. 지금은 정치적 갈등이 극에 달해 합리적 대화와 타협의 정치 기능이 작동하시 않고 있다. 그것은 모순 시대의 정치 문법이 만연하여 정치 현실을 심각하게 왜곡하고 있기 때문이다. 권력을 가진 자와 측근들의 비도덕적이고 비상식적인 행태, 정치권력을 둘러싼 여당과 야당의 맹목적이고 극단적인 갈등, 정당 안에서 벌어지는 비민주적 의사결정 과정 등은 본래 민주주의가 지향하는 사회의 일반의지로부터 정치가 멀어져 있다는 증거다.

절차적으로는 선거를 통해 위임받은 권력을 정치 과정을 통해 행사하고 있다고 하더라도, 국민이 진짜 바라는 보편적 의지를 구현하지 못하고 있다면 실질적인 민주주의라고 할 수 없다. 정치가 스스로 실질적인 민주주의를 확립할 것이라 기대하는 것은 순진한 생각이다. 민주주의를 실질적으로 확립할 수 있는 유일한 길은 시민의 적극적인 정치 참여다. 아무리 훌륭한 정치인도 시민의 가이드 없이 사회의 일반의지를 찾아내고 그것을 실현해 낼 수 없다. 모든 시민이 정치에 참여하여 각자의 의지를 정치 과정에 반영하고자 할 때, 비로소 민주주의가 꽃을 피울 수 있다. 이를 위해 해야 할 정치의 첫 번째 과제는 모든 시민에게 공정하고 평등한 정치 참여 기회를 보장하는 것이다. 시민이 참여하는 공론의 장이 활성화될 때, 민주주의는 사회의 일반의지를 확인하고, 그에 따라 사회의 모순과 갈등을 해결해 나갈 수 있다.

정치는 오롯이 시민의 보편적인 뜻에 종속되어야 한다. 정치인이 아무리 자기 생각이 옳다고 생각해도 그에 대한 최종 판단은 국민의 뜻을 따라야 한다. 정치는 수많은 국민의 생각과 이해관계를 대화와 타협으로 녹여 냄으로써 다수 국민이 동의하는 보편적인 공익을 찾아가는 과정이다. 선거에서의 경쟁도 국민의 선택을 받기 위해 정책 대안을 놓고 벌이는 합리적인 대결로 국민의 뜻을 확인하기 위한 수단일 뿐이다. 다양한 철학과 이념, 이해관계가 대립 구도를 형성하고, 때로는 그것이 만날 수 없는 평행선을 달리는 것처럼 보이기도 하지만, 언젠가는 타협점을 찾아내고 통합의 길로 나아갈 때 사회는 발전한다. 그러한 사회 발전을 앞당기는 역할을 하는 것이 정치이고, 정치 과정에서의 사회적 합의를 통해 사회의 일반의지를 실현하는 것이 진정한 민주주의다.

나는 우리가 겪고 있는 사회와 경제, 정치의 문제가 민주주의가 노쇠하고 낡은 체제이기 때문에 발생하고 있다고 생각하지 않는다. 오히려 우리도 모르는 사이 지금의 민주주의에 너무도 익숙해진 나머지, 민주주의가 더 성숙할 기회를 잃어버렸기 때문이라고 생각한다. 자본주의 경제 체제가 낡아서 닳아 없어지는 것이 아니라, 사회의 유용한 제도로 수정을 거듭하며 성숙해 왔기 때문에 지금까지 살아남은 것처럼, 민주주의 역시 더 성숙해져야 한다.

자본주의가 지금까지 살아남을 수 있었던 것은 민주주의와 함께 성숙하고 성장해 왔기 때문이다. 그러나 지금은 민주주의가 더 성숙하지 못하면서 자본주의도 성숙해지지 못하는 위기를 맞고 있다. 자본주의는 모두가 함께 풍요롭게 살아갈 수 있는 사회를 지향한다. 경제학자들이 경제성장의 낙수효과나 소득불평등 개선 효과를 끊임없이 주장하는 것만 봐도 알 수 있다. 그들이 비록 경제성장을 최우선으로 외치고 있지만, 그 이면에는 성장의 과실이 단순히 소수의 승자에게만 돌아가는 것이 아니라 모든 사람의 삶을 더 풍요롭게 할 것이라는 믿음이 있다. 민주주의는 자본주의가 지나친 양극화와 불평등, 환경 파괴로 자본주의의 존립 기반인 사회 자체를 파괴하는 일이 없도록 자본주의를 규제하며 지켜 왔다.

경제는 개인의 자유로운 활동으로 자기 목적을 달성하는 것이라는 개별적 의미를 갖지만, 집합적으로는 그러한 사적인 활동이 모여 사회적으로 최선의 결과를 낳을 수 있다는 공익적 믿음이 바탕에 깔려 있다. 이러한 공익적 믿음을 실현하는 공공경제를 완성하려면 반드시 민주정치가 함께 가야 한다. 민주주의가 위기를 겪으면 자본주의도 위기를 겪을 수밖에 없다.

이제는 민주주의가 좀 더 성숙해질 차례다. 민주주의를 성숙하게 하는 것은 시민의 정치 참여다. 모든 시민이 공평하게 참여 기회를 가질 수 있으려면, 공공을 위한 경제가 제대로 작동해야 한다. 모든 시민이 정치 참여 기회를 동등하게 누릴 수 있는 경제 생활 여건을 마련하는 것은 참여의 권리를 보장하기 위한 필수 요건이다. 결국 공공을 위한 경제와 민주주의는 시민 참여를 매개로 선순환 과정에 들어설 수도 있고, 악순환 과정에 들어설 수도 있다. 경제가 공공성을 상실하여 소수에게 정치적 권한이 집중되고 시민의 정치 참여 권리가 제약되면 민주주의가 퇴행하고, 그에 따라 경제는 공공성을 더 잃게 된다. 우리는 민주주의가 경제의 공공성을 확립하도록 자본주의를 적절히 규제하고, 시민의 정치 참여 권리를 보장하여 민주주의가 더 발전하며 경제의 공공성이 높아지는 선순환을 지향해야 한다. 지금은 시민의 적극적인 정치 참여로 선순환의 길을 열어야 할 때다.

인간과 사회

경제 법칙과 도덕 법칙이
본질적으로 하나이며
지적 능력에 의해 각고 끝에
찾아내는 진리가 도덕 감각에 의해
직관적으로 파악하는 진리와
다르지 않음을 알게 될 때,
개인의 삶의 문제에도
빛이 홍수처럼 쏟아진다.

- 헨리 조지, 『진보와 빈곤』 중에서

1

1. 행복 : 인간 삶의 본질적 목적

　　자기 자신에게 질문을 한번 던져 보자. 나는 왜 살고 있는가? 태어났기 때문에, 죽을 수 없어서, 힘들어도 또 살아지니까, 사랑하는 가족이 있어서, 맛있는 것도 많이 먹고 즐겁게 놀려고, 꿈을 이루기 위해, 성공하려고, 인정받고 싶어서, 더 좋은 사회를 위해… 등 막연하게 떠오르는 것들이 많다. 생존과 쾌락의 욕망, 물질적 욕구, 인간 관계, 도덕, 윤리, 실존, 자아, 인정, 존경 등 어딘가에서 주워들은 어려운 단어들이 머릿속을 맴돈다. 그렇지만 딱히 명확한 대답을 내놓기는 어렵다.

　물론 저마다 살아가는 이유야 당연히 있겠지만, 뭔가 생각을 정리해서 '이거다'라고 그럴싸한 답을 하려고 하면 직관적인 수준에 머물던 생각들이 정리되지 못하고 철학적 사유의 미궁 속으로 빠져 버리기 쉽다. 글을 쓰고 있는 나도 내 삶의 목적을 일목요연하게 정리해서 말하지 못하겠다. 하고 싶은 것을 말하자니, 해야 할 일이 너무도 많다. 해야 할 일을 말하자니, 그것들은 또 즐거운 일이 아니다. 삶의 목적이 반드시 해야 할 어떤 의무에 대한 것인지, 아니면 할 수 있고 없고를 떠나서 그냥 하고 싶은 욕구와 욕망을 말하는 것인지 결론을 내기가 어렵다. 둘을 어떻게 조화시켜 적절한 삶의 목적을 도출하는 것이 가장 좋을지 판단을 내리기도 어렵고, 판단을 내렸다고 하더라도 그것을 설명하기는 쉽지 않다. 그러나 분명한 것은 알게 모르게 모두가 이와 같은 내적 고민을 조금씩이라도 하면서 살아가고 있다는 것이다.

도덕적 존재로서의 인간

아주 오래전부터 사람들은 인간이 좋은 것, 즉 선善. Good을 지향한다는 개념을 전제로 인간의 삶을 이해했다. 그것이 신의 명령이고 자연의 순리이며, 인간이 이성을 가진 존재이기 때문이라는 것이다. 만물의 창조자인 신이 존재하고, 바로 그 신이 자신의 형상을 한 인간에게 특별히 선과 악을 구분할 수 있는 이성을 부여했기 때문에 인간이 선을 좋아하고 악을 멀리하는 것이 인간의 당연한 본성이라고 생각한 것이다.

성경에 따르면, 인간의 조상인 아담과 이브가 하느님의 명을 어기고 선악과善惡果를 훔쳐 먹음으로써 에덴동산에서 쫓겨났다. 이 원죄로 인해 인간은 고통과 노역과 노동의 짐을 지게 되었다. 그러나 한편으로 이로 인해 인간은 원래의 순수성에서 벗어나, 도덕적 판단 능력을 부여받게 되었다. 신을 빼고는 인간만이 유일하게 도덕적 선택을 할 수 있게 됨으로써 인간이 신과 동물 사이를 매개하는 도덕적으로 중간자적인 존재가 된 것이다.[5]

인간은 동물과 다르게 도덕적 선택을 할 수 있으나, 신보다는 낮은 존재이기에 그 선택이 틀릴 수도 있다. 도덕적 선택의 능력은 도덕 법칙을 창조하는 능력에 이를 수 없기 때문이다. 오직 신만이 선과 악을 시원적으로 결정할 수 있고, 인간은 그것에 복종만 할 수 있을 뿐이다.

에덴동산에서 쫓겨난 인간은 살기 위해 일을 해야만 했다.[6] 인간이

---

5 Francis Fukuyama, *Liberalism and Its Discontents*, New York: FSG, 2022, p.48.

6 주 하느님께서 말씀하셨다. "자, 사람이 선과 악을 알아 우리 가운데 하나처럼 되었으니, 이제 그가 손을 내밀어 생명나무 열매까지 따먹고 영원히 살게 되어서는 안 되지." 그래서 주 하느님께서는 그를 에덴동산에서 내치시어, 그가 생겨 나온 흙을 일구게 하셨다(창세기 3장 22~23절).

생존을 위해 노동을 해야 하는 존재가 되었다는 것은 노동이라는 행위의 고통 말고도, 노동으로부터 얻게 되는 물질을 향한 욕망의 노예로 전락할 위험이 발생했음을 의미한다. 인간이 선과 악을 구분할 수 있는 이성을 갖게 된 것과 욕망의 노예로 전락할 위험에 노출된 것은 묘하게도 신의 뜻이 무엇인지를 추정할 수 있게 한다. 인간이 선과 악 사이에서 선을 택함으로써 단순한 욕망의 노예로 전락하지 않기를 바란 것이 신의 본래 뜻이 아닐까?

신이 창조한 도덕 법칙에 따라 선을 따르고 악을 피하도록 도덕적 선택을 하는 것은 인간만이 신에게서 부여받은 본원적 의무라고 할 수 있다. 한편 신이 정한 자연의 법칙에 따라 좋은 것은 취하고 나쁜 것은 피하려고 하는 것은 인간을 포함한 모든 피조물의 본능일 것이다. 인간은 이 두 가지 의무와 본능을 모두 가진 유일한 존재다. 인간이 선한 존재가 될 수 있으면서, 다른 한편으로 욕망의 노예가 될 수도 있는 것은 바로 이러한 도덕적 의무와 자연적 본능이 혼재되어 있기 때문이다. 신은 인간이 단순한 욕망의 노예로 전락하기를 원치 않았고, 인간 스스로 본능적 욕망과 도덕적 판단 능력 사이에서 균형을 찾을 수 있도록 만들었다.

한편, 신은 자연의 모든 것이 유한하도록 창조했다. 그래서 세상의 모든 존재가 영원할 수 없고, 언젠가는 죽음을 맞이해야 하는 운명을 갖게 된 것이다. 모든 것이 유한하다는 바로 이 지점에서 좋은 것을 얻으려면 반드시 나쁘고 싫은 것을 대가로 치러야 한다는 기회비용의 원리가 생겨난다. 몸이 불편하고 아픈 것과 같이 생존을 위협하는 나쁜 것은 피해야 하고, 그러려면 배고픔과 추위로부터 살아남기 위해 먹을 것과 따뜻한 안식처를 구해야 한다. 그래서 인간은 노동을 하지 않고 살아 갈 수 없다. 노동은 귀찮고 고통스러운 일이지만 추위와 배고픔, 죽음의 고통보다는 크지 않다. 따라서 인간은 생존을 위한 노동의 수고로움을 감내한다. 한편으로는 노동이 성가시고 고통스럽기 때문에 인간이 자연으로부터 필요한 것 이상을 빼앗지 않을 수 있다. 노동이 자연의 지속가능성을 위한 일종의 조정 기제로 작동하는 것이다. 생존을 향한 신체적 욕구를 충족시키고 물질적으로 부족함 없이 편안한 상태를 유지하는 것이 분명 좋은 것이지만, 그것을 얻기 위해 치러야 하는 노동의 시간은 욕망이 무한대로 뻗어 나가는 것을 막아 준다.

세상의 모든 존재가 영원할 수 없다는 점에서 자연에서 얻을 수 있는 자원은 유한하다. 일례로 상위 포식자는 하급 생물의 희생으로부터 생존을 위한 에너지를 얻지만, 상위 포식자의 무한한 삶을 보장할 만큼 에너지원이 무한하게 제공될 수는 없다. 상위 포식자 역시 언젠가는 죽음에 이르기 때문에 생존의 시간과 생물의 번식력이 조화를 이루는 가운데, 남겨진 상위 포식자의 사체는 최하위 생물에게 양분을 제공함으로써 생태계는 생존과 희생의 적절한 균형을 유지한다. 생태계의 순환 속에서 살아가는 인간 역시 자연의 법칙에 종속되어야 하고, 자원의 희소성과 노동의 불편함은 인간이 자연 법칙을 지키며 살아가게 하는 안전 장치가 되어 준다.

인간은 동물과 달리 육체적 고통과 생존의 욕구만 가진 존재가 아니다. 인간은 죽음에 대한 관념과 그에 따른 마음의 공포와 불안이라는 정신적 고통에 대한 두려움을 갖고 있다. 인간은 육체적 고통과 죽음이 실제로 벌어지지 않더라도 그것에 대한 상상만으로도 고통을 느낄 수 있다. 따라서 그와 같은 정신적 고통을 피해 마음의 평화와 안정을 얻고자 노력한다. 마음의 고통은 추상적이고 간접적일 수 있다는 점에서 단순한 신체적 감각이나 육체적 고통과는 다르지만, 인간의 본성에는 그것을 느낄 수 있게 하는 공감Sympathy 능력이 자리하고 있다. 따라서 인간은 직접 겪은 일이 아니더라도 다른 사람의 생각과 경험을 나의 것처럼 여기고 간접적으로 경험할 수 있다. 이는 살아 있는 인간이 다른 이의 죽음을 보고 자신도 언젠가는 죽을 수 있다는 공포와 불안을 느낄 수 있게 한다. 나아가 인간은 남을 해롭게 하는 것이 자기 자신에게도 죄책감 같은 악의 감정을 유발하는 원인이 될 수 있음을 인지할 수 있다. 다른 사람의 소중한 것을 뺏는 행위가 언젠가는 나의 소중한 것을 다른 사람에게 뺏길 가능성을 키울 수 있다는 점에서 또 다른 형태의 불안을 느낄 수 있다. 따라서 육체적으로 고통 없이 편안하고 만족스러운 것은 물론, 감정적으로도 안정되고 기쁘고 즐거워야 인간에게 좋은 것, 즉 선이 완성된다. 반대로 감각적인 아픔과 고통, 불만족 외에도 감정적인 불안, 슬픔, 분노는 인간에게 나쁜 것, 악으로 간주된다. 인간의 도덕 감각Moral Sentiment은 이렇게 나타난다.

공감 능력에서 출발한 도덕 감각이 종교와 만나게 되면, 권선징악勸善懲惡의 원리로 발전하여 도덕성의 절정을 이룬다. 만물은 언젠가는 사멸한다는 진리는 인간이 죽음을 두려워할 수밖에 없게 한다. 더 두려운 일은 죽음 이후의 세계를 알 수 없다는 것이다. 몸은 죽지만 정신이 살아 있다면, 현세의 악행이 끝없는 고통의 형벌로 돌아오지 않을까 하는 두려움이 인간의 정신을 사로잡는다. 도덕적 판단의 기준을 정하는 신이 존재한다면, 그것을 어긴 악행을 벌하는 게 당연할 것이다. 그 형벌이 반드시 현세에 이뤄지지 않더라도, 육신이 사라진 다음 세상에서 정신이 영원한 형벌을 받게 될지도 모를 일이다. 인간은 이렇게 미지의 영역인 죽음 이후의 세계에 대한 두려움을 해결하기 위해 신의 존재를 받아들이고, 신의 뜻을 따르는 삶을 선택한 것이다.

만약 생존에 도움이 되는 육체적 감각과 신체적 상태만이 중요하다면, 인간은 욕망의 노예가 될 수밖에 없었을 것이다. 내가 살기 위해 세상 모든 것을 해할 수 있고, 다른 사람의 소유물을 빼앗는 것은 물론, 살인까지도 서슴없이 저지르는 인간은 욕망의 노예일 뿐이다. 그러나 인간은 스스로 도덕적 선택을 할 수 있는 자유로운 존재다. 어떤 선택을 했는지에 따라 육체적 고통과 견줄 만한 정신적 고통을 느낄 수 있다. 따라서 인간은 몸의 편안함과 함께 정신적 평안을 추구한다. 신을 경외하며 신의 뜻을 따르겠다는 종교적 생활 태도는 정신적 평안을 추구하는 인간의 성향을 보여 준다.

따라서 인간은 생존에 필요한 것을 얻는 다양한 방법 중에 몸과 마음이 모두 편안할 수 있는 최선의 방안을 찾으려 노력한다. 자신의 생존을 위해 다른 사람을 죽여야만 하는 상황이 유쾌하지 않은 것은 분명하므로, 인간은 그것으로 인해 치러야 할 심적 고통을 피하려고 최대한 평화로운 생존 방법을 찾게 된다. 인간이 단순한 욕망의 노예가 되지 않고 욕망을 제어할 수 있는 수단으로 도덕적 삶을 지향하는 것이다. 이를 통해 진정으로 자유로운 삶을 살아갈 수 있는 유일한 생명체가 인간이다.

행복에 대한 철학적 검토

이제 인간이 행복을 추구하는 존재라는 것, 인간의 존재 목적이 행복이라는 말의 의미를 본격적으로 논의할 수 있게 되었다. 행복은 좋은 것善에서 오는 결과물이고, 나쁜 것惡에서 비롯되는 결과물이 불행이다. 인간이 선과 악을 알지 못하는 상태에 계속해서 머물렀다면, 행복과 불행이라는 단어 자체가 없었을 것이다. 그러나 인간은 선과 악을 구분할 수 있는 자유의지를 갖게 되었다. 이로 인해 불행이라는 고통의 형벌을 받는 원죄를 받게 되었고, 불행을 피하고 행복을 추구하기 위해 부단히 노력해야 하는 존재가 되었다.[7]

따라서 불행을 피하고 행복을 추구하는 성향은 자유의지를 가진 인간의 본성이라고 할 수 있다. 인간 삶의 본질적인 목적이 행복이라는 말은 행복과 선을 가까이하고, 불행과 악을 멀리하는 인간의 본성, 그 자체를 표현한 것에 불과하다. 이제 남은 문제는 구체적으로 어떻게 살아야 행복할 수 있는가이다.

행복과 불행은 신체를 포함한 물리적 상태를 나타내기도 하고, 정신적 감정 상태를 나타내기도 하는 복합적인 개념이다. 따라서 '무엇이 행복인가?', '나는 지금 행복한가?'에 대해 사람마다 생각하는 것이 크게 다를 수 있다. 배가 불러야만 행복한 사람이 있는 반면, 배가 고프지만 않다면 마음이 편안한 것이 행복을 위한 최우선 요건이라고 생각하는 사람도 있다. 그렇지만 분명한 것은 인간이 빵만으로 살 수 없다는 것이고, 인간의 행복은 돼지의 행복과는 다르다는 것이다.[8] 인간의 행복

---

7 토인비는 인간의 자유의지가 만족을 모르기 때문에 인간의 정신 능력이 신으로부터 멀어져 가게 할 위험을 안고 있다고 했다. "자연과 신의 법칙을 따르는 잠재의식적 정신 수준 이상의 정신 능력을 갖지 못했던 인간 이전의 사회적 동물은 신으로부터 멀어질 위험에 빠질 우려가 없다. 잠재의식을 통해 신의 뜻을 따르는 것이 유일하게 할 수 있는 활동이기 때문이다. 이 소극적으로 행복한 음의 상태는 신이 빛과 어둠을 나누어 준 양의 운동으로 인간의 의식과 인격이 창조됨과 동시에 파괴되었다. 따라서 인간은 신의 의지를 실현하려 노력함으로써 자유의지를 가진 정신의 자아를 완성시켜 나가야만 한다"(Arnold Joseph Toynbee, *A Story of History*, 1934-1961(홍사중 역, 『역사의 연구』, 동서문화사, 2016), p.764).

8 "그분께서는 너희를 낮추시고 굶주리게 하신 다음, 너희도 모르고 너희 조상들도 몰랐던

에는 물질적 욕구를 충족시키는 것 이상의 또 다른 정신적 차원의 것이 숨어 있다.

이에 대해 철학자들은 인간이 지닌, 동물과는 다른 고차원적 본성에 더 많은 관심을 기울였다. 고대 그리스 철학자들은 자연의 이치에 대한 고찰을 통해 세상 만물은 보이는 것(질료)과는 다른 본질(형상)을 갖고 있다고 생각했다. 즉, 사물의 실재實在가 있다는 것이다. 이 실재는 인간의 인식 범위 밖에 있는 본질적인 어떤 것을 의미한다. 소크라테스는 인간이 내면의 영혼Psyche을 통해 선함을 판별할 수 있고, 사물의 본질을 이해할 수 있다고 했다.[9] 따라서 영혼을 통해 사물의 본질과 세계의 진리를 깨달음으로써 선에 가까이 다가가고 행복해질 수 있다. 소크라테스가 "아는 것이 힘"이라고 한 것은, 앎이 진리와 선에 대한 깨달음이라고 한다면 그것이 곧 실천을 의미한다고 보았기 때문이다. 선을 아는 것이 곧 선을 행하는 것이라고 생각한 것이다.

플라톤은 동굴 이론에서 인간이 지각할 수 있는 그림자를 넘어선 진실한 세상(이데아)이 있다고 주장했다.[10] 인간은 이성을 통해서만 이데아의 진실에 가까이 다가갈 수 있다. 따라서 인간의 영혼을 구성하고 있는 욕망과 열정을 이성이 통제하도록 해야 선을 향해 나아갈 수 있고 행복에 도달할 수 있다고 보았다. 아리스토텔레스는 이데아라는 별도의 세상이 있는 것이 아니라, 존재하는 모든 것 그 자체가 질료Matter

만나를 먹게 해주셨다. 그것은 사람이 빵만으로 살지 않고, 주님의 입에서 나오는 모든 말씀으로 산다는 것을 너희가 알게 하시려는 것이었다"(신명기 8장 3절).

9 Samuel Enoch Stumpf and James Fieser, *Socrates to Sartre and Beyond – A History of Philosophy*, US: McGraw-Hill, 2003 (이광래 역, 『소크라테스에서 포스트 모더니즘까지』, 열린책들, 2019), p.71.

10 앞의 책, pp.99~101.

와 형상Form의 복합체라고 생각했다. 아울러 만물은 그 존재의 본질적 목적을 갖는데, 그것은 질료와 형상의 조화를 통해 달성된다.[11] 인간 존재의 본질적 목적을 행복이라고 한 아리스토텔레스는 인간이 행복을 얻으려면 인간의 겉모습(질료)에서 나오는 물질적 욕망과 내면의 정신(형상)을 구성하는 이성이 조화를 이루는 중용의 습관을 키워야 한다고 보았다.

쾌락주의로 불리는 에피쿠로스 학파Epicurianism의 철학적 사조에서도 육체와 물질의 욕구 충족만이 행복에 이르는 길이라고 생각하지 않았다. 오히려 인간의 물질적 욕망은 끝이 없으므로 욕구만을 쾌락으로 추구하게 되면, 그것을 충족하지 못하는 데서 오는 정신적 고통에서 영원히 벗어날 수 없다고 생각했다. 따라서 끝없는 욕구에서 벗어나야 한다. 물질적 욕망의 미충족에서 오는 고통과 정신적 불안으로부터 완전히 자유로운 상태에 이르도록 욕망을 억제하고 평정심Ataraxia을 유지하는 것이 행복에 이르는 길이라는 것이다.[12]

중세의 기독교적 철학에서는 인간과 자연은 신의 이성의 법칙에 종속된다고 보았다.[13] 따라서 신이 인간에게 허락한 자유의지의 목적은 신의 섭리를 이해하고 신의 의지를 따르도록 하기 위해서다. 그런데 인간이 자신의 자유의지를 믿고 가장 낮은 단계의 물질세계에 머물며 욕망의 지배를 받기 때문에 악이 생겨난다. 그러나 인간의 목적은 신의 의지(최상의 진리, 최고선)를 실행하는 것이고, 그 목적을 달성하는 것이

---

11 앞의 책, pp.145~147.
12 앞의 책, pp.177~179.
13 이는 고대 철학과 기독교 신학 사상을 방대한 체계로 결합한 것으로 평가받는 토마스 아퀴나스(Thomas Aquinas)의 윤리관을 따른 것이다(앞의 책, p.261).

행복에 이르는 유일한 길이다.[14] 따라서 행복은 신의 의지에 따라 도덕을 실천하는 것이다.

대표적인 근대 철학자 중 한 사람인 칸트는 사물에 대한 지식을 다루는 것이 순수이성이라면, 인간의 실제적 행동을 규율하는 것은 실천이성이라고 했다. 실천이성에 대한 탐구는 인간이 반드시 따라야 할 어떤 의무가 있다는 생각으로 이어지는데, 그것이 곧 정언명령Categorical Imperative이다.[15] 정언명령은 인간의 이성적 본성에 내재해 있는 유일한 목적이다. 그것이 도덕 법칙이라는 것은 순수이성이 증명할 수 없는 의지의 자유와 영혼의 불멸, 신의 존재를 실천이성과 결합함으로써 최고선의 개념을 도출할 수 있다는 사실을 통해 알 수 있다. 신이 존재하고 영혼이 불멸하다면, 자유로운 본성을 가진 인간이 사멸하지 않는 영혼에 대한 신의 영원한 형벌을 받지 않도록 도덕을 실천해야만 한다는 것이다.[16] 따라서 도덕의 실천과 행복은 같은 선상에 놓이게 된다. 도덕을 실천해야만 불멸하는 영혼에 대한 신의 영원한 형벌을 피할 수 있고 인간이 본원적으로 행복해질 수 있다는 것이 도덕 법칙이다. 도덕 법칙은 행복할 만한 값어치 이외에는 아무것도 동인動因으로 삼지 않는 실천 법칙으로, 우리는 그것을 선천적으로 인식할 수 있다.[17]

---

14 앞의 책, pp.282~283.

15 "실천이성은 이 순간에 우리가 어떻게 행동해야 하는지뿐만 아니라 무엇이 항상 우리 행동의 원리여야 하는지에 대해서도 결정할 수 있다. 과학적 지식과 마찬가지로 도덕적 지식도 선천적 판단에 기초하고 있다. …의무의 기초는 인간의 본성 또는 인간이 위치한 세계라는 환경 속에서 모색되어서는 안 된다. 그것은 오직 이성의 개념들 속에서만 선천적으로 모색되어야 한다"(앞의 책, p.454).

16 Immanuel Kant, *Kritik der reinen Vernunft*, 1781(최재희 역, 『순수이성비판』, 박영사, 2021), pp.575~576.

17 앞의 책, p.580.

헤겔은 인간이 반성과 성찰을 통해 정신적으로 진화하는 것처럼 세계의 역사도 변증법을 통해 진보한다고 했다.[18] 인간은 타인과 합의를 이루어 내려는 본원적 인간성을 가졌고, 타인과 공통된 의식에 이를 때 비로소 이러한 인간성이 실현될 수 있다.[19] 아무리 자신의 주관적 관점에서의 행복을 추구하고자 해도, 그것이 타인의 행복을 방해하는 것이라면 진정한 행복이 될 수 없다. 인간은 자기 관점에서만(즉자적으로만) 현상을 인식하지 않고, 타자의 관점에서(대자적으로) 스스로를 객관화하여 현상을 인식하려는 성향을 함께 가졌기 때문이다.

결국 모든 인간은 각 개인이 처한 환경에서 가장 좋은 것을 취하고자 하는 자유의지를 가졌지만, 그 반대편에서는 자유의지에 제한을 가하는 사회의 보편적 의지로써 도덕을 인식할 수밖에 없다. 어떤 개인도 사회의 보편적 질서의 제약으로부터 자유로울 수 없고, 양자의 조화를 추구해야만 한다.[20] 따라서 개인의 특수한 자유와 인류의 보편적 도덕 질서가 조화를 이루어 통일되도록 하는 것이 인간이 진정 자유로울 수 있는 길이다. 내가 하고 싶은 대로 하더라도 아무런 도덕적 결함이 없는 상태가 진정으로 자유로운 상태인 것이다. 행복은 이와 같은 진정한 자유에 도달함으로써 얻을 수 있다.

---

18 Georg Wilhelm Friedrich Hegel, *Phänomenologie des Geistes*, 1807(김양순 역, 『정신현상학』, 동서문화사, 2016), pp.79~80.

19 앞의 책, p.56.

20 "도덕적 의무는 개인의 의지를 보편적 의지와 동일시하려는 요구에서 비롯된다. 개인에게 그 자신의 행복과 복지에 관심을 갖는 일이 완전히 정당한 것일지라도, 이성의 원리는 우리도 역시 자유롭게 행동하는 다른 사람들의 의지가 그들의 복지를 달성할 수 있는 방법으로 그 자신의 의지를 실행해야 한다고 요구한다. …도덕은 보편적 의지가 개인의 의지에 제한을 가하는 의무를 표현하기 때문이다"(Samuel Enoch Stumpf and James Fieser, *Socrates to Sartre and Beyond–A History of Philosophy*, US: McGraw-Hill, 2003 (이광래 역, 『소크라테스에서 포스트모더니즘까지』, 열린책들, 2019), p.482).

계몽 철학과 자유주의적 철학 사조에서는 행복에 있어 개인의 욕망과 그것을 추구할 수 있는 자유를 가장 중요하게 생각했다. 대체로 경제학적 사고가 그러한 철학을 반영하고 있다. 인간은 이기적 존재고 최대한 합리적으로 이기적인 목적을 달성하고자 노력하지만, 사회질서가 그것을 조화롭게 조율하므로 개인이 자유롭게 자기 이익을 추구하도록 하면 사회적으로 최선의 결과를 낳을 수 있다는 것이다.

따라서 개인은 최대한의 자유를 누림으로써 행복한 삶을 살아갈 수 있고, 사회의 질서는 각자의 개인적 자유를 최대한 보장하는 방향으로 형성되어야 한다. 벤담Jeremy Bentham이나 밀John Stuart Mill 같은 공리주의자들은 행복을 추구하는 것이 개인의 도덕적 의무이고, 그것을 통해 사회의 전체 행복이 극대화될 수 있다고 했다.[21] 개개인이 원하는 방식으로 자신의 능력을 최대한 발휘하여 행복을 추구할 수 있도록 자유를 최대한 보장하는 것이 사회 전체적으로도 최선이라고 생각한 것이다. 그러나 여기서도 개인이 무분별하게 자유를 누리는 무질서한 상태에 이를 때까지 자유를 극대화하자는 것은 아니다.[22] 개인의 자유를 최대한 존중하되, 모든 사람이 그 자유를 함께 누릴 수 있도록 다른 사람의 자유를 침해하지 않는 자유의 한계를 사회질서로 확립할 필요가 있음을 강조했다.

실존주의 철학은 – 비록 인간이 행복을 추구하는 존재라는 것을 명시적으로 말하진 않았지만 – 실존이 본질에 우선한다고 했다. 인간의 삶은 어떤 단일한 도덕적 원리에 종속되기보다는 각자가 스스로 실존

---

21 앞의 책, pp.524~525.
22 앞의 책, pp.527~528.

을 깨닫고 자아를 형성하는 과정일 뿐이다.[23] 인간은 태어나면서부터 어떤 본질적 목적을 부여받는 것이 아니다. 각자가 살아가는 과정에서 삶의 의미를 깨닫는 것이다. 삶은 스스로 자아를 찾고 형성하는 과정이고, 현재 자신의 행위에 대한 책임은 스스로 지는 것이다. 그 책임은 어떤 법칙에 따라 일률적으로 정의되지 않고, 스스로 가진 선택의 자유를 누리는 과정에서 다른 모든 사람이 나와 같은 자유를 갖고 있음을 인정하는 것으로 족하다.[24] 즉, 자신이 지금 하려고 하는 선택을 다른 사람이 했을 때 그것을 용인할 것인지를 자기 자신에게 물음으로써 선택의 제약 조건을 스스로 정하는 것이다.

이처럼 많은 철학자가 행복에 대해 다양한 정의를 내리고자 했지만, 이렇다 할 명확한 결론을 내리기는 어렵다. 그러나 한 가지 공통점을 찾으라면, 대다수 철학자가 행복을 단순한 물질적 욕망의 충족으로 여기지 않았다는 것이다. 이성과 도덕 법칙, 어떤 사회질서 또는 공동체의 보편적 의지, 책임 윤리 등 어떠한 것이든 욕망에 대한 적절한 통제가 행복의 개념에 내재해 있음을 분명히 했다.[25] 물론 욕망에 대해 어떤

---

23 앞의 책, pp.703~705.

24 세상에는 우리에게 보증된 지침이 존재하지 않지만, 우리가 매 순간 타자와의 관계 속에서 살아가고 있는 것은 분명하다. 따라서 우리 자신의 모든 행위에 대해 스스로 책임져야 하고, 그 책임의 대상은 나의 행위와 관계된 타자에 대한 것을 포함한다(앞의 책, pp.707~708).

25 일정한 규칙과 보편적 원칙을 부정하는 포스트모더니즘(Postmodernism)적 사고에 따르면, 이렇게 행복의 공통적 개념과 기준을 찾는 시도 자체에 대해 거부감을 가질 수 있다. 포스트모더니즘이란 하나의 그릇이 모든 것을 수용할 수 있다는 계몽주의 사상에 대한 반발 운동이기 때문이다(Jeremy Rifkin, *The European Dream*, UK: Jeremy P. Tarcher/Penguin, 2004(이원기 역, 『유러피안 드림』, 민음사), p.471). "신은 죽었다"며 전통적 도덕 기준을 거부했던 니체(Friedrich Wilhelm Nietzsche)나, 모든 가능성을 열어 두고 표준화된 사고를 해체하여 문자 하나하나를 새롭게 탐구해야 한다고 했던 해체주의자 데리다(Jacques Derrida)와 같은 포스트모더니즘적 사고를 하는 사람

유형의 통제를 어느 정도의 수준까지 적용하는 것이 바람직한지에 대한 천편일률적인 기준을 제시하는 것은 불가능하다. 행복의 개념에 내재한 정신적 평안을 위한 욕망의 통제에 대해 사람들은 저마다 다른 생각을 할 수 있기 때문이다. 아무리 인간이 좋은 것을 가까이하고 나쁜 것을 멀리하고 싶은 본성을 가졌다고 하더라도, 좋고 나쁨에 대한 개개인의 판단은 각양각색으로 나타날 수 있다.

진정한 행복에 이르는 길

인간은 스스로 원하는 선택을 할 수 있는 자유 의식을 가진 존재다. 그렇다면 그에 대한 반대급부로 항상 따라붙는 것이 책임이다. 인간은 자유 의식을 가졌기 때문에, 자신의 자유로운 선택에 책임을 지는 존재이기도 하다. 아무런 책임 없이 순수하게 자유만 누릴 수 있는 사람은 없다. 자유로운 선택의 결과를 도덕적으로 평가하는 것이 내면의 양심이고, 양심으로부터 발생하는 부정적 감정이 죄책감이다. 죄책감은 어떤 행위의 결과로 느끼는 사후적 감정이지만, 죄책감이 들게 하는 죄의식은 선제적으로 발동하여 욕망을 통제한다. 결국 자유 의식을 제약하는 또 하나의 의식이 곧 죄의식인 것이다. 인간은 자유 의식과 함께

들은 아마도 행복의 개념에 어떤 도덕 기준이 탑재해 있다는 주장 자체에 대해서도 '도덕 기준이란 무엇을 뜻하는 것이냐', '행복을 느끼는 인간의 주관적 감정을 어떻게 정의하려 하느냐' 등 심각한 문제를 제기하고자 할 것이다. 그러나 '행복이란 것이 뭔지 모르지만, 인간은 행복을 추구한다', '행복이 뭔지 명확히 정의할 수는 없지만, 옳고 그름에 대한 보편적 판단 기준으로서의 도덕 법칙이 행복에 일정 부분 영향을 미친다'라는 일종의 불가지론(不可知論)적 ─ 사물의 본질은 인간에게 있어서 인식 불가능하다는 ─ 주장은 모더니즘이나 포스트모더니즘, 어느 쪽에서 보더라도 묘한 설득력이 있어 보일지도 모르는 일이다.

죄의식을 가진 존재이기 때문에, 자유 의식과 죄의식의 양극단 사이에서 물질적 욕망과 도덕적 양심의 조화를 추구하며 행복에 이르게 된다.[26]

인간은 자유 의식에 따라 신체·지식·물자 등 다양한 물질적 욕망을 충족하려고 한다. 그러나 다른 한편으로는 도덕적으로 양심의 가책에서 벗어나 정신적 평안을 누리고 싶어 한다. 인간은 사회가 정한 질서와 인류의 보편적 도덕 법칙을 따라야 한다는 의무와 책임을 이행함으로써 죄의식에서 벗어나, 더 높은 수준의 정신적 만족을 얻을 수 있다. 자유 의식 안에서 자율성·합리성·효율성 등의 원리가 작동하여 물질적 욕망을 최대한 충족하려고 노력하지만, 죄의식 안에서 도덕성·책임성·준법성 등이 작동하여 욕망을 통제함으로써 마음의 평화, 정신적 평안을 얻고자 노력한다.

결국 인간이 느끼는 행복감은 물질적 욕망과 정신적 평안이 조화를 이루는 어느 지점에서 만들어진다. 그 조화의 지점은 개인의 성향과 환경에 따라 큰 차이를 보일 수밖에 없다. 그러나 행복이 무엇이고, 행복에 이르는 길이 무엇인지에 대한 다양성에도 불구하고, 인간이 자유 의식과 죄의식 사이에서 끊임없는 반성과 성찰을 통해 행복을 이뤄 간다

---

26 인간의 자유는 사랑 그 자체인 신으로부터 부여받은 선물이다. 인간은 스스로 마음으로부터 신을 사랑하며, 신의 사랑에 대한 응답으로서 자기를 신에게 맡김으로써 신의 의지를 자기의 의지로 삼을 때 비로소 신이 내려주신 신성한 선물을 죽음과 악이 아닌, 생명과 선의를 자유롭게 선택하는 데 사용할 수 있다(Arnold Joseph Toynbee, *A Story of History*, 1934-1961(홍사중 역, 『역사의 연구』, 동서문화사, 2016), p.984). 이러한 관점에서 인간의 자유 안에는 죄의식이라는 도덕적 개념이 함께 탑재되어 있다고 볼 수 있다. 그러나 이는 종교적 완성형의 진정한 자유를 의미하는 것이므로, 여기서는 자유 의식을 개인적 차원에서의 세속적 개념으로 보고, 죄의식과 분리했다. 한편 죄의식은 사랑에서 출발하는 인간의 본성적 의식이기도 하다. 사랑의 감정을 갖는다는 것은 반대로 사랑에 반하는 증오의 감정을 가질 수 있음을 뜻하고, 사랑의 깨달음에서 오는 증오의 감정에 대한 부정적 의식이 죄의식으로 나타나게 된다. 바로 이 죄의식이 곧 도덕 관념이라고도 할 수 있다.

는 통찰은 누구에게도 적용할 수 있을 법한, 상당한 보편성을 갖는다. 따라서 우리는 인간의 행복이 개인이 처한 시간과 공간, 심리적 상태 등 다양한 내·외부 환경의 영향에 고스란히 노출된 상태로 변화를 거듭하지만, 인간의 삶은 자유 의식과 죄의식 사이에서 물질적 욕구와 정신적 평안을 통해 더 나은 행복을 끝없이 추구해 나가는 과정이라는 결론에 도달할 수 있다.

진정한 행복에 이르는 길

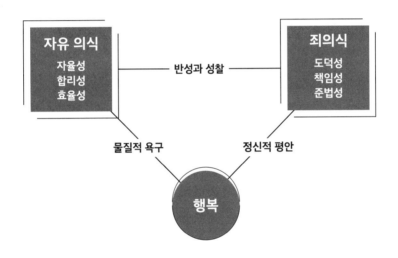

2. 사회 : 인간 삶의 공통적 기반

흔히 인간은 사회적 동물이라고 한다. 아리스토텔레스의 『정치학』에서 처음 쓴 용어는 '정치적 동물'이었는데, 뒤에 책이 번역되는 과정에서 '사회적 동물'로 바뀌었다고 한다. 정치적 동물이든 사회적 동물이든, 말의 본질은 '인간이 타인과 관계를 형성하며 사회라는 공동체 안에서 살아가는 존재'라는 뜻으로 이해할 수 있다. 여기서 우리는 사회와 정치가 얼마나 밀접한 것인지를 떠올려 볼 수 있다.

그렇다면 왜 사회와 정치는 이렇게 밀접한 관련이 있는 것일까? 그것은 사회와 정치가 모두 사람과 사람 사이의 관계에 기초한다는 점에서 찾을 수 있다. 인간은 사람들과의 관계 속에서 살아간다. 그리고 관계 속에서 살아가는 인간 삶의 토대가 되는 것이 사회다. 한편 정치는 사람과 사람 사이의 관계를 조율하는 수단이다.

따라서 인간이 사회적 또는 정치적 동물이라는 말의 이면에는 '인간이 다른 사람과 관계를 맺으며 살아가는 것이 생존에 적합하고, 더 나아가 타자와의 관계 속에서 더 나은 삶을 살아갈 수 있다'는 뜻이 숨어 있는 것으로 볼 수 있다.[27]

---

27 쑥도 제 뿌리가 있어야 자라는 법이다. 인간은 다른 사람들과 관계를 맺어야 살아갈 수 있다. 인격은 다른 인격에 의해서만 표현되고 발달한다. 사회는 어느 개인과 다른 개인의 관계들 사이에 존재하는 공통의 기반이다. 개인의 활동 없이 사회는 존재할 수 없으며, 개인 또한 사회를 벗어나 존재할 수 없다(Arnold Joseph Toynbee, *A Story of History*, 1934-1961(홍사중 역, 『역사의 연구』, 동서문화사, 2016), pp.735~736).

아리스텔레스는 다양한 사람들에 의해 구성된 집합체가 국가라는 사실을 깨닫고, 서로 다른 **이해관계와 전통**을 가진 다양한 집단이 공존한다는 사실을 받아들이는 것으로부터 정치가 시작된다고 했다.[28] 즉, 사회가 만들어지고, 사람들이 사회적 관계를 인식하는 순간부터 정치가 시작된다는 것이다.

이처럼 사회는 사람과 사람 사이의 관계를 형성하는 공통된 기반이다. 그리고 정치는 바로 그 사람과 사람 사이의 관계를 정하는 규칙을 만들고 조율하는 수단이다. 정치는 인간과 인간의 관계를 다루는 것이고, 정치를 통해 사회가 형성되고 돌아간다. 정치는 사회 안에서 사람과 사람 사이의 사적 이해관계를 조율하고, 사회 공동체 안에서의 공적 이해관계를 확립할 수 있게 한다. 따라서 공동체를 형성하고 사회 속에서 살아가야 하는 것이 피할 수 없는 인간의 본성이라고 한다면, 정치 과정은 그러한 인간의 본성을 실현해 내는 기제라고 할 수 있다.

경제성 측면에서 바라본 인간의 사회성

그럼 왜 인간은 복잡하고 다양한 관계를 형성하며 살아갈 수밖에 없는 걸까? 인간의 본성이라 여겨지는 사회성을 크게 경제성과 도덕성으로 구분하여 생각해 볼 수 있다.[29] 먼저 경제성 측면을 살펴보자. 생명을 가진 모든 존재는 생존 본능을 갖고 있다. 인간 역시 본질은 생존

---

28 Bernard Crick, *In Defence of Politics*, London: Weidenfeld & Nicolson, 1992 (이관후 역, 『정치를 옹호함』, 후마니타스, 2021), p.23.

29 앞에서 인간은 행복을 추구하는 존재고, 행복은 자유 의식과 죄의식 사이에서 물질적 욕망과 정신적 평안의 조화로 달성할 수 있다고 한 것과 유사하다. 인간의 사회성을 구성하는 경제성은 자유 의식에, 도덕성은 죄의식에 상응한다.

을 목표로 하는 동물적 존재다. 그러나 동물이 본능에 따라 자연에서 필요한 것을 얻어 살아가는 존재라면, 인간은 자연에서 자원을 확보하고 스스로 필요한 것을 만드는 존재라는 차이가 있다. 인간이 아닌 동물은 자연환경에 적응하며 살아갈 뿐이지만, 인간은 자기 의지에 따라 자연을 변화시킬 수 있는 유일한 존재다. 이처럼 인간이 자신의 생존을 위해 자연에서 필요한 자원을 획득하여 변형시킬 수 있는 존재라는 사실에서 경제 활동이 시작된다.

생존을 위해 필요한 물건을 만들고 소비하는 것이 경제 활동의 출발점이다. 로빈슨 크루소 이야기에서처럼 외딴 섬에서 혼자 살아가는 사람의 자급자족 경제에서는 스스로 필요한 자원을 조달하여 필요한 물건을 제작해야 한다.[30] 물론 혼자서 살아가는 것이 불가능하지는 않으나, 가족을 이루고 마을을 형성하는 등 다른 사람과 관계를 맺고 역할을 분담하는 것이 생존에 더 유리할 수 있다는 것을 인간은 본능적으로 알게 되었다. 실제로 인간의 역사를 보면, 가족으로부터 시작해 친족 단위의 부족을 형성하는 등 공동체 확장을 통해 분업과 협동을 심화시켜 왔다. 국가와 사회가 발생하게 된 원인을 어떤 개인도 혼자서는 충족시킬 수 없을 만큼 많은 욕망을 갖고 있기 때문이라고 한 플라톤의 말처럼, 인간은 경제 활동 과정에서 필연적으로 타인과 관계를 맺고 사회를 구성한다.

이런 원시적 경제 활동이 반드시 오늘날 같은 교환경제를 의미하는 것은 아니다. 최초의 경제 활동에서 더 중요했던 것은 상호성에 기초한

---

30 영국의 소설가 대니얼 디포(D. Defoe)의 장편소설 주인공으로, 배가 난파되어 흘러 들어간 무인도에서 약 28년간 홀로 살아남았다. 흔히 경제학에서는 생산자와 소비자가 한 사람뿐인 자급자족 경제를 일컬어 '로빈슨크루소 경제'라고 한다.

호혜Reciprocity였다. 등가성의 원리에 따른 자발적 교환 전에 공감과 배려의 원리가 작동하여 함께 살아가는 법을 찾았다. 사냥에 성공한 사람이 아무런 대가 없이 사냥에 실패한 사람과 나누는 것, 또 여럿이 함께 힘을 합쳐 사냥하고 그것을 공평하게 나누는 것이 살아남을 가능성을 훨씬 더 높이기 때문이다.

그러나 인간의 경제성을 단순히 생존의 문제와만 결부해서 이해할 수는 없다. 인간의 욕망은 생존에 필요한 자원을 얻는 것에 그치지 않고, 소유의 관념과 함께 끊임없이 증폭되어 간다. 인간의 제작 본능은 욕망이 커져 감에 따라 더 많은 물건을 생산해 낼 수 있도록 그 능력을 발휘했다. 그 과정에서 인간의 욕망은 다양한 양태로 분화했고, 양적으로도 급격하게 늘었다. 단순히 생존에 필요한 것이 아니더라도 더 많은 것을 갖고 싶은 욕심이 생겼고, 그 욕심을 충족시키기 위해 타인과의 관계에서 더 우위에 서고자 하는 우월 욕망이 나타났다.[31]

그리고 더 많은 소유와 타인에 대한 우월성의 욕망은 사회를 혼란에 빠뜨렸다. 다양한 욕망으로부터 발동한 공동체 간 전쟁은 인간의 생존을 가장 위협하는 원인이 되었고, 욕심과 욕망에 기초한 소유의 불평등은 불합리한 사회 계급을 형성하여 지배와 종속의 관계를 낳았다. 소수

---

[31] 제도주의 경제학자 베블런은 인간의 본성이 발현된 행위로부터 처음 제도가 만들어지지만, 제도가 다시 인간의 행위에 영향을 미치고 행위의 변화가 제도에 영향을 미치면서 제도가 발전해 나간다는 공진화론(Co-evolution)을 말했다. 그는 인간은 제작 본능과 투쟁 본능을 가졌는데, 제작 본능이 발현되는 시기에 경제성장 등 사회적으로 긍정적 성과가 나타나지만, 투쟁 본능이 발현되는 때에는 과시적 소비 현상이 만연하는 등 부정적 측면이 대두될 수 있다고 주장했다(Thorstein Bunde Veblen, *The Theory of the Leisure Class*, 1899; 김성균 역, 『유한계급론』, 씨네스트, 2005). 일반적으로 경제학에서 베블런 효과라고 하면, 고가일수록 수요가 증가하는 과시적 소비와 같이 수요의 법칙이 작동하지 않는 비합리적 소비 현상을 뜻한다. 인간의 제작 본능보다 투쟁 본능이 주로 발현되는 경우 우월 욕망이 더욱 심화할 수 있다.

의 욕망을 채우기 위해 다수가 희생하고 고통받게 된 것은 인간의 경제성에서 비롯된 부정적 효과가 사회의 왜곡된 계층 질서로 자리 잡은 결과라고 할 수 있다.

도덕성 측면에서 바라본 인간의 사회성

따라서 이와 같은 경제성만으로는 인간의 사회성이 완성될 수 없다. 오히려 인간이 주체할 수 없는 욕망에만 지배당하지 않도록 제어하는 것이 사회성의 본질에 더 가깝다. 따라서 경제성이 아닌 다른 측면에서 사회성은 도덕성과 맞닿아 있다. 사소한 물질적 욕망을 충족시키기 위해 타인의 생명과 안전 등 더 중요한 것을 상하게 해서는 안 된다는 도덕적 판단을 할 수 있기에 인간은 타인과 상호 관계를 맺으며 함께 살아갈 수 있다. 도덕성이 경제성을 통제하기 때문에 사람과 사람 사이의 관계가 형성될 수 있고, 인간의 사회성이 발현되어 사회가 안정적으로 유지될 수 있는 것이다. 사회와 질서가 존재하는 이유는 남을 재판하고 처벌한다는 강제성이 아니라, 서로 사랑하고 연민하는 상호성에 기초한 공감과 배려 때문이다.[32]

사회적 동물로서 인간이 사회 공동체를 형성하도록 동기를 부여한 것이 경제성이라고 한다면, 인간 사회가 지속할 수 있는 근간을 제공하는 것은 도덕성이라고 할 수 있다. 경제학의 아버지로 잘 알려진 애덤 스미스도 『국부론』 이전에 『도덕 감성론』을 먼저 썼다.[33] 만약 『도덕

---

32 Lev Nikolayevich Tolstoy, *Voskresenie*, 1898-1899(이동현 역, 『부활』, 동서문화사, 2015), p.528.

33 애덤 스미스의 가장 유명한 저서는 1776년 출판한 『국부론(*The Wealth of Nations*)』이지만,

감성론』의 윤리적 배경이 없었더라면 『국부론』의 목적은 달성될 수 없었고, 심지어 이해될 수조차 없었을 것이다. 애덤 스미스가 인간의 이기심과 합리성에 기초한 시장 원리를 자신 있게 주장할 수 있었던 것은 인간의 도덕성에 대한 강력한 철학적 믿음이 있었기 때문이다.[34]

『도덕 감성론』에서 스미스는 인간에게 도덕성의 기초가 되는 특별한 감각인 공감 능력이 있음을 지적했다. 인간의 선천적 능력 중 하나인 공감 능력은 다른 사람의 아픔을 나의 아픔처럼 생각할 수 있게 한다. 공감 능력으로 인해 인간은 선한 행위에 대해 주어지는 칭찬이라는 보상에 긍정적으로 반응하고, 칭찬받을 만한 행위를 하려고 노력한다.[35] 이처럼 공감 능력은 도덕성의 바탕이 되는 인간의 본성으로, 인간을 정신적으로 성숙하게 하여 사회에서 도덕성을 실천하는 존재로 나아갈 수 있게 한다.[36][37]

정작 본인은 그보다 17년 전인 1759년에 쓴 『도덕 감성론(The Theory of Moral Sentiment)』을 더 큰 업적으로 생각했다. 그는 죽는 날까지 자신의 가장 중요하고 영향력 있는 업적이 『도덕 감성론』을 집필한 것이라고 믿었다고 한다(Ian S. Ross, The Life and Rimes of Adam Smith, Oxford: Clarendon Press, 1995).

34 Mike Berry, *Morality and Power: On Ethics, Economics, and Public Policy*, Massachusetts: Elgar, 2017, p.20.

35 또 악행으로 벌을 받게 되는 것을 부끄럽게 생각하고, 벌받을 만한 행위를 하지 않으려고 노력한다(Adam Smith, *The Theory of Moral Sentiment*, 1759 (Introduction by Amartya Sen, 2009, London: Penguin books), p.136).

36 공감한다는 것은 삶을 위해 투쟁하는 다른 사람의 존재를 인식하고 그 경험을 깊이 나누는 것으로, 인간과 인간 사이에서 이루어지는 의사소통의 궁극적 표현이다. 만약 각 시대별로 사회적 접착제가 있다면, 중세에는 구원을 향한 신앙이었고, 근대에는 물질적 진보를 향한 이성이었다고 할 수 있다. 이제 다가오는 새로운 시대에는 보편적 인권을 향한 공감이 사회적 접착제가 될 것이다. 인류 역사에서 분명한 것은 인간의 삶은 더 넓고 포괄적인 영역으로 나아가기 위해 공감을 확대하는 과정이라는 것이다. 공감이 인간의 선천적인 능력임에도 원시시대부터 지금까지 문명이 진화함에 따라 사회적으로 퇴행의 과정을 겪어야 했지만, 이제는 다시 사회의 가장 중요한 요소로 등장할 때가 되었다(Jeremy Rifkin, *The European Dream*, UK: Jeremy P. Tarcher/Penguin, 2004

모든 인간의 본성인 공감 능력에서 나오는 도덕성은 인간이 만들어 내는 것이 아니라, 인간에게 선험적으로 주어진 것이다. 인간의 마음속에 자리하고 있는 도덕성이라는 행위 규칙은 보편적인 것으로, 사회 안에서 사람과 사람 사이의 관계를 규율하는 기초가 된다. 이러한 도덕성으로 인해 인간은 욕망을 제어할 수 있고, 자신의 이익과 타인에 대한 배려가 조화를 이루면서 사회성을 완성할 수 있는 것이다.

인간의 사회성을 구현하는 수단으로써의 정치

정치는 이와 같은 인간의 사회성이 실제 사회생활에서 구현될 수 있도록 하는 수단이다. 정치는 도덕성에 기초하여 사회 안에서의 보편적 행위 기준이 되는 법령을 제정하고, 국가권력의 행사를 규율하면서 시민이 법령을 준수하도록 보장한다. 일례로 다른 사람에게 해를 끼쳐서는 안 된다는 원칙을 법으로 만들고, 사회 구성원 모두가 그것을 지키도록 사회의 질서를 유지하는 것이 정치의 기본적 기능이다. 정치는 자신의 이익을 위해 남을 해하는 것을 금지하는 보편적 행위 기준을 만들고, 그 기준 안에서 각자가 자유롭게 자신의 이익을 추구할 수 있게 한다. 정치를 통해 사회를 유지하기 위한 최소한의 보편적 기준이 확립되고, 그것이 허용하는 범위 내에서 개인은 자유를 누릴 수 있는 것이다.

(이원기 역, 『유러피안 드림』, 민음사), p.350).

37 한편으로 공감 능력은 반성과 성찰을 가능하게 하는 인간 본성이기도 하다. 공감 능력이 있기에 다른 사람의 입장에서 나의 행동을 평가하는 대자적 사고가 가능하고, 스스로를 객관화하여 비판적으로 바라볼 수 있는 것이다. 이처럼 공감 능력은 반성과 성찰의 과정을 통해 인간의 정신을 성숙하게 하고, 특수와 보편의 조화를 통해 보편적 진리를 향해 나아갈 수 있도록 한다(Georg Wilhelm Friedrich Hegel, *Phänomenologie des Geistes*, 1807(김양순 역, 『정신현상학』, 동서문화사, 2016)).

결국 정치는 국가권력이라는 강력한 힘을 통해 사적 이해관계를 조율하고 공적 이해관계를 확립하는 과정이라 할 수 있다.

사회가 존속할 수 있는 것은 정치가 작동하기 때문이다. 인간의 이기적인 욕망을 통제하고자 하는 내적 기능이 개개인에게 도덕성으로 부여되어 있지만, 그것이 실제로 작용하는 정도는 사람마다 다르다. 자기 희생을 치르면서도 남을 배려하고 도덕 기준을 철저히 지키는 사람도 있지만, 양심의 가책을 느끼면서도 눈앞의 사소한 이익을 포기하지 못하는 사람도 있다. 따라서 이기적인 욕망이 공통된 기준에 의해 외적으로 통제되지 않으면 도덕 기준을 따르는 사람은 살아남을 수 없고, 결국에는 사회가 개개인의 욕망이 극단적인 대결을 펼치는 전쟁터로 전락해 버릴 것이다. 사회가 약육강식의 동물의 세계로 전락하지 않도록 보편적인 기준을 만들고, 모든 사람이 그것을 따르도록 하는 것이 바로 정치다.

개개인은 나약한 존재다. 그러나 다수의 사람이 합의하여 만들어낸 국가권력은 강력하다. 정치는 그 강력한 힘을 바탕으로 사회가 지속할 수 있게끔 사회질서를 확립하는 수단이다.[38]

칸트는 인간이 도덕적으로 훌륭하도록 강제할 수는 없지만, 정치 과

---

38 사유재산제도와 시장질서가 지금과 같이 유지될 수 있었던 것도 따지고 보면, 유럽에서 복지국가 개념을 수용했기 때문이다. 19세기~20세기 초 유럽 전역에는 노동자 계급 가운데 노동조합, 협동조합, 사회주의 정당을 지지하는 사람들이 점점 늘어났다. 만약 정치가 이들의 요구를 복지국가를 통해 담아내지 못했다면, 사회주의 혁명으로부터 사유재산제도와 시장질서를 지켜낼 수 없었을 것이다. 복지국가는 한쪽에서 급부상하는 부르주아 계급과 다른 한쪽의 빈곤에 허덕이는 노동자 계급의 대립을 완화하고 양쪽을 모두 달랠 수 있는 정치적 타협의 길이었다. 복지국가는 시장 자본주의에서 발생하는 과도한 부의 쏠림을 재분배하는 대신 사유재산제도를 유지할 수 있는 핵심적인 방안이었다(Jeremy Rifkin, *The European Dream*, UK: Jeremy P. Tarcher/Penguin, 2004 (이원기 역, 『유러피안 드림』, 민음사), p.194).

정을 통해 훌륭한 시민이 되도록 강제할 수 있다고 했다.[39] 각자의 이기적 성향의 힘이 서로 대항하여 한쪽이 다른 쪽의 힘에 의한 파괴 작용을 억제하거나, 또는 그 효과를 제거함으로써 마치 쌍방의 힘이 전혀 존재하지 않았던 것과 같은 상태가 되도록 정치가 조정할 수 있기 때문이다. 비록 개개인이 도덕적이지 않더라도 서로 다른 이기심이 정치 과정을 통해 조율됨으로써 어느 한 방향으로 이기심이 발동하지 않도록 억제할 수 있는 것이다.

> 이성적 존재자는 전체로서 스스로를 유지하기 위해 보편적 법칙을 추구하고 있다. 그러나 개인 한 사람 한 사람은 보편적 법칙의 예외 적용을 받으려는 경향이 있다. 문제는 이러한 이성적 존재자의 집단에 질서를 부여하고 체제를 조직하는 일인데, 이 질서라고 하는 것이 예를 들어 그들이 개인적인 심정으로는 대항하고 있지만, 공적 행동의 장에서는 그러한 심정을 서로 억제하고, 마치 그러한 악감정을 갖고 있지 않은 것과 같은 행동을 하는 것을 의미하기 때문이다.[40]

그러나 이것은 정치가 제대로 작동할 때의 이야기다. 만약 정치가 제대로 작동하지 않아 누군가가 국가권력을 남용하는 일이 벌어지게 된다면, 오히려 그 강력한 힘에 의해 나약한 개인은 잡아먹히게 될 것이다. 그래서 사회에는 제대로 된 정치가 필요하다. 서로 관계를 맺으며 살아가는 인간의 사회적 본성이 실제 사회 안에서 구현되도록 하려면 보편적 사회질서를 확립하는 정치의 역할이 매우 중요하다.

---

39 Immanuel Kant, *Zum ewigen Frieden. Ein philosophischer Entwurf*, 1795(박환덕 역, 『영구평화론』, 범우사, 2015), p.84.

40 앞의 책, p.84.

3. 경제 : 인간 삶의 욕구 실현

경제학에서는 인간을 이기적이고 합리적인 존재로 가정한다. 앞서 자유 의식과 죄의식 사이에서 반성과 성찰을 통해 행복을 추구하는 것이 인간 삶의 목적이라고 했는데, 경제학의 가정은 그중 자유 의식이라는 한 측면을 강조하고 있다. 행복은 외면과 내면, 물질과 정신, 욕망과 도덕 등의 조화를 통해 달성할 수 있는 것임에도 경제학의 인간 본성에 대한 가정인 이기심과 합리성을 따르게 되면 외면과 물질, 욕구를 지향하는 일부만 설명할 수 있을 뿐이다.

따라서 인간 삶의 목적을 물질적 욕망을 최대한 충족하는 것으로 취급하는 경제학은 인간 삶의 일부에 대한 설명에는 상당한 유용성이 있을지 몰라도, 인간의 삶을 모두 지배하는 논리적 설명 기제로 활용되기에는 한계가 있을 수밖에 없다. 마찬가지로 인간 삶의 바탕을 이루는 관계의 공통된 기반이 사회라고 할 때, 경제 원리는 사회의 일부를 구성하는 여러 가지 내재적 원리 중 하나로만 바라보아야 한다. 그렇지 않고 경제가 사회를 지배하거나 사회와 독립적으로 존재할 수 있는 것처럼 여긴다면, 사회의 건강한 발전과 지속가능성을 기대하기 어렵다.

우리는 이와 같은 경제학의 한계를 인정한 상태에서 경제학을 이해할 필요가 있다. 여기서는 미시경제학의 기본적 이론인 소비자와 생산자 이론을 통해 경제학의 의미를 되짚어 보고자 한다.

소비자 이론

경제학에서 소비자는 상품과 서비스 소비를 통해 만족을 극대화하는 것을 목적으로 한다. 만약 이용할 수 있는 자원의 한계가 없고, 모든 소비자가 자신이 원하는 모든 재화와 서비스를 한도 끝도 없이 소비할 수 있다면, 만족의 극대화는 개념적으로 성립할 수 없다. 욕구는 끝없이 재생산되므로 무한한 소비가 가능한 상황에서는 욕구가 만족하는 일이 없을 것이기 때문이다. 그러나 생산 비용이나 예산의 제약, 노동의 수고로움 등을 고려할 필요 없이 자연에서 필요한 모든 것을 얻을 수 있는 삶은 에덴동산에서나 가능한 일이다. 인간은 이미 원죄로 인해 에덴동산에서 쫓겨났다.

따라서 우리는 자원의 희소성은 물론, 시간의 한계, 노동의 비용과 같은 다양한 제약 조건 아래에서 제한적으로 목적을 이루는 삶을 살 수밖에 없다. 소비의 한계가 자연적으로 부과되는 자원의 희소성에서부터 인간 사회에서의 시장 원리, 법과 도덕 질서에 따라 발생하는 다양한 사회적 요인의 제약을 일정하게 부여받고 있는 조건에서 만족을 극대화하는 방안을 찾는 것이 최선일 수밖에 없다. 경제학에서는 소비자가 자신이 벌어들이는 소득의 범위 내에서 재화와 서비스의 시장가격을 고려하여 효용을 극대화할 수 있는 최적의 소비 조합을 찾는 것으로 설명한다.

소비자는 자신의 소득 한도 안에서 선택 가능한 재화와 서비스의 조합이라는 일종의 소비 가능 경계를 갖게 된다. 그 안에서 가장 만족스러운 결과를 얻기 위해 합리적인 선택을 하는 것이다. 이때 선택 가능한 소비 조합은 예산 제약Budget Constraint으로 표현된다. 예산 제약은 재화와 서비스 수량에 각각의 시장가격을 곱하여 얻어지는 소비지출 총액이 총소득보다 적거나 **같아야 함**을 수학적으로 나타낸 것에 불과하다. 너무도 당연하게 더 많은 **소비**를 하기 위해서는 예산 제약 범위가 커져야 하고, 그러려면 소득이 증가하거나 가격이 하락해야 한다.

소비자가 효용Utility을 극대화한다고 할 때, 효용이라는 것은 개인이 어떤 상황에 얼마나 만족하고 있는지를 나타내는 일종의 단위 지표다. 효용에 대한 개인의 판단은 재화와 서비스에 대한 선호Preferences에 기초한다. 선호는 말 그대로 그 대상을 얼마나 좋아하는지, 여러 가지 소비 조합이 있다면 그중에서 가장 좋은 것이 무엇인지를 선택하는 판단의 기준이 된다. 경제학에서는 합리성을 가진 소비자가 자신의 선호를 정확하게 파악하고, 그에 따라 선택 가능한 소비 조합 중 가장 좋아하는 상태에 이르는 최적의 소비 조합을 찾을 수 있다고 한다. 이와 같은 선호 체계를 토대로 산출되는 효용은 상대적인 수치화를 통해 소비 조합 간의 비교 가능성을 제시한다. 즉, 선호가 완비성, 이행성, 강단조성, 볼록성, 연속성 등 일련의 공통된 기술적 특징을 기반으로 체계화될 수 있다면 효용이라는 단위를 갖는 수학적 함수 체계를 도출할 수 있고, 그로부터 소비 조합 간의 우열을 판단할 수 있게 된다는 것이다.[41]

---

41 ① 완비성은 두 선택 대상 A와 B 사이에서 A 또는 B 어느 것이 좋은지, 아니면 둘이 똑같이 좋아 아무런 차별성을 갖지 않아 무차별하다는 판단을 반드시 할 수 있다는 것을 의미한다. 즉, 둘 중 아주 미세하게라도 더 좋은 것이 있거나 아니면 정말 완벽하게 똑같이 좋다고 말할 수는 있지만 '모르겠다', 또는 '판단할 수 없다'고 말하는 경우는 없다는 것이다. ② 이행성은 판단의 일관성을 의미한다. A, B, C 셋 중에서 A가 B보다 좋고, B가 C보다 좋다면, 반드시 A는 C보다 좋아야 한다. ③ 강단조성은 다다익선(多多益善)이다. 소비할 수 있는 재화의 양이 많으면 많을수록 좋다는 것이다. ④ 볼록성은 다양한 상품의 소비 조합 중 어느 한 상품에 치우친 소비 조합보다는 고르게 분포하는 소비 조합을 더 좋아하는 특성을 말한다. 쉽게 말해 X 재화만 100개 갖고, Y 재화를 하나도 갖지 않은 것보다는 X와 Y를 50개씩 고르게 갖는 것을 더 선호하는 것을 의미한다. ⑤ 연속

이러한 선호 체계에 기초하여 소비자는 각각의 상품 또는 상품 조합에 대해 자신이 주관적으로 느끼는 만족의 크기를 평가하고, 주관적 교환 비율로 나타낼 수 있다. 이러한 주관적 교환 비율은 어떤 한 상품을 하나 더 얻기 위해 다른 상품을 얼마나 포기할 수 있는지와 같이 표현된다. 소비자는 자신의 소득에 기초한 예산 제약을 갖는데, 소득이 늘지 않는 한 어떤 상품을 더 많이 소비하려면 다른 상품을 포기해야만 한다. 따라서 소비자는 자신의 주관적 기준에 따른 상품 간 교환 비율에 기초하여 예산 제약 안에서 효용을 극대화하려고 노력하는 것이다.

　한편, 시장에서는 수많은 소비자와 생산자가 모여 개별 상품에 대한 가격이 결정된다. 시장가격은 모든 사람에게 똑같이 적용되는 것이기 때문에 객관성과 보편성을 갖는다. 각 상품 시장에서 가격이 결정되면, 이를 바탕으로 상품들 사이의 상대 가격을 도출할 수 있다. 소비자는 자신이 생각하는 상품 간의 주관적인 교환 비율과 시장에서 결정된 객관적인 상대 가격을 비교하여 효용을 극대화할 수 있는 소비 조합을 찾는다.

　어떤 상품의 주관적인 교환 비율이 상대 가격보다 크다면, 해당 상품을 한 단위 더 소비하기 위해 포기할 수 있는 비교 대상 상품의 수량, 즉 만족의 크기가 시장에서 평가하고 있는 객관적인 교환 비율보다 크다는 것을 의미하므로, 그 상품의 소비를 늘리면 효용이 더 증가할 수 있다.

성은 선택 대상의 아주 미세한 변화까지 감지할 수 있어 그에 대한 판단이 가능함을 가정한 것이다. 이는 일관성의 연장을 의미하는 것으로, 효용을 매끄러운 함수로 표현하기 위한 기술적인 특징이라고 할 수 있다. 이렇게 경제학은 선호 체계를 기반으로 효용 함수를 만들어 경제적 의사결정을 설명하기 위한 수학적 기초를 다졌다. 이는 경제학이 수학적 단순화와 이론화에 매우 능한 몇 안 되는 사회과학 분야라는 장점을 보여 주는 사례 중 하나다.

일례로 배 하나를 더 얻기 위해 사과를 다섯 개까지 포기할 수 있는 사람이 있고, 시장에서 결정된 배 하나의 가격은 사과 두 개의 값과 같다고 하자. 이 사람은 배 하나를 얻기 위해 사과를 다섯 개까지 포기할 수 있을 만큼 배로부터 얻을 수 있는 만족이 시장에서 치러야 할 값인 사과 두 개보다 크다. 따라서 이 사람은 사과 두 개를 배 하나와 바꾸는 교환에 나설 것이고, 배의 소비량은 증가하게 된다.

그러나 어떤 상품의 주관적인 교환 비율은 그 상품의 수량이 많아질수록 감소하기 마련이다. 어떤 사람이 배가 한 개도 없을 때는 배 한 개를 얻기 위해 사과를 다섯 개까지 포기할 의사가 있었지만, 이미 배 열 개를 가진 상황이라면 추가로 배 한 개를 더 얻기 위해 포기할 수 있는 사과의 개수는 그보다 훨씬 적을 것이다. 따라서 주관적인 교환 비율이 상대 가격보다 크면 해당 상품의 소비를 계속 늘리겠지만, 일정 수량을 넘어 주관적인 교환 비율이 상대 가격보다 작아지면 오히려 해당 상품의 소비량을 줄임으로써 만족도를 더 높일 수 있다. 앞선 예의 소비자가 이미 배를 열 개 가진 상황에서 배 하나를 얻기 위해 포기할 수 있는 사과의 개수가 한 개이고, 시장에서는 여전히 배 하나의 상대 가격이 사과 두 개라고 하자. 이 경우 소비자는 시장에서 배 하나를 내놓고 사과 두 개를 받는 교환을 통해 만족도를 높일 수 있다. 즉, 배의 소비를 줄임으로써 효용을 더 증대시킬 수 있는 것이다.

이처럼 소비자는 어떤 상품의 주관적인 교환 비율이 시장의 상대 가격보다 클 때는 해당 상품의 소비를 늘리고, 반대로 작을 때는 줄임으로써 효용을 증가시킬 수 있다. 소비자가 이와 같은 교환을 반복하면, 어떤 상품에 대해 자신이 평가한 주관적인 교환 비율과 시장에서 결정된 상대 가격이 일치하는 소비 조합을 선택할 때 효용이 극대화된다는 결론을 도출할 수 있다. 상품에 대해 소비자가 느끼는 개별적이고 주관적인 평가가 시장의 보편적이고 객관적인 평가와 일치하도록 소비량을 결정할 때 효용이 극대화되는 것이다.

소비자는 자신의 소득 수준과 함께 재화와 서비스에 대한 시장가격으로 설정된 예산 제약 하에서, 자신의 선호에 따라 효용을 극대화하는 소비 조합을 찾는다. 이러한 합리적 의사결정으로부터 재화와 서비스에 대한 개인의 수요가 도출된다. 재화와 서비스에 대한 개인의 수요는 주어진 시장가격에 따라 나타나는 개별 소비자의 구매력에 기초한 소비 의사를 의미한다. 아무리 갖고 싶은 것이라도 그것을 갖기 위해 대가를 치를 수 있는 충분한 능력이 있어야 소비를 실현할 수 있다.

따라서 합리적 소비자의 효용 극대화 의사결정 결과는 주어진 시장가격에 따른 예산 제약과 자신의 선호로부터 도출한 개별 소비자의 수요로 표출된다. 각각의 재화와 서비스, 상품별로 주어진 시장가격에 따라 결정되는 개별 소비자의 수요를 합산하면, 상품 시장의 전체 수요를 도출할 수 있다. 이러한 시장의 수요는 시장가격은 물론, 소비자의 선호와 소득 수준 등 다양한 요인이 영향을 미침에 따라 달라지는데, 일반적으로 수요의 법칙은 시장가격과 수요가 역의 관계를 갖는다는 것을 의미한다. 이것이 소비자 이론의 최종 결론이다. 즉, 시장가격이 오르면 수요량이 감소하고, 시장가격이 내리면 수요량이 증가한다는 수요의 법칙은 효용을 극대화하려는 소비자의 합리적 의사결정의 결과물이라고 할 수 있다.

따라서 수요는 주어진 시장가격 하에서 소비자가 효용을 극대화하는 소비량이면서, 동시에 소비자가 효용을 극대화하기 위해 해당 상품 추가 소비에 지불할 의사가 있는 최대 금액Willingness to pay을 의미한다.

이처럼 경제학은 이기적이고 합리적인 소비자가 상품과 서비스에 대한 자신의 선호, 그리고 소득과 시장가격을 고려하여 효용을 극대화하고, 그들이 모여 상품 시장의 수요를 형성하여 수요의 법칙을 이룬다고 설명한다. 여기에는 효용 극대화라는 이기적 목적을 달성하려는 소비자의 합리성 외에 어떠한 도덕적 판단도 개입하지 않는다. 만약 사회가 형성되지 않은 자연 상태에서 시장의 원리가 확립되었다고 가정하면, 아마도 정당한 대가를 치러야만 원하는 상품을 얻을 수 있다는 시장의 교환 원리는 작동하지 못할 것이다. 무엇인가를 갖고 싶은 소유욕을 통제하는 사회적 질서가 없는 상태에서는 도둑질은 물론이고, 강도와 살인이 난무하여 시장의 질서 자체가 성립할 수 없을 것이기 때문이다. 사회 안에서 오랜 관습으로 정착된 도덕 법칙을 자발적으로 준수하는 윤리적 행위 양태가 보편화하고, 강력한 국가권력에 의해 법이 집행되는 법질서가 확립되었기 때문에 이기적인 목적을 가진 소비자가 자신의 목적을 이루기 위해 정당한 대가를 치러야 하는 시장의 원리가 지켜질 수 있는 것이다. 따라서 사회질서가 안정적으로 작동할 때만 시장의 질서도 작동할 수 있다.

나아가 현실에서 소비 행위는 경제학의 소비자 이론에 따른 이기적 목적과 달리, 단순히 사유재산권 보장을 위한 법질서 준수 정도의 제약을 넘어서는 좀 더 복잡하고 다양한 요인의 영향을 받을 수 있다. 즉, 소비자는 효용 극대화라는 이기적인 목적만을 생각하지 않고, 한 사람의 시민으로서 책임의식을 갖는다. 자신의 소비가 타인에게 미치는 영향은 물론, 사회 전반에 미치는 영향력 등에 대한 도덕적이고 윤리적인 판단 역시 소비자의 의사결정에 영향을 미치는 중요한 요인이다. 선한 의지에서 나온 기부와 봉사 활동, 아무런 대가 없이 선물하는 등의 행위 역시 자신의 돈과 시간을 써서 행하는 소비 활동의 하나로 볼 수 있다. 경제학은 이러한 선행마저도 효용 극대화에 부합하는 합리적 의사결정의 결과물로 설명한다. 선행의 근간마저도 순수한 도덕적 의지가 아니라, 선행으로부터 좋은 평판과 칭찬을 얻고 싶은 선호에 따라 만족감을 느끼기 위한 이기적인 목적에서 찾는다.

그러나 선행을 베푸는 사람들은 자신의 만족을 위해서가 아니라, 정말로 순수한 도덕적 의지에서 자기 손해를 감내하는 소비 의사결정을 내리기도 한다. 따라서 경제학의 소비자 이론만으로는 순수한 윤리적 소비 활동을 제대로 설명할 수 없다.

또 선행과는 다른 것으로, 아무리 이기적인 만족감과 효용을 극대화할 수 있는 것이라고 하더라도 도덕적으로 양심의 가책을 느낄 수 있는 소비 행위는 되도록 피하려고 노력하는 소비자의 보편적 성향도 있다. 그러나 이 역시 경제학의 소비자 이론은 제대로 설명하지 못한다. 소비자 이론에 따르면 '남을 속이고 편법을 쓰더라도 법을 위반하지 않아 처벌을 받지 않고 효용을 극대화할 수 있으면 그만'이라는 부도덕한 소비 행위도 소비자의 합리적 선택 범위에 있으면 문제가 되지 않을 수 있다.

물론 소비자 이론을 확장하면, 비윤리적 소비 행위로 발생하는 피해를 보상하는 시장이 별도로 구성될 경우 비윤리적 소비 행위에 추가로 치러야 하는 상품의 가격이 소비자의 의사결정에 반영되기 때문에 시장이 도덕적인 부분을 통제할 수 있다고 주장할 수 있다. 그러나 현실에서 그런 시장은 없다. 시장 원리는 자기만족을 극대화하는 개인의 이기심이 가격 기구에 의해 조정되어 사회적으로 최선의 결과를 가져다줄 것이라고 믿지만, 윤리적 행위까지 규율할 수 있는 시장은 존재하지 않는다. 따라서 경제학의 소비자 이론이 말하는 것처럼, 소비자가 자신의 이기적 목적을 최대한 달성하려 노력하는 것이 최고의 선이라는 주장은 성립하지 않는다.

경제학의 소비자 이론은 소비자의 도덕적 판단마저도 이기적인 목적의 범주 안에서 설명하려고 한다.[42] 도덕 법칙을 준수하는 소비 행위도 따지고 보면 그로부터 어떤 만족감을 얻을 수 있고, 그것이 가장 큰 기쁨을 가져다줄 수 있다고 판단해서 한 것이므로 이기적이고 합리적인 선택의 범주에서 설명할 수 있다는 것이다. 물론 그런 소비 행위의 본질적 목적을 다른 사람에게 칭찬받을 만한 행동을 했을 때 얻을 수 있는 만족감에서 찾을 수도 있다. 좋은 평판이 장기적으로 더 큰 만족감을 줄 수 있다는 점, 남보다 도덕적으로 우월하다는 욕망을 충족시킬 수도 있다는 점, 더 나아가서는 도덕 법칙을 준수함으로써 얻는 마음의 평온이 그 어떤 금전적 가치보다 높다는 점 등 도덕적 행위를 이기심의 범주로 끌어내릴 수 있는 논리는 얼마든지 만들어낼 수 있다. 그렇게 도덕적 판단을 어떤 만족을 얻기 위해 치러야 할 시장의 가격과 비교함으로써 경제학의 원리가 매우 포괄적인 것처럼 생각할 수 있을지도 모르겠다.

그러나 실제로 많은 사람은 금전적 평가를 생략한 채 도덕적 순수성을 갖고 도덕 법칙을 따른다. 불법만 아니면 남의 것을 빼앗아서라도

42　법경제학 분야에서는 이런 측면을 일부 다루기도 한다. 그러나 여기서도 사람들은 탈세 등 위법 행위 적발 가능성과 처벌로 인한 손실을 고려하여 범죄 행위를 결정하므로 적발 확률과 처벌 강도를 높이면 위법 행위가 줄어들 것이라는 금전적 유인 체계를 적용하여 설명하는 경우가 많다. 또 마약을 불법으로 하면 암시장이 형성되어 가격이 높아지고 범죄 행위가 만연하므로 합법화하는 것이 경제적으로 더 효율적일 수 있다는 가설을 제시하기도 한다. 인간의 정신적 측면, 도덕과 윤리에 대한 부분은 경제학에서 찾아보기 어렵다.

나의 효용을 극대화하면 된다고 생각하는 사람은 많지 않다. 우리 속담에 "말 한마디로 천 냥 빚을 갚는다"는 말이 있다. 우리는 이를 두고 말 한마디의 시장 가치를 현재 가치로 만들어 비교하고 평가하려 하지 않는다. 어떤 때는 적절한 말이 금전적으로 평가할 수 없는 가치를 만들어 낼 수 있을 만큼 중요하고, 아무리 어려운 일도 해결할 수 있는 길이 분명히 있다는 뜻으로 받아들이는 것이 더 보편적이다. 다이아몬드의 시장가격은 물과 비교할 수 없을 정도로 비싸다. 그러나 그것이 다이아몬드가 사람의 생명 유지를 위해 꼭 필요한 물보다 실제로 더 중요한 사용 가치를 갖는다는 것을 의미하지는 않는다. 우리가 소비 행위를 함에 있어 도덕적 판단을 가미하는 것도 마찬가지다. 그것의 경제적 가치를 고려해서가 아니라, 도덕 법칙을 따르고자 하는 순수한 의지가 내면에서 우러나오기 때문이다.

이렇게 보면 경제학이 순수한 도덕성의 영역을 제대로 설명하지 못하는 것은 분명하다. 아마도 그러한 부분은 법학이나 사회학, 윤리학 등 다른 학문의 몫이라고 여기기 때문일 수 있다. 그렇다면 우리는 경제학 이론의 한계를 받아들여 경제 원리가 사회의 지배적 원리로 남용되는 것을 경계해야 한다.

생산자 이론

경제학에서는 소비자뿐만 아니라, 생산자도 마찬가지로 이기적이고 합리적인 존재라고 가정한다. 생산자의 단일 목적은 이윤을 극대화하는 것이다. 이를 위해 생산자인 기업은 자신의 기술력을 바탕으로 만들어진 생산 함수에 따라 생산량과 생산 비용 사이의 일정한 관계를 도출한다. 기업은 원하는 수량의 상품 생산에 필요한 노동과 자본 등 생산 요소의 수량을 결정하고, 생산요소의 시장가격을 고려하여 생산 비용을 계산한다. 이윤을 극대화하는 기업은 당연히 비용을 최소화하는 생산 요소 투입 조합을 결정할 것이다. 기업이 원하는 생산량마다 비용을 최소화하는 생산요소 투입량을 결정하면, 생산량과 생산 비용 사이의 함수 관계를 도출할 수 있다. 그 관계를 비용 함수라고 한다.

기업은 이렇게 도출한 비용함수와 생산품의 시장가격을 바탕으로 이윤을 극대화하는 최적의 생산량을 결정한다. 이때 이윤은 시장가격과 판매량을 곱하여 정해지는 매출에서 비용함수에 따라 산출된 비용을 뺀 나머지로 정의된다.[43] 따라서 기업은 주어진 상품의 시장가격에서 생산을 한 단위 늘렸을 때 증가하는 매출이 증가하는 비용보다 큰 이상 생산량을 늘리겠지만, 반대로 작으면 생산량을 줄인다. 이렇게 기업은 생산량을 한 단위 늘렸을 때 증가하는 매출 규모가 증가하는 비용과 같아지는 최적의 생산량을 결정함으로써 이윤을 극대화한다. 만약 기업이 시장가격에 영향을 미칠 수 없다면 판매량이 한 단위 증가할 때 늘어나는 매출 규모는 가격으로 결정된다. 볼펜 한 자루의 가격이 천 원이라고 한다면, 볼펜 한 자루를 더 생산해서 판매할 때 증가하는 판매 수입은 1,000원이다. 그런데 이 기업이 볼펜 한 자루를 더 생산하기 위해 증가하는 비용이 500원이라고 하자. 이 경우 기업은 500원을 들여 볼펜 한 자루를 더 생산해 1,000원을 벌 수 있으므로 생산량을 늘려 이윤

---

43 앞에서 비용함수는 생산량과 생산 비용 사이의 관계라고 했다. 즉, 비용(Cost)을 C라 하고, 생산량(Quantity)을 Q라고 할 때 비용함수는 $C=C(Q)$와 같이 표현할 수 있다. 다음으로 생산품의 가격(Price)을 P라고 하고, 판매량을 생산량과 동일하게 Q라고 할 때 매출액은 $P{\times}Q$라고 표현할 수 있다. 따라서 이윤(π)을 수식으로 표현하면 $\pi=P{\times}Q-C(Q)$가 된다.

을 증가시킬 수 있다.

통상적으로 생산량이 증가할수록 상품을 한 단위 더 생산하기 위해 투입해야 하는 비용은 증가하게 된다. 기업이 볼펜을 생산하기 위해 공장과 생산 설비를 갖추고 생산을 위한 기본적인 인력을 이미 채용한 사업 초기에는 생산 능력에 여유가 있으므로 볼펜 한 자루를 더 생산하기 위해 투입해야 하는 추가 비용은 재룟값 정도에 불과할 것이다. 그러나 일정 수준 이상으로 생산량이 늘어 인력과 설비를 확충하지 않고서는 생산량을 증가시킬 수 없는 상황이 되면 볼펜 한 자루를 더 생산하기 위해 투입해야 하는 추가 비용이 훨씬 클 것이다.

이제 기업이 볼펜을 너무 많이 생산하고 있어 한 자루를 더 생산하기 위해 투입해야 하는 비용이 1,500원이라고 하자. 이 경우 기업은 생산을 더 할수록 손해다. 볼펜 한 자루를 더 팔아서 증가하는 매출은 시장가격과 같은 1,000원인데, 한 자루 생산을 늘리기 위해 들어간 비용은 1,500원이어서 이윤이 500원 감소하기 때문이다. 이 경우에는 기업이 생산량을 줄임으로써 오히려 이윤을 증가시킬 수 있다.

결국 기업은 상품을 한 단위 더 생산하기 위해 투입하는 비용과 시장가격이 같아지도록 생산량을 결정함으로써 이윤을 극대화한다. 이는 개별 생산자의 특수한 생산 기술로부터 도출되는 비용과 시장에서 결정되는 생산품에 대한 보편적 가치 평가 결과인 가격이 일치해야 이윤이 극대화될 수 있음을 의미한다. 기업이 이윤을 극대화하는 최적 생산량이 곧 개별 기업의 공급량이고, 주어진 시장가격에 따른 개별 기업의 공급량을 합산하면 시장의 전체 공급량이 된다. 일반적으로 시장가격이 상승하면 추가 생산에 따른 매출 규모가 커지므로 기업은 더 많은 이윤을 얻기 위해 공급량을 늘릴 것이고, 시장가격과 공급은 양의 관계를 갖게 된다.

이상의 생산자 이론에서 생산자는 오로지 이윤을 극대화하는 경제적 의사결정을 할 뿐, 도덕이나 윤리적 측면은 전혀 고려하지 않는다. 물론 기업은 사람이 아니므로 양심이나 도덕성, 윤리 의식을 가질 수 없다. 그렇지만 실제 기업의 의사결정 및 행위 주체인 주주와 경영진, 노동자들은 도덕적이고 윤리적인 판단을 할 수 있다. 그러나 경제학에서는 이러한 것들을 명시적인 고려 대상으로 삼지 않는다.

기업이 이윤 극대화를 목적으로 하는 이기적인 존재라는 것은 주주와 경영진, 노동자들이 자신들이 기대하는 이기적인 목적을 달성하고자 노력하는 것과 기업의 이윤 극대화가 함께 갈 수 있다는 점에서 나름의 합리성을 갖는다. 주주들은 기업이 이윤을 극대화하면 주식 가치가 높아지고 배당 수입도 더 많이 받을 수 있다. 경영진은 주주의 이익을 최우선으로 기업이 이윤 극대화를 실현할 수 있도록 기업을 경영함으로써 성과급 등 더 많은 보상을 챙길 수 있다. 노동자는 기업이 이윤을 극대화함으로써 일자리의 안정성을 확보하는 것은 물론, 생산 기여에 따라 더 높은 임금소득을 받을 수 있다. 경제학은 기업 활동에 참여하는 사람들이 각자 자기 이익을 앞세우게 되면 기업은 이윤을 극대화할 수 있고, 기업이 이윤을 극대화함으로써 그들 각자의 이익이 더 커질 수 있다고 본다.

그러나 소비자와 마찬가지로 주주와 경영진, 노동자는 위법과 편법은 물론, 비윤리적 경영 활동을 통해 기업의 이윤을 극대화하려는 유혹에 빠질 수도 있고, 그에 대한 도덕적 판단을 가미하여 그러한 행위를 억제할 수도 있다. 기업은 오염물질 배출, 소비자의 건강을 위협하는 부적합 물질 사용, 과장 광고와 불공정 경쟁으로 다른 경제 주체의 이익을 빼앗는 등 사회적으로 비난의 대상이 되는 방법으로 이윤을 극대화할 수 있다. 이러한 방식은 이기심에 기반하여 생산 활동에 참여하는 사람들의 마음을 끌어당긴다. 그러나 대다수 기업의 참여자들은 그렇게 하지 않도록 주의를 기울인다. 주주와 경영자, 노동자는 법과 도덕 등 통상의 사회질서에 비추어 봤을 때 옳지 않은 행위를 자발적으로 피하려고 노력한다.

경제학은 이와 같은 불법적 행위, 비도덕적 행위의 자발적인 억제를 이윤 극대화의 원리 안에서 설명하려고 한다. 생산 활동 참여자들이 법의 규제를 받을 수 있는 경영 방식을 택하지 않는 것은 위법한 행위에 대한 처벌로 인해 부과받는 법적 비용의 손실이 이윤의 증가 가능성에 따른 이익보다 크기 때문이다. 또 비록 불법적인 방법이 아니더라도 소비자가 비윤리적이고 환경에 부정적인 영향을 미치는 방법으로 생산한 상품을 외면하는 윤리적 소비 성향이 있다면, 비윤리적인 경영 활동이 장기적으로 이윤을 극대화할 수 없게 한다는 점에서 최대한 윤리적이고 친환경적인 경영 방식을 선택한다는 것이다.

그러나 이와 같은 장기적 관점에서의 이윤 극대화 행위가 단기적으로 치러야 할 기업의 비용을 늘리고 손실을 발생시키는 것이라면, 일반적으로 경제학에서 말하는 이윤 극대화 개념으로 설명하기 어렵다. 투자자들은 불법적이고 비윤리적이며 반환경적인 행위를 일삼는 기업의 주주가 되려 하지 않는다. 장기적으로 기업이 망할지도 모른다는 생각에서 투자하지 않는 것도 있지만, 그것이 사회적으로 부정적 영향을 미친다는 점에서 투자를 꺼리는 윤리적 투자자도 많다. 노동자 역시 도덕적이고 윤리적으로 사업을 하는 기업에서 더 강한 소속감을 느끼고 근로 의욕도 높아진다. 경제학의 논리로는 이런 부분이 제대로 설명되지 않는다.[44] 오히려 생산자의 이기심만을 강조하는 경제학 이론은 기업의 가장 중요한 책무가 이윤 창출 하나뿐이라고 강조함으로써 손실을 감내하는 윤리경영에 대한 부정적 시각을 키우고, 주주와 경영자가 도덕적 책임에 둔감하게 하는 측면이 있다.

이기심의 한계

모든 사람은 생산 및 소비 활동과 경제 거래 행위에는 일정한 사회적 책임이 따른다는 것을 알고 있다. 자기 이익을 극대화하려는 경제 원리가 타인에게 해를 끼치는 경제 행위까지 정당화할 수 없다. 그러한 행위는 법에 따른 처벌을 받을 수 있고, 법적 처벌을 피하더라도 사회적 비난을 받을 수 있으며, 사회적 비난을 피하더라도 양심의 가책을 느낄 수 있다. 효용과 이윤을 극대화하는 것도 사회질서의 테두리를 벗어날 수 없다. 자본주의 효율성의 근간은 경쟁에 있지만, 지나친 경쟁의 결과는 독점으로 이어져 효율성의 근간을 상실하게 할 수 있다. 이윤을 극대화하는 경쟁의 끝에는 경쟁자를 시장에서 쫓아내고, 새로운 경쟁자의 시장진입을 막는 경쟁 파괴적 행위에 대한 유혹이 도사리고 있기 때문이다. 따라서 사회가 공정한 경쟁 질서를 확립하지 않으면, 경제적 효율성을 달성할 수 없다. 모든 경제 활동은 사회적 활동이다. 개인의 이익

---

44 경영학 등 경제학이 아닌 다른 분야에서는 기업의 사회적 책임(Social Responsibility), 공유 가치 창출(Creating Shared Value), 이해관계자 자본주의(Stakeholder's Capitalism), ESG(Environment, Social, Governance) 등 다양한 접근 방식으로 기업의 도덕성 문제를 다루고 있다(Seok Eun Kim and You Hyun Kim, "What Drives Social Responsibility Commitment? An Empirical Analysis of Public Enterprises in South Korea", *International Review of Administrative Sciences* 88(1), 2022, pp.152~170).

을 극대화하기 위해 경제 활동을 하지만, 그 결과는 어떤 식으로든 사회에 영향을 미친다. 따라서 모든 경제 활동은 사회질서의 테두리 안에 머물러야 한다.[45]

경제학은 경제 활동을 이기적이고 합리적인 경제 주체가 오로지 자기 이익을 극대화하는 경제적 의사결정 과정으로 설명한다. 이렇게 만들어진 개별 경제 주체들의 의사결정 결과가 모여 시장의 수요와 공급을 구성하는데, 시장의 가격기구가 질서 있게 작동하여 수요와 공급의 균형을 달성함으로써 자원 배분의 효율성을 극대화한다. 시장의 자기조정 메커니즘은 개별 경제 주체들의 이기적인 동기를 조율하여 사회후생Social Welfare을 극대화하는 집합적 선을 이루게 한다. 따라서 개별 경제 주체가 도덕적이고 윤리적인 판단이나 공익을 고려할 필요 없이 자신의 이기적인 목적을 위해 최선을 다하기만 하면, 비록 그들이 의도하지 않았더라도 시장에 의해 공익이 달성될 수 있다. 이처럼 시장질서가 스스로 모든 개인의 이기심을 조율하여 사회적으로 최적의 결과를 만들어내므로 도덕성은 경제학의 고려 대상이 될 수도 없고, 그럴 필요도 없다.

> 우리가 저녁식사를 할 수 있는 것은 정육점 주인이나 양조업자, 제빵업자의 자선 때문이 아니라, 그들 자신의 이해관계 때문이다. 우리는 그들의 인류애Humanity가 아니라, 자기애Self-love에 기대어 살아간다. 우리가 그들에게 말해야 할 것은 우리의 필요가 아니라, 그들의 이익이다. 동료시민Fellow-citizens의 자선에만 기대어 사는 사람은 아무도 없다.[46]

---

45 John Stuart Mill, *On Liberty*, 1859 (권기돈 역, 『자유론』, 펭귄클래식, 2015), pp.208~209.

46 Adam Smith, *The Wealth of Nations(Intruduction by Alan B. Krueger, 2003)*, New York: Bantam, 1776, pp.23~24.

사회적 동물인 인간은 타인과 관계를 맺지 않고는 살아갈 수 없다. 그리고 인간이 서로 관계를 맺으며 살아갈 수 있는 주요 근간은 상호 호혜에 따른 기부나 자선 활동 같은 이타적 행위보다, 각자의 이익을 위해 서로 필요한 것을 주고받는 교환 행위에 있다. 끝없는 전쟁과 투쟁을 피해 자기애Self-love에 기초한 교환과 거래를 성사시킬 수 있는 것은 인간이 지닌 사회적 본성에 따른 것이고, 그처럼 수많은 거래 계약이 질서 있게 성사될 수 있는 것은 시장 원리 때문이다. 시장의 가격기구에 의해 공급자와 수요자 사이의 거래가 넘치지도 부족하지도 않게 균형을 이룰 수 있고, 사회적으로 가장 효율적인 자원 배분을 달성할 수 있다. 시장의 보이지 않는 손이 이기적인 목적에서 이뤄지는 개별 경제 주체의 교환 행위를 조정하여 사회의 공익을 극대화하는 결과를 낳는 것이다. 이것은 인간이 그러한 결과를 모두 예측하고 시장의 기능을 인위적으로 조율할 수 있어서가 아니다. 개인은 집합적 결과에 대한 예측이나 고민 없이 자기 이익을 챙기기 위해 노력할 뿐이지만, 시장의 가격기구가 시장의 균형을 찾아가게 만드는 것이다.

> 각 개인은 공익의 증진을 의도하지 않고, 또 그 방법을 알지도 못한다. 오로지 자기 안전과 자기 이익에만 관심을 두지만, 보이지 않는 손에 이끌려 그가 의도하지 않은 목적(공익)을 달성하게 되는 것이다. 때로는 자기 이익을 추구하는 것이 사회의 이익을 더 효과적으로 촉진한다.[47]

그러나 이는 경제학의 과장된 주장일 뿐이다. 자유로운 시장의 가격기구에 의한 자기조정적 메커니즘을 최초로 생각했던 애덤 스미스

---

47 앞의 책, p.572.

조차 시장 기구의 효율성을 맹신하지만은 않았다. 『국부론』에는 오늘날 최저임금의 본질적 개념과 맞닿은 주장을 하거나, 노동에 대한 자본가의 비판적 태도를 꾸짖는 문장이 곳곳에 있다. 또 누진세 도입 필요성을 옹호함으로써 공공지출 부담의 수직적 형평성을 말하는 등 시장질서만으로는 달성할 수 없는 어떤 도덕적이고 사회적인 가치가 있음을 분명히 했다.

> 노예든, 노동자든, 모든 형태의 일하는 사람들은 정치사회의 중요한 부분을 차지하고 있고, 그들의 여건을 개선하는 것이 전체 시민을 불편하게 하는 것으로 여겨져서는 안 된다. 어떤 사회도 구성원 중 다수가 끔찍하게 가난하다면 행복과 번영을 누리고 있다고 말할 수 없다. 다른 사람들에게 먹을 것과 입을 것, 잘 곳을 제공하는 사람들이 잘 먹고, 잘 입고, 잘 잘 수 있을 만큼 노동의 생산물을 나눠 갖는 것이 공평하다.[48]

> 상품 가격은 임금 상승에 대해 산술적인 비율로 오르지만, 이윤 상승에 대해서는 기하급수적인 비율로 오른다. … 우리의 상인이나 제조업 사장들은 임금 상승이 가격 상승을 이끌어 매출을 줄인다고 엄청나게 불평한다. 그러면서도 높은 이윤의 부정적인 효과에 대해서는 말하지 않는다. 자신들이 얻어 가는 것이 갖는 치명적인 영향에 대해서는 침묵하는 것이다. 그들은 오직 다른 사람들에 대해서만 불평한다.[49]

> 부자들이 수입의 비례적인 부분을 넘어 더 부담하게 함으로써 공공지출에 기여하도록 하는 것은 그리 비합리적인 생각이 아니다.[50]

---

48 앞의 책, pp.110~111.
49 앞의 책, pp.136~137.
50 앞의 책, p.1065.

이처럼 『국부론』은 이기적인 목적에서의 경제 활동만을 최고의 선으로 여기지 않았고, 경제 활동을 통한 평등과 정의, 도덕과 공익에 대한 기여를 배제하지 않았다. 소비자 이론과 생산자 이론이 의미하는 것도 이기적인 경제 주체가 이기적인 목적을 극대화하는 것이라고만 해석할 필요가 없다. 소비자의 효용 극대화는 개별 소비자가 상품들에 대해 느끼는 주관적 교환 비율과 시장에서 객관적으로 평가된 상대 가격이 일치할 때 실현된다. 이윤 극대화 역시 마찬가지다. 개별 생산자는 자신의 생산 기술에 기초한 생산요소의 특수한 교환 비율이 생산요소 시장에서 보편적으로 적용되는 상대 가격과 일치하도록 생산요소 투입 조합을 결정함으로써 비용을 극소화한다. 그렇게 도출된 개별 기업의 특수한 비용함수에 기초하여 생산량 한 단위를 증대하기 위해 추가로 투입해야 하는 비용이 시장에서 객관적으로 평가한 상품 가격과 일치하도록 생산량을 결정할 때 이윤을 극대화할 수 있다.

　이렇게 소비자와 생산자는 자신들의 주관적이고 특수한 가치 평가와 시장의 객관적이고 보편적인 가치 평가가 일치하도록 의사결정을 할 때 이익을 극대화할 수 있고, 그런 행위 양태를 가진 생산자와 소비자가 시장에서 만나 개별 이익이 조화를 이룸으로써 사회 후생을 극대화한다는 것이 소비자와 생산자 이론의 핵심적인 내용이다. 이는 개인이 자신의 주관적이고 특수한 이익과 사회의 보편적 규범인 도덕 법칙의 조화를 추구함으로써 행복에 이르는 것이나, 개개인이 사익과 공익의 조화를 추구하기 때문에 사회가 지속 가능할 수 있다는 사회성의 원리와 크게 다르지 않다. 이처럼 시장경제의 원리는 행복에 대한 정의나 사회성의 원리와도 일맥상통한다.

　사람은 극단적인 선택보다는 조화로운 선택을 하면서 살아간다.

경제 활동에서는 자기 이익을 극대화하려고 하지만, 결국엔 시장의 객관적이고 보편적인 평가를 존중하고 그것을 받아들이면서 효용과 이윤을 극대화할 수 있는 것이다. 사회 구성원으로서 자기 이익을 극대화하는 것도 다수의 합의로 사회가 정한 법과 규칙에 종속되어 공익과의 조화를 지향할 때 가능하다. 나아가 사회 안에서 인정받을 수 있는 통제된 자기 이익을 추구하면서도, 이성을 가진 인간으로서 내면의 양심에 따라 인류 보편의 도덕 법칙을 존중하는 범위 안에 머무르고자 노력할 때 진정한 행복에 이른다. 이처럼 시장의 원리도 사회 안에서의 인간 삶의 원리 안에서 돌아가는 것이다.

사회 안에서의 경제, 그리고 정치

현실적으로도 법과 도덕이 없는 무법천지에서 시장의 질서가 본래의 능력을 발휘할 수는 없다. 모든 경제 주체가 법을 지키는 것은 물론이고, 오랜 세월 사회가 확립한 도덕·윤리 등 사회질서를 따르는 관습과 관행이 바탕이 되어야 시장질서가 무리 없이 작동할 수 있다. 자본주의 경제는 사유재산권의 엄격한 확립과 사적 계약의 원리를 전제로 하는데, 이러한 것은 법·도덕·윤리와 같은 사회질서 아래에서만 제대로 보장될 수 있다. 더욱이 사회적으로 정착된 관습과 관행, 관계에 익숙해져 버린 사람들은 이미 경제학에서의 가정과 같은 완전하게 이기적인 존재가 될 수 없는, 도덕적이고 윤리적인 존재다.

그런데도 우리 사회에는 경제학적 사고에 함몰되어 경제 이론을 맹신하는 경향이 있다. 경제 이론을 적용하는 것이 적합하지 않을 수 있는 분야에도 경제 이론을 적용하려는 경향이 강하다. 특히 정치적 논의 과정에서 그러한 일이 자주 벌어진다. 마치 경제성장이 국가의 유일한 목표인 것처럼 말하고, 시장질서가 가장 중요한 사회질서인 양 맹목적으로 주장하는 경우가 많다.

그러나 정치는 인간의 삶을 전체 사회의 관점에서 종합적으로 다루어야 한다. 다양한 생각과 이해관계가 만나 대화와 타협을 통해 합의점을 찾고, 그것을 공적인 이해관계로 승화시키는 것이 정치다. 그런데도 정치가 인간의 삶과 사회의 극히 일부분에 불과한 경제 논리만을 따르면 양극화와 불평등, 만성적 실업과 빈곤, 기후변화 등과 같은 자본주의의 고질적인 문제들을 영원히 해결할 수 없을 것이다.

경제학의 이기적이고 합리적인 인간에 대한 가정을 경제 부문과 비경제적 부문으로 나누어 분절적으로 사고하고 이해하면 어떨까? 경제 논리를 인간 삶의 중요한 부분을 이루는 경제 활동에만 한정하여 적용하는 것이다. 이 경우 행복을 추구하는 인간이 경제 생활에서는 이기적인 욕망을 충족하는 활동에 집중하고, 비경제적인 영역에서는 도덕적인 삶을 지향함으로써 정신적 평안을 얻어 행복에 이를 수 있다. 이를테면 경제 활동을 통해 수단과 방법을 가리지 않고 최대한 많은 부를 축적함으로써 이기적인 욕망을 충족하고, 그것을 때로는 세금으로, 때로는 기부를 통해 나눔으로써 도덕성을 지키고 정신의 평안을 얻으면 행복에 가까이 갈 수 있다는 것이다.

이러한 분절적 사고를 따른다면, 사회질서도 시장질서와 법질서로 구분할 수 있겠다. 시장질서는 이기적인 목적을 가진 개개인이 모여 시장을 만들고, 시장 안에서 각자의 이해관계가 조정되도록 하는 사회적 기제다. 반면, 법질서는 도덕과 윤리 등 사회의 상위 질서를 바탕으로 하여 정치 과정을 통해 사회적 합의를 거쳐 만들어낸 성문법을 행정과 사법제도가 집행함으로써 확립된다. 이 경우 경제 활동 영역에서는 시장질서가 주된 행위의 원리로 작동하고, 비경제적인 삶의 영역에서는 법질서가 행위의 주된 원리로 작동하는 것으로 상상해 볼 수 있다.

이런 분절적 사고가 과연 현실적인가? 인간의 삶은 경제 활동과 비경제적 영역에서의 삶으로 명확하게 나눌 수 없다. 더욱이 법질서와 시장질서가 따로 떨어져, 법질서 없이 시장질서만이 혼자 자체적으로 유지될 수 없다. 특정 시간과 공간을 끊어서 하나의 장면만을 생각해 본다고 하더라도, 물질적 욕망과 이기심만을 앞세우는 경제적 선택과 활동이 삶을 완전하게 지배하는 것은 불가능하다. 욕망과 이기심의 뒤편에는 늘 죄의식과 양심이 자리하고 있다. 도덕적 판단이 가능한 인간은 욕망을 추구하는 모든 순간에도 욕망을 통제하여 정신적 평안을 얻으려는 제어 장치가 동시에 작동한다. 이러한 인간의 본원적 성격은 경제적인 부문과 비경제적인 부문을 구분하지 않고 모든 시간과 장소에서 나타난다. 우리가 한 끼의 점심식사를 해결하기 위해 식당을 선택하고 메뉴를 고를 때에도 순수하게 자신의 만족을 극대화하는 방법만을 찾지는 않는다. 함께 식사하는 사람에 대한 배려에서부터 식당에 대한 평판 등 온갖 사회적 관계로부터 영향을 받게 되고, 여기에는 도덕적이고 윤리적인 판단이 개입한다. 인간은 시장질서와 법질서를 종합적으로 고려하는 가운데 경제적 판단과 비경제적 판단이 복합적으로 이뤄짐으로써 하나의 행위를 완성한다. 그러한 경제성과 도덕성이 혼합된 행위들이 모여 인간 전체의 삶을 구성하는 것이다.[51]

---

51 헨리 조지는 "경제 법칙과 도덕 법칙이 본질적으로 하나이며 지적 능력에 의해 각고 끝에 찾아내는 진리가 도덕 감각에 의해 직관적으로 파악하는 진리와 다르지 않음을 알게 될 때, 개인의 삶의 문제에도 빛이 홍수처럼 쏟아진다"고 했다(Henry George,

사회가 시장과 정부, 시민사회로 구성된다고 할 때도 시장의 원리가 적용되는 경제적 영역과 시장이 아닌 여타의 원리가 적용되는 비경제적인 영역으로 구분이 가능할 것 같은 착각에 빠질 수 있다. 효율성을 필두로 하는 경제 논리와 사회정의, 자유와 평등, 인권 등 다른 가치를 앞세우는 또 다른 논리가 대립하는 경우, 효율성과 경제 논리가 다른 것들에 비해 우선하는 것처럼 생각될 수 있다. 경제학의 논리는 다른 사회과학에 비해 상대적으로 명확하고, 수학적으로 정제된 해답을 제시하는 경향이 있으므로 설득력이 강하게 느껴질 수 있기 때문이다. 또 경제 논리에 따라 이익을 얻는 소수는 그렇지 않은 다수를 압도하는 정치적 목소리를 내는 성향이 있지만, 다수를 위한 보편적 가치는 그것을 적극적으로 쟁취해 내려는 목소리가 하나로 뭉쳐지기가 쉽지 않은 측면도 있다. 따라서 경제 논리가 사회를 주도하는 지배적 논리인 것처럼 생각하기가 쉽다.

그러나 경제학이 할 수 있는 일은 사회의 자원 배분에 대한 정치적 결정을 위해 유용한 증거, 합리적 결정에 필요한 증거들을 제시하는 것까지다. 경제학이 그 자체로 정치적 결정을 미리 내릴 수는 없다. 모든 자원이 경제적인 것도 아니고, 모든 대체물을 다 시장가격으로 평가할 수도 없기 때문이다.[52] 경제는 사회를 구성하는 일부일 뿐이고, 사회를 떠나

Progress and Poverty: An Inquiry into the Cause of Industrial Depressions and of Increase of Want with Increase of Wealth: The Remedy, 1879 (김윤상 역, 『진보와 빈곤』, 비봉출판사, 2017), p.560). 인간 삶의 모든 행위는 하나의 원리나 감정에 의존하는 것이 아니라 복잡하고 다양한 원리와 감정의 산물로, 근본적으로는 경제적 판단과 도덕적 가치 판단을 종합적으로 고려한 결과라고 할 수 있다.

52 Bernard Crick, *In Defence of Politics*, London: Weidenfeld & Nicolson, 1992 (이관후 역, 『정치를 옹호함』, 후마니타스, 2021), p.181.

독립적으로 존재할 수도 없다. 굳이 따져 보자면 인간은 생존을 위해 경제 활동을 시작했지만, 그러한 생존에 더 적합한 생활양식을 찾은 것은 사회이고, 교환이나 거래 같은 시장질서 역시 사회 안에서 만들어졌다. 원리적으로 따지고 보면, 사회로부터 시장 원리가 나온 것이다. 경제적 교환 행위가 활성화하기 훨씬 이전부터 상호 호혜라는 사회적 프로세스가 오랜 세월 사회에 꼭 필요한 접착제로 사회를 유지해 왔다는 것이 인류학자들의 대체적인 견해다. 사람들은 시장 제도와 교환 행위가 정착한 이후에도 시장 제도 바깥에서 교환을 통제하는 방안을 마련했고, 상호성에 기초한 협력과 호혜의 사회적 제도가 시장에 의한 사회성의 왜곡을 막기 위해 개인의 행위를 통제했다.[53]

그런데 어느 순간부터인가 시장의 원리가 사회성을 침해하는 것을 막아 주던 버팀목이 약해지기 시작했다. "악화가 양화를 구축한다"는 그레샴의 법칙Gresham's Law처럼, 시장의 이기심이 사회 전반의 이타성과 상호성의 동기를 가차없이 몰아냈다.[54] 칼 폴라니는 자본주의의 문제를 사회 안에 머물러야 할 경제가 사회로부터 독립한 것에서 찾았다. 자연과 사람, 화폐 등은 소유할 수 없는 것들이다. 그런데도 자본주의는 그것들을 거래의 대상으로 삼고, 상품화함으로써 심각한 문제들을 낳았다. 경제질서란 그것을 품고 있는 사회 안에서 나타나는 사회적인 것The Social의 한 기능일 뿐이다. 부족사회든 봉건사회든, 또 중상주의적 조건 아래서든 사회가 만들어진 이후 지금까지 경제 체제가 사회

---

53 Mike Berry, *Morality and Power: On Ethics, Economics, and Public Policy*, Massachusetts: Elgar, 2017, p.99.

54 앞의 책, p.100.

로부터 분리된 적은 없었다.[55] 시장의 자기조정적 기능이 대두되고, 상품화되어서는 안 될 토지·노동·화폐 등 인간과 자연이 상품화하면서 사회가 망가지기 시작했다.

> 인간과 자연환경의 운명이 순전히 시장 메커니즘 하나에만 좌우된다면 결국 사회는 완전히 폐허가 될 것이다. …노동시장, 토지시장, 화폐시장이 시장경제에 필수적이라는 점은 의심의 여지가 없다. 하지만 인간과 자연이라는 사회의 실체 및 사회의 경제 조직이 보호받지 못하고, 시장경제라는 '사탄의 맷돌'에 노출된다면, 그렇게 무지막지한 상품 허구의 경제 체제가 몰고 올 결과를 어떤 사회도 단 한순간도 견뎌 내지 못할 것이다.[56]

시장질서는 사회질서의 테두리 안에서 작동할 수밖에 없고, 물질적 영역을 구성하는 경제는 도덕과 윤리, 법, 문화, 정신 등과 같은 사회의 상부구조 아래에 머물러야만 한다.[57] 사람과 사람 사이의 공통된 관계 기반인 사회는 서로 관계를 맺으며 살아가는 인간 삶의 가장 기본적인 토대라고 할 수 있다. 따라서 개인의 행복이라는 것도 사회 안에서만 구현될 수 있고, 그중 한 부분을 이루는 경제는 당연히 사회 안에 머물

---

55 Karl Polanyi, *The Great Transformation*, 1944 (홍기빈 역, 『거대한 전환』, 길, 2009), pp.241~242.

56 앞의 책, p.244.

57 마르크스(Karl Marx)의 유물론적 변증사관에 따르면, 사회의 하부구조에 해당하는 물질적 생산 구조가 법, 제도, 문화 등 사회질서를 형성하는 상부구조에 영향을 미치는데, 물질적 생산 구조의 핵심은 생산수단의 소유 여부에 따른 계층 구조이고, 역사는 물질적 생산 구조에 따른 계층 간 대립의 과정이라고 한다. 따라서 이러한 대립의 역사를 종식하려면, 사유재산제도를 폐기하여 생산수단의 소유 자체를 없애야 한다는 것이 마르크스주의(Marxism)가 제시하는 근본적인 사회 문제 해결책이다. 경제가 상부구조 아래 머물러야 한다는 것은 유물론적 사고와 달리, 사회의 도덕적·문화적·법적 질서 안에서 경제 활동이 이뤄져야 함을 강조한 것으로, 마르크스주의와는 다르다.

러야 한다. 그런데도 사회의 일부일 뿐인 경제를 사회와 같은 것, 또는 경제가 사회의 전부이고 그것이 사회를 지배하는 것처럼 여기는 것은 타당하지 않다. 경제와 시장질서는 법, 도덕, 윤리, 관습과 관행 등 사회의 다양한 질서 안에 머무르며 그것들과 조화를 이루어야만 한다.

경제질서가 머물러야 할 사회질서를 확립하는 것은 정치의 몫이다. 정치는 사회의 보편적 의지에 따라 모든 국민이 행복하게 살 수 있도록 법적 형태를 갖춘 사회질서의 기반을 형성한다. 이기적이고 합리적인 인간을 전제로 하는 경제는 개인이 각자의 특수한 이익만을 다루는 것처럼 설명하지만, 정치는 국민 모두의 보편적 의지를 실현하는 과정으로서 좀 더 포괄적인 실행 원리다. 경제 행위 질서도 정치를 통해 마련되는 사회질서를 구성하는 것 중 하나로, 상위 질서에 구속되는 것이 당연하다.

개인이 아무리 이기심을 앞세워 욕망을 충족시키기 위한 경제 생활을 중요하게 생각한다고 하더라도, 실제 사회 안에서의 삶은 각자의 도덕적 판단을 토대로 이기심을 일정 부분 통제하며 살아갈 수밖에 없다. 자기 이익을 정의하는 것은 합리성과 이기심만으로 되는 것이 아니다. 정체성을 따지는 물음은 언제나 이익을 따지는 물음에 선행하기 마련이다. 즉, 자기 이익이란 것도 자아 또는 자기 정체성의 토대가 있어야 정의될 수 있다.[58] 자아는 이기적 본성만으로 형성되지 않으며, 거기에는 나를 설명할 수 있는 종합적 판단이 반영된다. 여기에는 물론 양심과 도덕성이 중요한 부분을 차지하게 될 것이다. 결국 사람은 자기 이익

---

58 Samuel P. Huntington, *The Clash of Civilizations and the Remarking of World Order*, US: Simon & Schusterm, 1996(이희재 역, 『문명의 충돌』, 김영사, 2003), p.215.

을 정의하는 자아와 정체성을 통해 이기심을 1차적으로 통제한다. 그럼에도 불구하고 사람들은 저마다 서로 다른 자아와 정체성을 갖고 서로 다른 가치와 도덕적 판단을 내리므로, 사회에서 타인과 원만한 관계를 맺으며 살아가기 위해서는 어느 정도 공통적으로 따라야 할 사회질서가 필요하다. 이를 통해 개인의 이기심은 2차적으로 외적 통제를 받게 되는 것이다. 그러한 사회의 집합적 질서를 마련하도록 사회적 합의를 이끌어 가는 과정이 정치다. 그러므로 우리의 생활이 아무리 시장에 의존적이라고 하더라도, 그러한 시장이 의존해야 할 사회질서를 만들어 내는 정치의 중요성을 잊어서는 안 된다.

어쩌면 경제학은 우리에게 '정치 같은 것에 신경 쓸 겨를이 어디 있나? 당장 먹고살기도 바쁜데, 정치는 선거 때 당신들이 뽑은 정치인에게 맡기고, 당신들은 당장 눈앞에 닥친 당신들의 경제 활동에나 집중하라'고 말하고 있는지도 모른다.

그러나 우리가 경제 활동에서 공정하고 정당한 처우를 받으려면, 정치가 사회의 일반의지를 실현하는 본연의 역할을 할 수 있어야 한다. 시장의 불공정과 불평등, 부정의, 환경오염, 그리고 그로 인해 발생할 수 있는 비효율성의 문제를 해결할 수 있는 유일한 길은 우리가 정치를 바로 세워 이기심을 적절히 통제하고, 상호 호혜의 원리를 바탕으로 함께 살아갈 수 있는 사회를 만드는 것이다. 우리는 모두 냉혹한 시장의 경쟁에서 도태될 위험에 처해 있다. 그러한 위험으로부터 우리 스스로를 지키기 위해서라도 실질적인 민주주의를 확립해야 한다. 시민의 적극적인 정치 참여만이 실질적인 민주주의를 확립하고, 시장의 경쟁에서 밀려난 사람들도 사회로부터 소외되지 않고 함께 살아갈 수 있는 따뜻한 사회질서를 만들어낼 수 있다.

경제와 사회

정치경제의 첫째 목표는
모든 국민에게 최소한의 생활을
보장하는 것이다. …
모든 국민은 각자의 능력에
비례하여 국가의 재정에
기여해야 한다.

- 애덤 스미스, 『국부론』 중에서

2

1. 시장과 정부

하이에크는 시장질서를 자생적인 질서Spontaneous Order 라고 했다. 자생적인 질서란 인간이 인위적으로 만든 제도나 법과 달리, 오랜 세월 누적된 인간의 행위 습관이 자연스럽게 만들어낸 제도적 산물이라고 정의할 수 있다.[59] 시장질서는 인간이 자신을 둘러싼 환경을 개선하려는 노력을 통해 얻은 지식과 능력을 최대한 자유롭게 발휘하여 자기 이익을 극대화할 수 있도록 하는 자생적인 질서다. 따라서 시장질서가 제대로 기능하여 그 목적을 달성하려면, 그 누구도 개인의 자유로운 활동에 인위적으로 개입해서는 안 된다. 시장질서는 수많은 사람이 오랜 세월 누적된 경험으로 형성된 자생적 질서이기 때문에, 소수의 사람이 특정한 목적으로 짧은 시간 검토하여 인위적으로 만들어낸 제도나 법으로 수정을 가하거나 개입하려는 것은 위험한 발상이다.[60]

결국 하이에크가 시장질서를 자생적 질서라고 한 것은 아무리 강한 권력을 가진 사람이나 집단, 그리고 심지어 정부라고 하더라도 시장에 인위적으로 개입하여 시장질서를 왜곡해서는 안 된다는 것을 강조하기 위해서였다. 그를 좇아 자본주의 시장경제를 중시하는 자유주의자들은

---

59 Friedrich A. Hayek, *Law, Legislation and Liberty: Volume1, Rules and Order*, ~~1978~~, Chicago: The University of Chicago Press, 1983, p.37.

60 앞의 책, pp.108~109.

정부가 비효율적이며 정부의 정책 실패가 심각한 문제를 낳을 수 있으므로 시장에 인위적으로 개입하면 안 되는 것은 물론이고, 시장의 경쟁과 민간기업의 효율적인 경영 방식을 정부와 공공부문에도 적극적으로 도입해 정부 기능을 민영화해야 한다고 주장한다.

그러나 현실에서 시장에 개입하지 않는 정부는 없고, 시장도 정부 권력이 만들어낸 제도와 정책, 재정에 의존하지 않고서는 살아남을 수 없다. 일례로 개인의 사유재산권이 보장되지 않으면 시장질서가 제대로 작동할 수 없음은 분명하고, 그래서 대다수 정부가 법으로 개인의 재산권을 보장하기 위한 법질서를 가동하고 있다. "공급이 수요를 창출한다"는 세이의 법칙Say's Law으로 유명한 프랑스 경제학자 장 밥티스트 세이Jean Babtiste Say 역시 시장의 기능이 제대로 작동하려면 정부의 역할이 필수적이라고 말한 바 있다.

> 정부가 직접 도둑질을 한다거나, 국민들의 도둑질을 막지 못한다거나, 또 복잡한 법령으로 재산 소유가 불확실하도록 계속 방치한다면 시장은 제 기능을 할 수 없다. 재산권이 법에 의해 지켜지고 국가에 의해 보호될 때만이 생산의 원천인 토지, 자본, 노동의 생산력이 극대화될 수 있다.[61]

시장실패를 보완하는 정부 개입

재산권의 확립 외에도 경제학자들은 정부가 시장에 개입해야 하는 이유를 시장실패Market Failure에서 찾는다. 시장실패는 시장의 효율성 저

---

61 Jeremy Rifkin, *The European Dream*, UK: Jeremy P. Tarcher/Penguin, 2004(이원기 역, 『유러피안 드림』, 민음사), p.191.

해 요인으로 인해 시장질서가 스스로 사회 후생을 극대화하는 최적의 자원 배분에 이르지 못하게 되는 상황을 가리키는 말이다. 시장실패의 대표적인 것으로 불완전경쟁, 외부성과 공공재, 정보의 비대칭성 등이 있다. 경제학자들도 이와 같은 시장실패의 문제가 발생하는 경우, 정부가 시장에 적극적으로 개입하여 효율성을 저해하는 요인을 완화해야 한다고 말한다.

불완전경쟁

첫 번째 대표적인 시장실패 요인은 불완전경쟁Imperfect Competition이다. 개인이 이기적으로 행동하더라도 시장의 가격기구에 의한 자율적 조정 메커니즘에 따라 사회적으로 최선의 결과를 가져올 수 있다는 시장 원리는 모든 시장이 완전경쟁의 요건을 충족할 때의 얘기다. 시장이 완전경쟁의 요건을 충족한다는 것은 어떤 경제 주체도 시장지배력을 갖고 있지 않아 시장가격에 영향을 미칠 수 없는 상태에 있음을 말한다. 그러나 완전경쟁 시장은 이상적이고 비현실적인 것으로, 현실에서는 독과점과 담합, 독점적 경쟁 등 불완전경쟁이 만연해 있다.

독과점 기업들은 자신들이 원하는 시장가격을 설정하여 소비자의 후생을 착취하려고 한다. 꼭 독과점이 아니더라도, 기업이 다양한 제품 차별화 방식의 비가격 경쟁을 통해 시장가격에 영향력을 행사하려고 최대한 노력하는 독점적 경쟁이 현실적인 시장의 모습이다. 현실의 시장에는 독점기업, 혹은 소수의 과점기업이 담합하여 시장을 독점하고, 이윤을 극대화하는 가격을 스스로 설정함으로써 소비자의 후생을 자기들의 것으로 착취할 위험이 도사리고 있다.

경제학 이론은 경쟁의 원리에 따라 시장질서가 효율성을 극대화할 수 있다고 하지만, 현실에서 경제 주체는 경쟁이 아닌 독점을 지향한다. 시장질서가 효율성을 보장할 수 있는 것은 자유로운 경쟁 덕분이지만, 아이러니하게도 현실의 시장에서 경제 주체들은 경쟁을 없애고 독점적 지위를 차지하려고 노력하는 것이다. 그러한 독점을 지향하는 경쟁이 치열하게 벌어진 결과, 기업이 시장지배력을 갖게 되는 것이다. 더 나쁜 것은 그렇게 시장지배력을 갖게 된 기업이 독점적 시장 상태를 유지하기 위해 경쟁자의 시장진입을 방해하고, 법·제도적 진입장벽을 만들기 위한 로비 등 지대 추구Rent Seeking 행위에 몰두함으로써 자원을 비효율적이고 비생산적으로 사용하는 것이다.

상품 시장에서의 공급 독점뿐만 아니라, 노동시장이나 중간재 시장에서의 수요 독점 현상도 문제다. 수요 측면에서 독점적 지위를 가진 일방이 시장가격을 결정함으로써 공급자의 후생을 착취할 수 있기 때문이다. 일례로 노동시장에서 다수의 노동자는 하나의 기업에 취업하기 위해 치열하게 경쟁한다. 이 경우 노동시장의 수요를 독점하는 기업은 경쟁적인 시장에서보다 훨씬 낮은 임금으로 노동자를 채용할 수 있다. 마찬가지로 근로 계약을 체결할 때에도 하나의 계약 주체로 나서는 기업은 다수의 개별 노동자를 상대로 우월한 협상력을 발휘하게 되고, 다수의 노동자는 기업이 원하는 방향대로 적정한 수준보다 낮은 임금 으로 계약을 체결할 수밖에 없다.

이처럼 노동에 대한 수요에서 독점적 지위를 갖고 있는 기업은 임금을 최대한 낮춰 노동자에게 돌아가야 할 몫을 착취할 수 있다. 이러한 기업의 착취에 대응하기 위해 등장한 것이 노동조합이다. 노동조합은 시장지배력을 가진 기업에 대항하기 위해 다수의 노동자가 결성한다. 노동조합을 통해 노동자는 서로 경쟁하지 않고 하나의 목소리를 냄으로써 노동 공급의 독점적 지위를 확보하고, 수요를 독점하고 있는 사용자와 대등한 협상력을 가질 수 있다. 사용자의 노동 착취를 막고 노동의 정당한 가치를 인정받기 위해 노력하는 노동조합은 기업의 수요 독점에 대응하기 위한 보편적 전략으로 인정받고 있다. 국제노동기구International Labour Organization의 국제협약이나, 대다수 국가의 헌법과 법률은 단결권, 단체교섭권, 단체행동권을 노동자의 기본권으로 보장하고 있다.

그러나 여전히 많은 기업이 노동조합 결성을 방해하는 등 노동조합의 활동에 대해 부정적인 태도를 보이고 있다. 노동조합이 자신들의 수요 독점 이익을 제한하기 때문이다. 노동조합 활동을 제약하는 제도적 환경을 만들고 유지하기 위해 기업들은 경제성장과 일자리 창출을 촉진하려면 노동시장을 유연화해야 한다는 논리를 끊임없이 생산하고, 정부와 정치권에 압력을 가한다. 자신들은 이처럼 정치권에 영향을 미치기 위해 수단과 방법을 가리지 않으면서도, 반대로 노동조합의 활동에 대해서는 정치 파업 등을 운운하며 온갖 공포심을 조장하고 그 활동을 제약하려고 한다.

노동시장뿐만 아니라, 중간재 시장에서 대기업이 납품 중소기업을 착취하는 불공정거래도 수요를 독점하는 시장지배력에 기인한다. 특정 대기업을 상대로 다수의 중소기업이 납품 계약을 체결하기 위해 경쟁을 벌이는 상황에서, 대기업은 납품 단가를 과도하게 인하하는 등 중소기업의 이익을 착취할 수 있다. 이는 대기업과 중소기업의 임금 격차를 키워 노동시장의 양극화가 심해지는 원인이 되기도 한다. 이에 대응할 수 있도록 중소기업협동조합법에서는 중소기업들이 결성한 협동조합이 공동판매와 같은 공동사업을 추진할 수 있도록 함으로써 대기업과 대등한 협상력을 갖게 하고 있다.

이처럼 독과점·담합 등 불완전경쟁은 시장지배력을 갖고 있는 측에서 시장가격에 영향을 미쳐 사회 후생을 극대화하는 균형 시장가격으로부터 멀어지게 한다. 이는 자원 배분의 효율성을 저해하고 사회 후생의 손실을 초래한다는 점에서 정부의 개입이 요구되는 시장실패 사례다. 실제로 불완전경쟁과 불공정거래에 따른 효율성 상실의 문제를 해결하기 위해 시장에 개입하는 것은 정부의 중요한 역할 중 하나로 인정받고 있다. 정부가 「노동법」, 「공정거래법」, 「하도급법」 등 시장의 경쟁을 촉진하고, 공정한 거래 질서를 확립하며, 노동자 보호 및 기본권 보장을 위해 각종 법규와 제도를 마련하여 운영하는 것은 불완전경쟁에 따른 시장실패를 보완하는 조치라고 할 수 있다.

이외에도 자연독점Natural Monopoly이 발생할 수 있는 산업의 경우에는 정부가 직접 재화와 서비스 공급에 나서거나, 가격이나 요금을 정부가 결정하기도 한다. 자연독점이란 시설이나 설비 등에 대한 초기 고정투자 비용 부담이 너무 커서, 한 기업이 시장에 진입하여 자리를 잡으면 다른 경쟁 기업의 진입이 어려워져 자연스럽게 독점화하는 현상을 말한다. 이러한 산업의 예로 전기·철도·통신·수도·가스 등을 들 수 있다.

만약 이러한 산업을 시장에만 맡겨 독점 기업이 이윤을 극대화하는 가격을 설정하도록 하면, 소비자의 후생이 착취당할 수 있다. 더 심각한 문제는 전기·가스·수도 등 생활 필수 서비스 가격이 지나치게 올라가면 빈곤층과 저소득층이 서비스로부터 배제되는 것은 물론, 중산층 가계의 고통이 커질 수 있다는 점이다. 또 자연독점 산업은 공급량이 늘어갈수록 공급 단위당 비용이 낮아지기 때문에 적정 가격의 원칙을 정하기도 어렵다. 가격이 높으면 소비자 부담이 커지게 되고, 지나치게 낮으면 공급 기업의 적자가 누적될 수 있기 때문이다. 따라서 자연독점이 우려되는 산업의 경우, 정부가 개입하여 공공기관이 서비스를 공급하게 하고, 공공요금을 직접 결정하고 있다.[62] 아울러 공공기관의 적자가 누적될 경우, 서비스의 안정적 공급을 위해 정부가 재정지원을 할 수 있도록 법으로 정하고 있다.

외부성과 공공재

시장실패의 두 번째 요인은 외부성과 공공재의 문제다. 이는 시장이 형성되지 않음으로써 발생하는 효율성 상실의 문제다. 시장의 가격기구가 사회의 후생을 극대화하는 최적의 결과를 내려면, 모든 재화와 서비스 시장이 정의되어 있어야 한다. 그러나 현실에는 시장 자체가 만들어지지 못해 비효율성이 나타나는 경우가 있다.

그중 하나가 외부성Externality의 문제다. 외부성은 어느 한 경제 주체의 행위가 다른 사람의 비용이나 편익에 영향을 미치고 있음에도, 시장이 존재하지 않아 제대로 된 보상이나 비용 부과가 이뤄지지 않음으로써 해당 경제 거래가 과잉 또는 과소하게 나타나는 현상을 말한다. 개인과 기업은 비용과 편익을 인식할 때, 자신에게 직접 영향을 미치는 사적 비용과 편익Private Benefit and Cost 이외에 사회적 비용과 편익Public Benefit and Cost을 고려하지 않는다. 그러나 현실은 실제 소비와 생산 활동 과정에서 의도치 않게 다른 사람에게 영향을 미쳐 사회적 비용과 편익을

---

62 일례로 전기요금의 경우 「전기사업법」과 「물가안정에 관한 법률」에 따라 한국전력공사가 전기요금 산정 기준에 따라 총괄원가를 산정하고, 요금 조정이 필요한 경우 이사회 의결을 거쳐 조정안에 대한 인가를 산업통상자원부에 요청하면, 산업통상자원부 장관이 기획재정부 장관과 협의를 거쳐 전기위원회에서 심의하여 결정한다(한국전력공사 홈페이지, https://home.kepco.co.kr).

창출하는 경우가 많다.

그 대표적인 것 중 하나가 환경오염이다. 이기적이고 합리적인 경제 주체는 환경에 영향을 미치는 소비 또는 생산 행위로 인해 발생하는 사회적 비용과 편익을 자신의 것으로 생각하지 않는다. 따라서 환경오염을 거래하는 시장 역시 자생적으로 생성되기 어렵고, 환경오염에 대한 적절한 비용이 부과될 수도 없다. 환경오염에 대해 비용을 부과할 수 있는 별도의 시장이 형성되지 못하는 상황에서 개별 상품의 사적인 수요와 공급에 따라 균형 시장가격이 형성되도록 하면, 그 결과는 사회적으로 가장 효율적인 상태를 달성할 수 없다. 이로 인해 환경에 부정적으로 영향을 미치는 행위가 적절하게 통제되지 못하고, 환경오염을 유발하는 상품이 과도하게 생산 또는 소비되는 문제가 발생하게 된다. 이러한 경제적 거래가 사회적으로 최적의 상태에 이르게 하기 위해서는 수요와 공급에 사회적 편익과 비용을 반영하여 시장의 균형가격이 책정될 수 있도록 해야 한다. 따라서 정부는 이와 같은 외부성의 비효율을 조정하기 위해 기업과 소비자가 사회적 편익과 비용을 자신의 것으로 인식하게 만드는 장치를 마련한다.

일례로 생산 과정에서의 환경오염 발생을 제한하기 위해 정부는 오염물질 배출 총량을 규제하거나 오염물질 배출권 거래 시장을 만들고, 탄소세를 부과하는 등 다양한 방식을 통해 사회적 비용을 생산자의 비용에 반영하게 한다. 기후변화 위험에 대비하여 탄소배출을 감축하는 다양한 조치를 국가가 주도하여 시행하는 것도 외부성에 의한 시장실패를 완화하려는 노력으로 볼 수 있다. 많은 선진국 정부는 탄소배출 감축 목표를 정하고, 에너지원을 화석연료에서 친환경 신재생 에너지

원으로 전환하는 정책을 강력하게 추진하고 있다.[63]

소비에서도 마찬가지다. 정부는 소비 과정에서 환경오염을 유발하는 재화와 서비스에 세금을 부과함으로써 과도한 소비를 억제하고자 한다. 시장가격에 사회적 비용과 편익이 반영될 수 있도록 수요를 인위적으로 조정하는 것이다. 그러한 세금으로는 휘발유와 경유 등에 부과하는 교통·에너지·환경세가 대표적이다. 또 반드시 환경오염이 아니더라도 소비에서 사회적으로 부정적 영향을 미치는 담배, 술, 도박, 경마 등에 대해 죄악세Sin Tax를 부과하는 것도 외부성의 비효율을 완화하기 위한 수단 중 하나다. 특히 담배의 경우 국민 건강을 저해함으로써 공공의료비 지출을 늘릴 수 있다는 점에서 국민건강증진부담금을 추가로 부과하고 있다.[64]

환경오염과 같은 부정적인 것 말고도, 긍정적인 외부효과를 창출하는 경제 활동을 촉진하는 것 역시 시장의 효율성을 높이기 위해 정부가

---

63 2015년 12월 프랑스 파리에서 열린 제21차 유엔기후변화협약(UNFCCC)에서 채택한 파리기후변화협약에 따라 참가국은 국가 온실가스 감축목표(Nationally Determined Contribution)를 수립하여 2021년 12월 UN에 제출했다. 우리나라는 2030년까지 2018년 국가 온실가스 배출량 대비 40% 감축을 목표로 하고 있다. 이러한 목표는 「기후위기 대응을 위한 탄소중립·녹색성장 기본법」을 통해 법으로도 정했다(관계부처합동, 『탄소중립·녹색성장 국가전략 및 제1차 국가 기본계획(중장기 온실가스 감축목표 포함)』, 2023.4, p.2). 아울러 주요국의 온실가스 감축 목표는 다음과 같다(앞의 책, p.12).
  • EU : 2030년까지 1990년 국가 온실가스 배출량 대비 55% 감축
  • 미국 : 2030년까지 2005년 국가 온실가스 배출량 대비 50~52% 감축
  • 영국 : 2030년까지 1990년 국가 온실가스 배출량 대비 최소 68% 감축
  • 일본 : 2030년까지 1990년 국가 온실가스 배출량 대비 46% 감축

64 담배 한 갑에 부과하는 총 조세 부담은 3,323.5원으로 담배 가격 4,500원의 74%에 이른다. 담배 관련 세금은 국세인 개별소비세(594원), 부가가치세(409.1원)와 지방세인 담배소비세(1,007원), 지방교육세(443원), 그리고 부담금인 국민건강증진부담금(841원), 폐기물부담금(24.4원), 엽연초부담금(5원)으로 구성된다(국회예산정책처, 『2023 대한민국 조세』, 2023, p.508).

하는 일 중 하나다. 기초과학 연구나 연구개발R&D 투자 등은 그 성과물이 사회적으로 공유되어 긍정적인 효과를 낼 수 있다. 그러나 그에 대한 적절한 보상이 시장을 통해 이뤄질 수 없어, 긍정적 외부효과를 창출하는 활동이 사회적으로 최적의 수준보다 과소하게 나타날 우려가 있다. 이에 정부는 R&D 투자에 대한 직접적인 보조금, 또는 세액 공제 등 다양한 형태의 보조금을 지급함으로써 연구개발 활동을 지원한다.[65]

시장이 제대로 형성되지 못해 발생하는 비효율성의 또 다른 문제로 공공재Public Goods가 있다. 공공재는 배제 불가능성Non-excludability과 비경합성Non-rivalry의 특성을 가진 재화와 서비스를 말한다. 일반적으로 사적 재화Private Goods는 시장에서 정한 가격을 대가로 치르지 않는 사람은 해당 재화 또는 서비스를 소비하지 못하도록 배제할 수 있다. 또 어떤 사람이 이미 소비하고 있는 재화 또는 서비스는 다른 사람이 추가로 소비하는 것이 불가능하거나, 추가적 비용을 유발하는 경합성을 갖는다. 그러나 공공재는 소비의 대가를 치르지 않더라도 특정인을 배제할 수 없고, 어떤 사람이 추가로 소비하는 것이 아무런 비용을 발생시키지 않기 때문에 경합적이지도 않다. 이러한 공공재의 대표적인 것으로는 국방 서비스, 치안 서비스, 가로등, 등대 등이 있다.

공공재는 외부성이 극단적으로 나타난 것이라고 할 수 있다. 공공재가 일단 공급되면 비용을 치렀는지 여부와 상관없이 모두가 이용할 수 있기 때문이다. 이기적이고 합리적인 경제 주체라면 이러한 공공재가 한번 공급되기 시작하면 비용을 부담하지 않은 사람이라 하더라도 소

---

65 2024년 정부 예산 656.6조 원 중 R&D 예산은 26.5조 원으로 4%가량 차지하고 있다. 이는 전년도 31.1조 원에서 4.6조 원을 대폭 삭감한 것으로, 지나친 예산 삭감을 두고 논란이 일기도 했다.

비를 배제할 수 없다는 것을 알기 때문에 그것의 공급을 위한 비용을 부담하려 하지 않는 성향이 있다. 실제로 어떤 공공재를 공급하기 위해 얼마까지 부담할 용의가 있는지를 물을 때 진실한 선호를 표출하고 대가를 치르려는 사람은 많지 않을 것이다. 이처럼 아무런 비용을 부담하지 않고 어떤 혜택을 얻고자 하는 것을 무임승차Free-riding라고 한다. 공공재는 무임승차 경향이 있어 아무도 비용을 치르려 하지 않기 때문에 시장이 자율적으로 형성되기 어렵다. 또 공공재는 비경합적이기 때문에 추가 소비에 드는 비용이 없으므로, 가격을 부과하는 것 자체가 바람직하지도 않다.

따라서 시장에만 맡겨 두면 공공재 공급이 제대로 이뤄질 수 없어 정부가 공공재 공급에 직접 나서게 된다. 정부는 국가권력을 행사하여 국민에게 세금을 부과하고, 필요한 공공재 공급을 위해 재정을 지출한다. 민주주의 국가에서 정부가 국민에게 세금을 강제로 부과할 수 있는 것은 조세법률주의에 따라 국민이 선출한 대표가 법으로 세금에 관한 사항을 엄격하게 정하고, 정부 예산을 직접 심의하여 그 지출을 승인하기 때문이다. 그러나 시장은 이러한 정치적 대표성을 갖지 않으므로 공공재 공급을 위한 비용을 강제로 부과할 수 없다. 따라서 공공재 공급을 시장에 맡겨 두면 시장이 제대로 형성되지 않는 문제가 발생한다. 꼭 필요한 공공재가 공급되지 않거나, 사회적으로 최적의 수준보다 과소하게 공급되는 것은 심각한 후생 손실을 가져올 수 있다.

이처럼 정부는 공공재가 제대로 공급되지 않는 시장실패를 막기 위해 직접 나서게 된다. 국방 서비스를 통해 외부의 적으로부터 국민을 안전하게 보호하고, 경찰 서비스를 바탕으로 엄정하게 법을 집행함으로써 사회의 안녕과 질서를 유지하는 것은 정부의 가장 중요한 기능이다.

비록 공공재가 아니더라도 국민에게 꼭 필요한 재화와 서비스가 시장을 통해 충분히 제공될 수 없다고 판단되는 경우에도 정부가 직접 재화와 서비스 공급에 개입한다. 모든 국민이 어떠한 상황에서도 기본적인 생활 수준을 유지할 수 있도록 기초생계를 보장하는 것이나, 사고와 질병, 노령 등 위험에 대비하여 공적보험제도를 운영하고, 모든 국민이 일정 수준의 교육을 받을 수 있도록 공교육 서비스를 제공하는 등 정부가 시장의 부족함을 보완하는 사례는 많다.

정보의 비대칭성

시장실패의 세 번째 요인으로 정보의 비대칭성Information Asymmetry을 들 수 있다. 정보의 비대칭성은 거래 또는 계약의 당사자 중 어느 한쪽이 상대방보다 더 많은 정보를 갖는 비대칭적인 상황을 말한다. 이기적이고 합리적인 경제 주체는 자신만이 가진 더 많은 정보를 유리하게 사용하여 정보를 갖지 않은 상대를 기만하고, 피해를 줄 수 있다. 이를 알고 있는, 정보를 덜 가진 사람은 정보를 더 많이 갖고 있는 사람을 의심하여 자신이 알고 있는 것 이상의 비용을 치르지 않으려고 할 것이다.

여기서 발생할 수 있는 문제는 역선택Adverse Selection과 도덕적 해이 Moral Hazard, 크게 두 가지다. 역선택은 계약 상대에 대한 정보가 감추어짐으로 인해 발생하는 문제다. 일례로 중고차 시장에서 판매자는 구매자보다 상대적으로 중고차 품질에 대한 정보를 많이 갖고 있다. 구매자에게 중고차의 품질은 판매자가 감추고 있는 정보에 해당한다. 판매자가 가진 중고차 품질에 대한 정보를 구매자에게 완전하게 공개하지 않고, 구매자가 공개된 정보를 신뢰하지 않는 이상 중고차 품질에 부합하는 정확한 가격을 판단하기 어렵다. 이 경우 구매자는 자신이 원하는 중고차가 시장에서 평가받는 평균 가격, 즉 중간 품질의 중고차 가격을 제시하는 것이 최선이다. 이에 따른 문제는 평균 가격 이상을 받아야 할 고품질의 중고차는 판매를 포기하고, 평균 이하의 저품질 중고차만 남게 되는 것이다. 고품질 중고차가 시장을 떠난 것을 구매자가 알게 되면 평균 가격은 더 하락할 것이고, 다시 하락한 평균 가격 이상의 품질을 가진 중고차는 시장을 떠나는 악순환이 되풀이될 것이다. 결국 시장에는 아주 품질이 나쁜 중고차만 남게 되어 중고차 시장 자체가 제대로 형성되지 못하는 문제가 발생한다.

　보험시장에서도 이러한 일이 발생할 수 있다. 의료보험의 경우 가입자의 질병 발생 확률이 중요한데, 가입자의 건강 상태는 보험회사보다 가입자 본인이 더 잘 알 수밖에 없다. 이 경우 보험회사가 보험료 책정을 평균적인 질병 발생 확률을 기준으로 정하게 되면, 중고차 시장에서와 마찬가지로 건강한 사람은 의료보험시장을 떠나고, 질병 발생 확률이 높은 사람만 보험에 가입하여 보험시장이 제대로 형성되지 못하는 문제가 발생할 수 있다. 이처럼 정보의 비대칭성이 만연한 상황에서 역선택의 문제가 발생하게 되면, 시장이 제대로 형성되지 못해 본래의 재화 또는 서비스를 공급하지 못하는 문제가 발생한다.

　정보의 비대칭성에 따른 또 하나의 문제는 도덕적 해이다. 도덕적 해이는 정보를 가지고 있는 측이 계약을 체결하기 전과 후에 행위 양태를 달리함으로써 계약 상대방에게 손해를 끼치는 행위를 말한다.[66] 일례로 의료보험에 가입한 후 전보다 병원 방문 횟수를 늘리거나, 손해보험

66　일반적으로 도덕적 해이는 상대가 알지 못하는 상황에서 남을 속이는 부도덕한 행위를 말하는데, 경제학에서는 주로 정보의 비대칭 상황에서 발생하는 이기적 행동을 일컫는 말로 쓰인다.

에 가입한 후 사고 예방 노력을 게을리하는 것, 근로 계약을 체결한 후 열심히 일하지 않는 것 등을 들 수 있다.

시장이 효율적이려면 재화와 서비스에 대한 정보가 경제 주체 모두에게 동등하게 공개되어야 하고, 양 당사자는 그것을 신뢰할 수 있어야 한다. 어느 한쪽에게만 더 많은 정보가 주어지는 정보의 비대칭 상황에서는 역선택과 도덕적 해이로 인해 시장이 정상적으로 작동하지 못하고 정보 제공 및 탐색, 식별, 감시 등에 추가 비용이 발생하는 등 비효율성을 유발한다.

따라서 정부가 개입하여 모든 국민이 보험에 가입하도록 하는 전 국민 의료보험 제도나, 모든 운전자가 의무적으로 보험에 가입하도록 하는 자동차보험 의무가입 제도 등을 도입하고 운영하는 것은 정보의 비대칭성으로 인해 시장의 효율성이 떨어지는 문제를 보완하는 조치로 볼 수 있다. 또 보험 계약에서 가입자가 사고 발생 시 자기부담금을 내게 하는 것이나, 악의적으로 보험금을 노리는 심각한 도덕적 해이를 예방하기 위해 「보험사기방지특별법」 등을 제정하여 보험 사기를 처벌하게 하는 것도 정부가 정보의 비대칭성에 따른 시장실패의 문제를 완화하기 위해 시장에 개입하는 사례라고 할 수 있다.

정부 재정의 기능

이처럼 경제학에서도 시장실패와 같이 시장질서가 제대로 작동하지 않는 상황에서는 정부가 개입하여 문제를 완화할 필요가 있다고 한다. 그러나 시장실패에 따른 정부의 개입은 시장의 효율성에 문제가 생겼을 때 이를 보완할 필요가 있다는 것이지, 시장의 자기조정 기능을 수정하는 것은 아니다. 시장의 자기조정 기능이 제대로 작동만 하면, 이기적이고 합리적인 경제 주체가 자기 이익을 위해 의사결정을 하더라도 사회 후생을 극대화하는 최적의 상태에 도달할 수 있다. 정부의 시장개입은 그러한 시장질서의 기능을 유지·강화하기 위한 것일 뿐이다. 그래서 정부의 시장개입은 필요 최소한의 수준에서 시장의 가격기구가 제대로 작동하도록 보완하는 수준에 그쳐야만 한다.

만약 이러한 경제학의 주장이 사실이라면 정부가 효율성의 문제만 일부 보완하면 시장질서가 최선의 결과를 가져다줄 수 있는데, 왜 우리는 자본주의의 문제를 끊임없이 제기하는 것일까? 시장질서의 자정 능력이 양극화와 불평등, 만성적 실업과 빈곤, 환경오염과 기후변화 등과 같은 문제들을 해결할 수 없는 이유는 무엇인가?

정부는 시장의 효율성을 보완하는 것에 그치지 않고 훨씬 더 많은 일을 한다. 정부가 어떤 일을 할 수 있는 가장 중요한 원천은 국가권력이고, 그것의 실질적인 행사는 재정을 조달하고 집행하는 방식으로 이루어진다. 머스그레이브는 국가 재정의 기능을 크게 배분Allocation, 분배Distribution, 안정Stability 세 가지로 분류했다.[67]

먼저 배분은 자원의 효율적 배분을 의미하는 것으로, 앞서 언급한 시장의 비효율성을 보완하는 정부의 역할과 관계된다. 시장은 공공재와 공공서비스를 스스로 공급할 수 없어 실패하므로 정부가 공급해야 한다. 그렇다면 정부는 얼마만큼의 공공재와 공공서비스를 공급해야 하는가? 이 문제는 공공선호Social wants에 대한 것으로, 모든 사람의 집합

67 Richard A. Musgrave, "Public finance and three branch model", *Journal of Economics and Finance* 32, 2008, pp.334-339.

적 선호를 바탕으로 형성된 사회후생 함수Social Welfare Function가 별도로 있지 않은 이상, 개인의 선호를 토대로 표출되는 정치적 선택 과정을 통해 찾아가야 한다.

다음으로 분배는 시장에서 결정되는 소득과 부의 분배 상태에 정부가 개입하여 분배적 정의를 달성해야 한다는 것이다. 정부가 누구에게 얼마의 세금을 걷고 누구에게 얼마를 쓰는지에 따라 나타나는 재정의 소득재분배 기능의 강도는 정치적 과정을 통해 결정된다. 시민에게는 사회가 지향해야 할 분배적 정의의 적정 수준에 대해 각자의 생각이 있다. 이러한 생각과 바람을 투표를 통해 드러냄으로써 사회가 원하는 분배적 정의에 근접해 갈 수 있다.

끝으로 안정은 재정이 거시경제의 변동 폭을 줄여 극심한 실업을 막고, 물가의 안정을 도모할 수 있어야 한다는 것이다. 경제 안정을 위해 조세와 정부 지출, 국채, 재정수지 등의 적정 규모를 얼마로 할 것인지에 대한 결정 역시 결국 정치적 과정을 통해 이뤄진다.

이렇게 재정의 역할만 보더라도 각각이 지향하는 목표가 다르고, 때로는 상충할 때가 많다. 배분은 주로 효율성을 지향하며 시장의 원리를 따르고자 하고, 분배는 형평성과 사회정의를 지향하며, 안정은 거시경제 지표에 기반하여 성장과 경기회복을 지향하기도 하고, 또 때로는 물가 안정과 재정의 건전성을 지향하기도 한다. 이처럼 재정의 다양한 목적과 기능은 하나의 판단 기준을 가질 수 없고, 목표가 상충할 때에는 정치적 선택을 하기가 더욱 어렵다. 따라서 개별 시민이 자신의 물질적 요구와 사회·공익적 가치 판단을 종합하여 표출하는 정치적 선호에 의존할 수밖에 없다.

재정의 세 가지 기능 중 자원의 효율적 배분을 위한 정부의 시장

개입에 대해서는 이미 살펴보았으므로, 여기서는 분배와 안정에 대한 것을 추가로 살펴본다.

소득 재분배와 사회정의 실현

문명의 척도를 "사회가 가장 약한 사회 구성원을 다루는 방식"이라고 한 간디Mahatma Ghandi의 말처럼 발전된 문명사회의 정부는 대체로 모두가 함께 살아갈 수 있는 정의로운 사회를 지향한다. 애덤 스미스 역시 정치경제Political Economy의 첫째 목표는 모든 국민에게 최소한의 생활을 보장하는 것이라고 했다.[68] 우리 헌법에서도 국민에게 인간다운 생활을 할 수 있는 권리를 보장[69]하고, 국가에 대해서는 사회보장 및 사회복지 증진 노력[70]과 적정 소득분배 유지[71] 등의 의무를 부여하고 있다. 이처럼 정부에게는 자본주의 경제가 해결하지 못하는 경제적 불평등을 완화할 임무가 분명히 있다.

자유 의식과 죄의식을 가진 인간은 물질적 욕구의 충족과 정신적 평안의 조화를 통해 행복에 이른다. 따라서 행복을 삶의 목적으로 하는 인간은 공정하고 정의로운 사회를 지향하기 마련이다. 제아무리 이기적인 사람이라도 나만 부유하고 나머지 모든 사람이 가난하다면 마음이 불편해서 정신적 평안을 누릴 수 없고, 결국엔 행복해질 수 없다. 그런

---

68 Adam Smith, *The Wealth of Nations(Intruduction by Alan B. Krueger*, 2003), New York: Bantam, 1776, p.537.

69 「헌법」 제34조 제1항 "모든 국민은 인간다운 생활을 할 권리를 가진다."

70 「헌법」 제34조 제2항 "국가는 사회보장·사회복지의 증진에 노력할 의무를 진다."

71 「헌법」 제119조 제2항 "국가는 균형 있는 국민경제의 성장 및 안정과 적정한 소득의 분배를 유지하고, 시장의 지배와 경제력의 남용을 방지하며, 경제 주체 간의 조화를 통한 경제의 민주화를 위하여 경제에 관한 규제와 조정을 할 수 있다."

사회에서는 갈등이 심화하고 사회 불안은 커질 수밖에 없다. 물질적 풍요를 누리고 있는 사람도 분열된 사회에서 불안감을 느끼며, 진정한 행복을 누릴 수 없다. 따라서 경제적 불평등 문제를 정부가 적절히 해결하지 못하면 사회 불안정이 심해져 누구도 행복할 수 없는 것은 물론이고, 사회의 존속 자체가 힘들어질 수 있다. 사회가 파괴됨으로 인해 가장 큰 피해를 보는 사람은 잃을 것이 많은 사람이다. 제아무리 특권층이라고 해도 사회가 깨지는 것이 두려워, 공정하고 정의로운 사회를 위한 정부의 정책에 일정 부분 동의하지 않을 수 없다.

소득이 많은 사람이 더 많은 세금을 부담하도록 해 불평등을 완화해야 한다는 생각은 오래전부터 조세의 일반 원칙으로 확립되었다. 애덤 스미스는 네 가지 조세의 일반 원칙을 제시하면서 평등Equality의 원칙을 가장 앞세웠고, 확실성Certainty, 편의성Convenience, 경제성Economy이 그 뒤를 따르게 했다.[72] 조세의 평등 원칙은 "모든 국민이 각자의 능력에 비례하여 국가의 재정에 기여해야 한다"는 것으로, 조세 정의Justice in Taxation를 확립하기 위한 가장 중요한 조세 원칙으로 자리 잡았다.[73]

여기서 말하는 "각자의 능력"이라 함은 정부의 보호 아래 각자가 누리고 있는 모든 종류의 수입 또는 소득을 의미한다. 따라서 공정하고 정의로운 조세의 원칙을 따른다면 담세 능력으로 측정될 수 있는 모든 소득에 대해서는 소득의 종류와 무관하게 똑같이 과세하는 것이 맞고, 경제적으로 부유한 사람이 더 많은 세금을 부담하는 것이 바람직하다. 나머지 확실성과 편의성, 경제성은 임의로 세금을 걷기보다는 납세자

---

72 앞의 책, pp.1042~1046.

73 Marilyn Rubin, and John Bartle, "Equity in public budgeting: Lessons for the United States", *Journal of Social Equity and Public Administration* 1(2), 2023, pp. 11~25.

가 분명하게 알 수 있는 방식으로 조세를 부과하고, 편리하게 납부할 수 있도록 하며, 조세 이외의 추가적인 부담이 발생하지 않도록 경제적 부담을 최소화하라는 것이다.

　정치철학자 롤스는 정의Justice의 원칙을 평등의 원칙과 차등의 원칙으로 제시했다. 먼저 평등의 원칙은, 모든 사람이 신체·생각·표현의 자유 등 시민으로서의 기본적인 권리를 동등하게 누릴 수 있어야 한다는 것이다. 다음으로 차등의 원칙에서는 차별은 사회에서 가장 불리한 위치에 있는 사람을 최우선으로 대우하는 최소극대화의 원칙Maxmin Principle 아래에서만 용인될 수 있다고 했다.[74] 사회의 규칙을 정하는 원초적인 상황이 무지의 장막Veil of Ignorance 뒤편에 있다고 할 때, 자신이 사회 안에서 어떤 위치에 놓이게 될 것인지를 모르는 이와 같은 극단적인 불확실성 하에서 모든 사람이 동의할 수 있는 단 하나의 규칙은 최소극대화의 원칙이다.[75] 자신이 사회 안에서 최약자가 될지도 모르는 불확실한 상황에서는 위험 회피적 성향을 보일 수밖에 없다. 자신이 최악의 상황에 놓이는 가장 안 좋은 상황에 대비하려고 할 것이기 때문이다. 이는 미래에 대한 불확실성 아래 있는 사람들에게 일종의 보험적 성격의 사회안전망Social Safety Net이 필요하다는 것과 같다.

　이러한 사회안전망을 만들어 사회정의를 실현하는 것은 정부가 해야 할 일이다. 시장은 개인의 이기심과 합리성을 토대로 효율적인 자원 배분을 달성할 수 있을지는 모르지만, 시장이 스스로 사회를 위해 가장 적정한 수준의 사회정의를 실현하는 것은 불가능하다. 다만, 어느 정도

74　John Rawls, *A Theory of Justice*, US: Harvard University Press, 1971 (황경식 역, 『정의론』, 이학사, 2014), pp.111~113.

75　앞의 책, pp.195~202.

의 사회안전망을 구축하는 것이 바람직한지는 사람마다 생각이 다를 수 있으므로, 정치 과정을 통해 사회적 합의로 정해야 한다. 우리 사회가 지향하는 평등의 수준 역시 정치 과정을 통해 국민이 정하는 것이다. 정부가 어느 정도 수준의 재분배 정책을 통해 사회의 형평성을 유지해야 하는지는 대다수 국민이 용인할 수 있는 불평등 정도에 대한 사회적 합의 결과를 따라야 한다.

시장질서를 옹호하고 중요하게 생각하는 사람들은 재분배를 위한 정부의 개입이 시장의 효율성을 저해할 수 있다며 우려한다. 물론 그들도 시장질서가 스스로 불평등 문제를 해결할 수 없다는 것을 알고 있다. 그러나 사회정의를 위한 정부의 역할을 인정하더라도, 사회가 해체되지 않을 정도에서 최소한의 수준으로 정부 개입을 최대한 억제해야 한다고 주장할 것이다.

이러한 견해가 형평성과 사회정의에 대한 사회적 합의를 결정하는 정치 과정에서 부분적으로 반영될 수는 있을 것이다. 그러나 그 자체가 모든 정치 과정을 압도하는 것은 바람직하지 않다. 보다 많은 시민이 정부의 적극적인 역할을 원한다면, 그 뜻을 따르는 것이 타당하다. 아무리 훌륭한 경제 논리도 자유와 평등, 인권과 사회정의 등 다양한 가치에 대한 국민의 보편적 의지를 넘어설 수는 없다. 사회정의를 확립하기 위한 정부의 역할은 경제 논리가 아니라, 국민의 뜻으로 정해지는 것이다.

바람직한 사회정의에 대한 국민의 뜻은 모든 나라에서 동일하지 않다. 따라서 국가마다 재분배 정책의 결과로 나타나는 사회의 소득불평등 정도는 큰 차이를 보인다. 다음은 OECD 국가들의 2011년부터 2020년까지 10년 동안의 지니계수GINI Coefficient를 비교한 것이다. 지니계수는 대표적인 소득분배 지표로 0부터 1까지의 값을 갖는데, 0에 가까울

수록 소득분배가 평등하고, 1에 가까울수록 불평등함을 뜻한다.[76] 우리나라는 가처분소득Disposable Income을 기준으로 한 지니계수가 0.358로, 37개 OECD 국가 중 31번째다. 우리보다 소득이 불평등하게 분포해 있는 나라는 미국을 제외하면 대부분 동유럽 또는 남미 국가들이다.

OECD 국가의 가처분소득 지니계수(2011~2020년 평균, 0~1 scale)

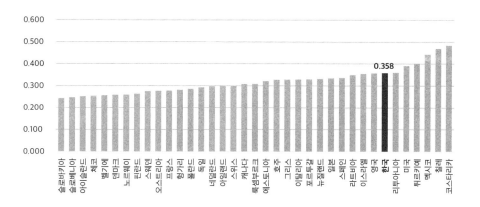

주 : OECD에서 제공하는 자료를 기준으로 2011년부터 2020년까지의 관측치 평균값을 낸 것으로, 호주·멕시코(2012, 2014, 2016, 2018, 2020), 벨기에(2018~2020), 칠레(2011, 2013, 2015, 2017, 2020), 덴마크(2011~2019), 에스토니아·스웨덴·미국(2013~2020), 프랑스(2020), 아이슬란드(2011~2017), 일본(2018), 룩셈부르크(2015~2020), 튀르키예(2011~2015, 2017~2020)는 일부 자료가 제공되지 않아 접근 가능한 자료의 평균치를 적용하였음.
자료 : OECD, Income Distribution Database

---

76 오른쪽 그림은 소득이 가장 낮은 사람부터 줄을 세워 누적 인구와 누적 소득의 관계를 보여주는 로렌츠 곡선(Lorenz curve)이다. 만약 소득이 완전히 평등하게 배분되어 있다면, 로렌츠 곡선은 대각으로 뻗은 직선과 같을 것이나, 소득이 낮은 순으로 인구가 누적됨에 따라 나타나는 누적 소득의 비율은 누적 인구 비율보다 낮을 것이므로 보통의 로렌츠 곡선은 우하향으로 볼록한 형태를 나타내게 된다. 지니계수(G)는 로렌츠 곡선과 대각선 사이의 면적(A)이 전체 삼각형 면적(A+B)에서 차지하는 비중(G=A/(A+B))으로 계산된다. 만약 완전히 평등하면 A=0이 되어 지니계수는 0(G=0)이 되고, 완전히 불평등하면 B=0이 되어 지니계수는 1(G=1)이 된다.

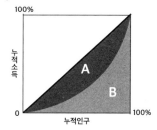

65세 이상 고령층의 빈곤율은 더욱 심각하다. 우리나라는 65세 이상 인구 중 중위소득의 50%에도 미치지 못하는 빈곤 상태에 있는 사람이 44.9%로, 절반에 육박한다. 이는 OECD 국가 중 단연 최고 수준이다. 이러한 자료는 우리나라의 소득분배 상태가 상당히 불평등한 수준임을 알 수 있게 한다.

OECD 국가의 65세 이상 고령층 빈곤율(2011~2020년 평균, %)

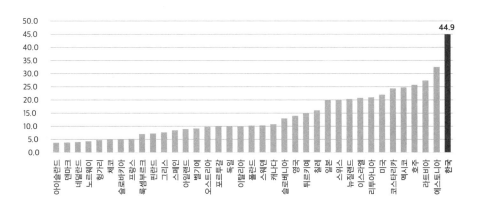

주 : 1. 빈곤율은 가처분소득을 기준으로 중위소득의 50% 미만인 사람들의 비중을 의미함.
　　2. OECD에서 제공하는 자료를 기준으로 2011년부터 2020년까지의 관측치 평균값을 낸 것으로, 호주·멕시코(2012, 2014, 2016, 2018, 2020), 벨기에(2018~2020), 칠레(2011, 2013, 2015, 2017, 2020), 덴마크(2011~2019), 에스토니아·스웨덴·미국(2013~2020), 프랑스(2020), 아이슬란드(2011~2017), 일본(2018), 룩셈부르크(2015~2020), 튀르키예(2011~2015, 2017~2020)는 일부 자료가 제공되지 않아 접근 가능한 자료의 평균치를 적용하였음.
자료 : OECD, Income Distribution Database

대다수 정부는 시장의 소득분배가 지나치게 불평등하므로 사회적으로 용인 가능한 수준으로 낮추기 위해 소득세·재산세 등의 누진성 강화, 저소득·빈곤층을 위한 사회복지 확대, 실업·은퇴 등 각종 위험에 대비한 두터운 사회보험 등 다양한 정책을 추진하고 있다. 그 결과 유럽의 선진국은 시장소득 기준 지니계수가 0.5에 가까울 정도로 매우 불평등하지만, 세금과 이전소득 등을 반영한 가처분소득 기준 지니계수는 절반 이하로 크게 낮아져 적정한 수준에서 불평등이 완화되고 있음을 알 수 있다. 그에 반해 우리나라는 시장소득 지니계수 대비 가처분소득 지니계수의 저감률이 11.4%에 불과해, 지금과 같이 불평등한 소득분배 상태를 나타내고 있다.

이렇게 불평등한 소득분배 상태가 과연 우리나라 국민의 보편적 의지를 반영한 결과로 도출된 것인지 의문이다. 정말로 우리나라 국민이 지금의 소득불평등을 용인할 수 있고, 국민이 바라보는 사회정의에 대한 인식이 지금의 수준을 적정하다고 생각하는 것일까? 아니면 정치적 의사결정 과정에서 국민의 뜻이 제대로 반영되지 않고 있기 때문일까? 이에 대해서는 더 많은 논의가 필요할 것이다.

다음에서는 소득재분배 관점에서 조세와 재정의 주요 이슈들을 살펴봄으로써 지금의 조세·재정 체계가 다수 국민의 뜻에 따라 만들어진 것인지, 아니면 정치 과정에서 국민의 뜻이 제대로 반영되지 않았기 때문인지에 대해 좀 더 생각해 보고자 한다.

OECD 국가의 시장소득 및 가처분소득 지니계수
(2011~2020년 평균, 0~1 scale)

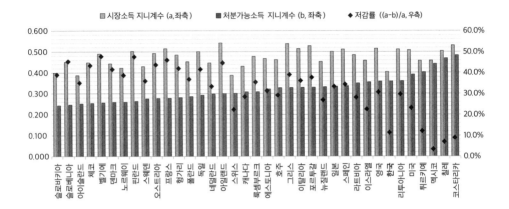

주 : 1. OECD에서 제공하는 자료를 기준으로 2011년부터 2020년까지의 관측치 평균값을 낸 것으로, 호주·멕시코(2012, 2014, 2016, 2018, 2020), 벨기에(2018~2020), 칠레(2011, 2013, 2015, 2017, 2020), 덴마크(2011~2019), 에스토니아·스웨덴·미국(2013~2020), 프랑스(2020), 아이슬란드(2011~2017), 일본(2018), 룩셈부르크(2015~2020), 튀르키예(2011~2015, 2017~2020)는 일부 자료가 제공되지 않아 접근 가능한 자료의 평균치를 적용하였음.
2. 저감률은 정부의 재분배 정책 등을 통해 시장소득 지니계수 대비 가처분소득 지니계수가 얼마나 감소했는지를 감소율(%)로 계산한 것임.
자료 : OECD, Income Distribution Database

우리나라의 소득재분배 효과가 OECD 국가들 중에서도 상대적으로 낮은 이유는 조세와 정부 지출의 규모와 구조의 차이에서 찾아볼 수 있다. 먼저 우리나라의 조세 규모와 구조가 어떻게 변화해 왔는지를 살펴보자. 국민부담률Total tax revenue as percentages of GDP[77]은 2010년 22.4%

---

77 GDP 대비 조세(국세+지방세)의 비중을 조세부담률이라고 하는데, 조세에 사회보장부담금(의료·고용·산재보험 및 국민연금, 공무원연금 등 각종 공적보험 보험료)을 합한 국민 총부담의 GDP 대비 비중을 국민부담률이라고 한다(e-나라지표 홈페이지, https://www.index.go.kr).

에서 2022년 32.0%로 크게 상승했다. 뚜렷한 상승세는 2016년부터 나타나기 시작하는데, 이는 소득세 최고세율 인상, 국민연금 등 사회보험료 납부금액 증가, 기업 실적 개선에 따른 법인세 수입 증가, 종합부동산세 강화 등에 기인한다. 이에 따라 GDP 대비 소득세 비중은 2010년 3.2%에서 2022년 6.6%로 2배 이상인 3.4%p 상승했고, 사회보장부담금은 5.2%에서 8.2%로 3.0%p, 법인세는 3.1%에서 5.4%로 2.3%p, 재산에 부과하는 세금은 2.5%에서 3.8%로 1.3%p 증가했다.

우리나라의 국민부담률과 조세 구조 변화 추이(%, GDP 대비 비중)

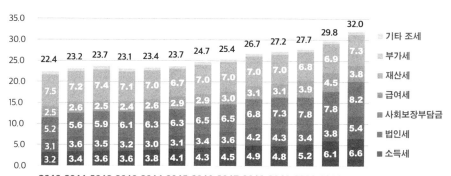

주 : 1. 그래프 최상단 수치는 국민부담률(조세 수입(국세+지방세)과 사회보장부담금을 합산한 총수입 금액의 GDP 대비 비중(%))
  2. 그래프 안의 수치는 해당 조세 및 부담금의 GDP 대비 비중(%)
자료 : OECD, Revenue Statistics

그럼에도 불구하고 OECD 국가들과 비교하면, 여전히 국민부담률이 낮고, 소득세와 사회보장부담금 같은 소득재분배 효과가 큰 조세 비중이 상대적으로 낮은 특징을 보이고 있다. 2021년 기준 국민부담률은 우리나라가 29.8%이고 OECD 평균은 34.2% 수준으로, 우리가 4.4%p 낮다. 이는 우리나라 국민의 조세 부담이 OECD 국가 국민이 납부하는 평균적인 조세 부담보다 GDP 대비 약 4.4%에 해당하는 만큼 더 적다는 것을 의미한다. 2021년 명목 GDP 규모가 2,222조 원이므로, 만약 우리 국민에게 OECD 평균에 해당하는 만큼 국민부담률이 적용되었다면 세금 등 부담 금액은 98조 원가량 증가했을 것이다.

물론 더 많은 세금을 내고 싶은 사람은 많지 않다. 그럼에도 많은 국민이 자발적으로 납세에 협력하는 것은 그것이 필요하다는 것에 일정 부분 공감하기 때문이다. 그렇다면 국민부담률이 낮은 것은 국민의 뜻이 조세 부담을 최소화하고 싶어 하고, 조세를 늘리는 것으로부터 큰 효능감을 느끼지 못하기 때문이라고 추정할 수 있다.

우리나라와 OECD 평균 국민부담률과 조세 구조 비교
(%, GDP 대비 비중, 2021년)

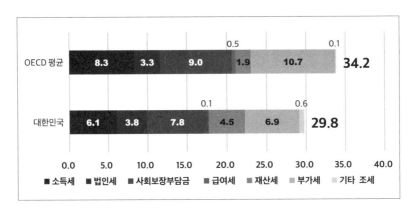

주 : 1. 그래프 우측의 수치는 국민부담률(조세 수입(국세+지방세)과 사회보장부담금을 합산한 총부담
　　　금액의 GDP 대비 비중(%))
　　 2. 그래프 안의 수치는 해당 조세 및 부담금의 GDP 대비 비중(%)
자료 : OECD, Revenue Statistics

2021년 기준 국민부담률을 OECD 국가별로 보면, 덴마크가 47.4%로 가장 높고, 프랑스가 45.2%로 다음으로 높다. 이외에도 국민부담률이 40%를 초과하는 나라는 오스트리아(43.3%), 핀란드(43.2%), 스웨덴(42.7%), 벨기에(42.5%), 노르웨이(42.4%), 이탈리아(42.4%) 등 총 8개국이다. 국민부담률이 30~40% 사이에 있는 나라는 20개로, 29.7%인 우리나라는 38개 OECD 국가 중 29번째 수준인 것을 알 수 있다.

이렇게 국민부담률이 높은 나라들은 대체로 GDP 대비 소득세 비중도 높다. 국민부담률이 가장 높은 덴마크의 경우 GDP 대비 소득세 비중이 25%에 달하고, 스웨덴(12.4%), 핀란드(12.9%), 독일(10.5%), 프랑스(9.5%) 등 유럽 국가를 비롯하여 뉴질랜드(14.1%), 호주(11.5%), 미국(11.4%), 영국(10.0%) 등 영미권 국가들도 대체로 10%대로 GDP 대비 소득세 비중이 높다. 우리나라는 GDP 대비 소득세 비중이 6.1%로 26번째 수준이다.

OECD 국가별 국민부담률과 소득세 비중
(%, GDP 대비 비중, 2021년)

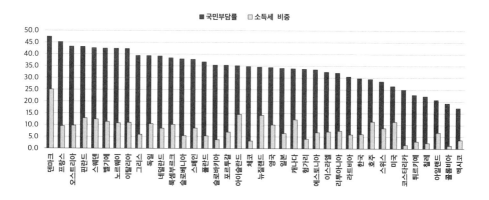

자료 : OECD, Revenue Statistics

재정의 소득재분배 효과는 조세 규모 및 구조와 깊은 관계가 있다. 다음 그림은 OECD 국가들의 2011년부터 2020년까지 시장소득 지니계수와 처분가능소득 지니계수를 비교하여 산출한 소득재분배 효과와 국민부담률 및 소득세 비중과의 관계를 보여 주고 있다. 상단의 그림에서는 대체로 국민부담률이 높은 나라일수록 재정의 소득재분배 효과가 크다는 것을 확인할 수 있다. 하단의 그림은 대체로 GDP 대비 소득세 비중과 소득재분배 효과 사이에 양의 상관 관계가 있음을 보여 준다.[78]

비록 이와 같은 상관 관계를 통해 국민부담률이나 소득세 비중을 높이면 소득재분배 효과가 높아질 것이라는 인과 관계적 해석을 할 수는 없지만, 적어도 OECD 국가들의 경우 국민부담률과 소득세 비중이 큰 나라일수록 소득재분배 효과가 큰 경향이 있음을 확인할 수 있다. 따라서 우리나라의 낮은 국민부담률과 소득세 비중은 재정의 소득재분배 효과를 제약하는 요인으로 작용하고 있을 가능성이 크다.

우리나라 GDP 대비 소득세Taxes on income, profits and capital gains of individuals 비중은 비록 빠르게 증가했지만, 2021년 기준 6.1%로, OECD 평균 8.3%에 비하면 여전히 약 2.2%p 낮은 수준이다. 반면 재산에 부과하는 세금Taxes on Property은 4.5%로, OECD 평균 1.9%보다 2.6%p 높다. 이는 우리나라가 소득세 수입은 상대적으로 낮지만, 재산에 부과하는 세금 수입은 높은 국가임을 알게 한다. 그러나 재산에 부과하는 세금의 구성을 보면, 금융 및 자본 관련 거래에 부과하는 세금Taxes on Financial

---

78 소득재분배 효과와 국민부담률의 상관계수(Correlation Coefficient)는 0.8227이고, GDP 대비 소득세 비중과의 상관계수는 0.4447로 양의 값을 가졌으며, 두 값 모두 99%의 신뢰 수준에서 통계적으로 유의미했다. 이는 재정의 소득재분배 효과가 국민부담률은 물론, GDP 대비 소득세 비중과 높은 상관관계를 갖고 있음을 의미한다.

소득재분배 효과와 국민부담률, 소득세 비중의 관계

(%, 2011~2020년 평균)

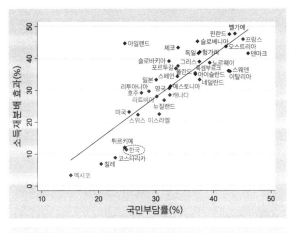

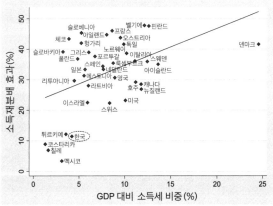

주 : 1. 지니계수는 OECD에서 제공하는 자료를 기준으로 2011년부터 2020년까지의 관측치를 평균한 것으로, 호주·멕시코(2012, 2014, 2016, 2018, 2020), 벨기에(2018~2020), 칠레(2011, 2013, 2015, 2017, 2020), 덴마크(2011~2019), 에스토니아·스웨덴·미국(2013~2020), 프랑스(2020), 아이슬란드(2011~2017), 일본(2018), 룩셈부르크(2015~2020), 튀르키예(2011~2015, 2017~2020)는 일부 자료가 제공되지 않아 접근 가능한 자료의 평균치를 적용하였음.

2. 소득재분배 효과는 지니계수의 저감률로, 정부의 재분배 정책 등을 통해 시장소득 지니계수(a) 대비 가처분소득 지니계수(b)가 얼마나 감소했는지를 감소율($\frac{a-b}{a} \times 100$)로 계산한 것임.

3. 국민부담률과 소득세 비중은 2011년부터 2020년까지 총조세 수입과 사회보장부담금, 그리고 소득세의 GDP 대비 비중을 평균한 것임.

자료 : OECD, Income Distribution Database, Revenue Statistics

and Capital Transactions 수입이 OECD 평균보다 특히 많다.[79] 우리나라는 다른 주요 선진국과 달리, 상장 주식에 대한 세금을 실현된 이익에 대한 과세가 아니라 증권거래세 방식으로 부과하고 있다. 증권거래세는 자본 거래에 따른 이익의 실현 여부와 관계없이 주식을 거래할 때 무조건 부과하는 세금이기 때문에 소득재분배 효과를 기대하기 어렵고, 주식투자로 손해를 본 사람도 부담하는 세금이므로 비합리적이기까지 하다. 이보다는 자본 거래를 통해 실제로 실현된 이익에 과세하는 것이 당연히 더 타당하다.

자본 거래를 통해 얻은 이익도 가계의 소득을 구성하는 한 항목으로 볼 수 있고, 자본 이익이 누적되면 소득불평등을 심화하는 심각한 요인이 될 수 있다. 만약 자본 이득과 같은 투자소득을 근로소득이나 사업

---

79 우리나라는 전체 재산 관련 세금(Taxes on Property) 규모가 GDP 대비 4.5%인데, 증권거래세를 포함한 금융 및 자본 거래에 부과하는 세금(Taxes on Financial and Capital Transactions)의 GDP 대비 비중은 2.6%로, 전체 재산 관련 세금의 약 58%에 달한다. 금융 및 자본 거래에 부과하는 세금의 OECD 평균 규모는 GDP 대비 0.5%에 불과하다.

세 목	우리나라	OECD 평균
전체 재산 관련 세금 (Taxes on Property)	4.5%	1.9%
- 부동산 보유세 　(Recurrent taxes on immovable property)	1.2%	1.0%
- 순자산세 　(Recurrent taxes on net wealth)	0.0%	0.2%
- 상속세 및 증여세 　(Estate, inheritance and gift taxes)	0.7%	0.2%
- 금융 및 자본 거래세 　(Taxes on financial and capital transactions)	2.6%	0.5%
- 기타 재산 관련 세금 　(Other taxes on property)	0.0%	0.1%

자료 : OECD, Revenue Statistics

소득과 같이 취급하여 누진세율을 적용하면 훨씬 더 높은 소득재분배 효과를 기대할 수 있다. 이는 최근 폐지 논란이 일고 있는 금융투자소 득세 도입에 대해서도 중요한 시사점을 제공한다. 금융투자소득세 도 입은 단순히 주식 양도소득세 부과 대상을 확대하기 위한 것이 아니라, 주식 등 금융투자에 따른 이익을 소득으로 인식하여 누진적인 소득세 를 부과함으로써 소득불평등을 완화하려는 세제 개편으로도 볼 수 있 다. 과연 주식투자를 생각할 여유도 없는 서민과 중산층 국민이 금융투 자소득세 폐지를 정말로 원할까? 정치권으로 전달되는 폐지 목소리는 과연 누구를 위한 것일까?

참고로 『21세기 자본』에서 피케티가 내린 결론은 자본에 대한 누진 과세A Progressive Annual Tax on Capital를 통해 자본에 의한 소득불평등 확 산의 악순환을 막아 내자는 것이었다. 개발도상국이 아닌 이상, 선진국 의 경제성장률이 4~5% 되는 것은 어려운 일이다. 그러나 자본 수익률 은 4~5%로 경제성장률을 능가한다. 이로 인해 자본이 끊임없이 재생산 되고 증식하면서 소득의 불평등이 계속해서 심화되고 있다. 따라서 자 본에 대한 누진 과세가 필요하다는 것이다. 그러나 어느 한 나라에서만 이러한 조세 개혁을 시행하면 자본이 왜곡된 투자 경로를 따라갈 수 있 으므로 국제 공조를 통해 모든 나라가 자본에 대해 누진 과세를 동시에 시행하는 노력이 필요하다. 이에 대해 피케티는 자본주의를 통제할 수 있는 민주주의의 힘을 강조했다.[80]

---

80 Thomas Piketty, *Capital in the Twenty-First Century*, (Translated by Arthur Gold-hammer), US: Harvard University Press, 2014, pp.572~573.

경제성장률보다 높은 자본수익률로 인한 소득불평등 심화의 문제는 순수하고 완전한 시장의 경쟁으로 해결할 수 없다. 비록 위험이 따르기는 하지만, 이것(누진적 자본 과세) 말고는 대안을 못 찾겠다. 만약 우리가 '자본주의'를 다시 통제할 수 있게 된다면, 우리는 (중국, 미국 같은 대규모 국가 공동체 또는 EU처럼 소규모 국가들이 모여 만든 광범위한 공동체의) '민주주의'에 모든 것을 걸어야 한다.[81]

GDP 대비 법인세 비중은 3.8%로 OECD 평균 3.3%보다 조금 높지만, 기본적으로 법인세는 기업 실적에 따라 변동성이 크고, 조세 부과 그 자체로 소득재분배 효과를 기대하기는 어려운 세금이다.

GDP 대비 사회보장부담금 비중은 우리나라가 7.8%로, OECD 평균 9.0%에 비해 약 1.2%p 낮다. 빠른 증가 속도를 보이며 지금에 이르긴 했으나, 우리나라의 공적연금 도입이 늦었던 만큼 여전히 미성숙하고[82] 다른 나라보다 노후소득 보장성도 상대적으로 낮은 수준이라는 점을 고려해야 한다.[83] 전업주부, 학생, 군복무 중인 청년 등 미취업자의 노후 대비는 사각지대에 머물러 있고, 청년의 사회 진출 시점이 늦어짐에 따라 그만큼 노후 대비도 늦어지고 있다.

공적연금이 미성숙한 가운데, 노인 빈곤율이 높은 우리나라는 현재의 노인 빈곤 문제 해결과 함께 미래의 노인들을 위한 노후 보장성

---

81 앞의 책, p.573.

82 국민연금은 1988년에 도입되었고, 1999년이 되어서야 비로소 전 국민을 위한 연금을 실현했다. 아울러 상시근로자 5인 이상 사업장에서 전체 사업장으로 적용 범위를 확대한 것도 2006년이다. 1988년 도입 당시 처음으로 가입한 사람들이 완전노령연금(가입 기간 20년 이상)을 받기 시작한 것은 불과 2008년이다. 이에 비해 1889년 비스마르크가 주도하여 공적연금을 도입한 독일을 시작으로, 영국(1908), 프랑스(1910), 이탈리아(1919), 캐나다(1927), 미국(1935), 일본(1941) 등 대부분의 선진국은 일찌감치 공적연금 제도를 도입했다(국민연금공단 홈페이지, https://www.nps.or.kr).

83 우리나라 공적연금 소득대체율은 2022년 기준 31.2%로, OECD 평균 50.7%에 비해 크게 낮은 수준이다(OECD, Pensions at a Glance).

강화 방안을 동시에 고민할 필요가 있다. 따라서 최근 이뤄지고 있는 국민연금 개혁 논의는 단순히 국민연금기금 재정의 고갈 시점을 늦추는 차원으로만 접근할 것이 아니라, 모든 국민이 안심하고 노후를 살아갈 수 있도록 사회보험 사각지대를 최소화하고 보장성을 강화하여 노후소득을 지금보다 더 두텁게 보장할 수 있는 방향으로 진행되어야 한다. 더욱이 국민연금을 영원히 적립 방식Funded pension으로 유지하는 것은 불가능하다. 적게 내고 많이 가져가는 구조를 가진 국민연금 기금이 어떻게 항구적으로 버터 낼 수 있겠는가? 언젠가는 부과 방식Pay as you Go을 조금씩 도입하지 않을 수 없다. 이러한 현실을 명확히 설명하고 공적연금에 대한 장기 계획을 도출하지 못하면, 지금과 같이 기금 고갈을 둘러싼 공포와 협박에 갇혀 노인 빈곤 문제는 계속될 것이다.

끝으로 우리나라가 국민부담률이 낮은 중요한 원인 중 하나는 부가가치세 등 GDP 대비 소비세Taxes on Goods and Services 비중이 상대적으로 낮기 때문이다. 우리나라 GDP 대비 소비세 비중은 6.9%로, OECD 평균 10.7%에 비해 3.8%p 낮은 수준이다. 다른 나라는 부가가치세율을 적절히 인상 또는 인하해 OECD 평균 세율이 2005년 17.8%에서 2022년 19.2%로 상승했지만, 우리나라는 1977년 처음 부가가치세를 도입한 이후 지금까지 10%의 세율을 그대로 유지하고 있다.[84] 부가가치세는 단일세율로 소득재분배 효과가 크지 않을 수는 있다. 그러나 우리나라가 오랫동안 세율을 동결함으로써 전체적인 국민부담률을 떨어뜨리고

---

84 OECD 평균 세율은 38개 OECD 국가 중 부가가치세를 부과하지 않고 판매세(Sales Tax)를 택하고 있는 미국을 제외한 나머지 37개 국가의 부가가치세율을 단순 평균한 수치(Unweighted Average)다. 한편 2005년 대비 2022년 OECD 국가들의 부가가치세율 변화 상황을 정리하면 다음과 같다.

소득재분배 정책을 위한 재정 확보를 어렵게 하고 있다는 점은 무시할 수 없다. 또 단일세율 구조를 유지하더라도 세율 인상과 함께 저소득층을 위해 생필품 등에 지금보다 더 낮은 세율을 적용한다면, 소득재분배 기능을 보완할 수 있다.

재정 지출 측면에서도 복지 지출 규모가 빠르게 증가했지만, 여전히 OECD 주요 선진국과 비교하면 부족한 점이 있다. 우리나라 일반정부 총지출의 GDP 대비 규모는 2010년 29.6%에서 2021년 37.8%까지 증가했다. 이는 코로나19 팬데믹 위기에 따라 정부 지출의 사회보호Social Protection 기능이 대폭 강화된 데 따른 결과라고 할 수 있다. 일반정부 지출 중 사회보호 분야 지출의 GDP 대비 비중은 2010년 5.3%에서 2021년 9.0%로 증가했는데, 2018년(6.9%)까지는 1.6%p만 증가했으나

구 분	2005년 대비 2022년 세율 인상, 인하 또는 유지 국가 현황		
	인상	인하	유지
국가별 부가가치세 세율 (2005→2022)	콜롬비아(16→19%), 체코(19→21%), 코스타리카(0→13%, * 2019 신규 도입), 에스토니아(18→20%), 핀란드(22→24%), 프랑스(19.6→20%), 독일(16→19%), 그리스(18→24%), 헝가리(25→27%), 아일랜드(21→23%), 이탈리아(20→22%), 일본(5→10%), 라트비아(18→21%), 리투아니아(18→21%), 멕시코(15→16%), 룩셈부르크(15→17%), 폴란드(22→23%), 네덜란드(19→21%), 스페인(16→21%), 뉴질랜드(12.5→15%), 스위스(7.6→7.7%), 포르투갈(19→23%), 영국(17.5→20%), 슬로바키아(19→20%), 슬로베니아(20→22%)	캐나다 (7→5%) 아이슬란드 (24.5→ 24%)	호주(10%) 덴마크(25%) 오스트리아(20%) 벨기에(21%) 칠레(19%) 이스라엘(17%) **한국(10%)** 노르웨이(25%) 스웨덴(25%) 튀르키예(18%)
OECD 평균 (Unweighted)	2005년 17.8% → 2022년 19.2%		

자료 : OECD, *Consumption Tax Trends 2022: VAT/GST and Excise, Core Design Features and Trends*, Paris: OECD Publishing, 2022, p.74.

2019년 7.6%, 2020년 9.3%로 코로나19 팬데믹 시기 큰 폭으로 증가했다. 같은 시기 보건 분야도 크게 증가한 것을 확인할 수 있다.

우리나라 일반정부 지출의 기능별 규모 변화 추이(%, GDP 대비 비중)

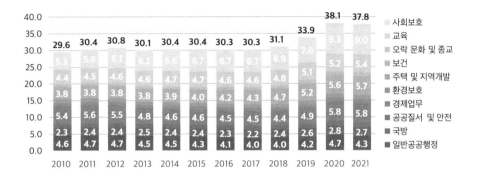

주 : 2015년 기준년 국민계정 자료에서 추출한 데이터로, 2021년까지만 자료를 제공함. 다른 나라와의
    비교를 위해 2020년 기준년 개편 결과를 활용하지 않고 기존 자료를 활용함.
자료 : OECD Government at a Glance (Indicators, yearly updates)

그러나 2021년 우리나라 일반정부 지출 규모 37.8%는 OECD 평균 47.1%보다 여전히 9.3%p 낮은 수준이다. 이는 우리나라 정부가 GDP의 9.3%를 공공지출에 덜 쓰고 있다는 것으로, 2021년 명목 GDP 2,222조 원을 기준으로 약 207조 원에 달한다. 특히 정부 기능 중 사회보호 분야 지출이 가장 큰 차이를 보이고 있다. OECD 평균 사회보호 분야 일반정부지출이 16.7%에 달하는 것에 비해, 우리는 9.0%에 불과하다.[85]

---

85 우리나라의 사회보호 분야 지출이 적은 것은 주로 공적연금 등 노후소득 보장성 프로그램이 상대적으로 취약하기 때문으로 보인다. 다음 표는 복지 지출과 관련하여 2019년 공공사회복지지출(Public Social Expenditure)의 GDP 대비 비중에 대한 상세 분야별 현황을 정리한 것이다. 우리나라는 노인·장애인 등 거의 모든 프로그램에서 상대적으로 낮은 수준을 나타내고 있지만, 특히 노인과 관련한 연금 등 프로그램이 가장 차이가 크다.

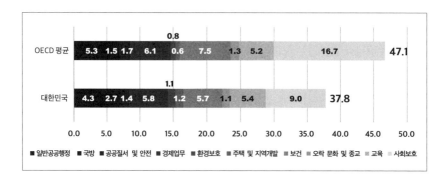

우리나라와 OECD 평균, 일반정부 지출의 기능별 규모 비교
(%, GDP 대비 비중, 2021년)

주 : 2015년 기준년 국민계정 자료에서 추출한 데이터로, 2021년까지만 자료를 제공함. 다른 나라와의
비교를 위해 2020년 기준년 개편 결과를 활용하지 않고 기존 자료를 활용함.
자료 : OECD Government at a Glance (Indicators, yearly updates)

구 분	대한민국(A, %)	OECD 평균(B, %)	차이(B-A, %p)
합 계	12.26	20.10	7.84
노령(Old age)	3.09	7.43	4.35
유족(Survivors)	0.37	0.79	0.42
장애인(Incapacity related)	0.71	1.98	1.27
보건(Health)	4.85	5.84	1.00
가족(Family)	1.37	2.11	0.74
적극적 노동시장 정책 (Labour market programmes)	0.37	0.57	0.20
실업(Unemployment)	0.44	0.58	0.13
주거(Housing)	0.09	0.30	0.21
기타(Other social policy areas)	0.98	0.54	-0.44

주 : 공공사회복지지출은 일반정부 지출(공공부조, 사회보상, 사회복지서비스)과 사회
보험지출(연금, 건강, 산재, 고용, 장기요양), 취약계층을 위한 교통·통신 요금 감면
등을 포괄한 공적 제도에 의한 사회적 급여나 재정적 지원을 의미한다(e-나라지
표 홈페이지, https://www.index.go.kr/unity/potal/main/EachDtlPageDetail.
do?idx_cd=2759).
자료 : OECD Socail Expenditure Database

    2021년 기준 GDP 대비 일반정부 총지출 비중을 OECD 국가별로 보면 프랑스가 59.1%로 가장 높고, 그리스가 57.7%로 다음으로 높다. 이외에도 정부의 총지출 비중이 50%를 초과하는 나라는 이탈리아(56.3%), 오스트리아(56.2%), 핀란드(55.8%), 벨기에(54.8%), 독일(50.9%), 스페인(50.0%) 등 총 8개국이다. 정부 총지출 비율이 40~50% 사이에 있는 나라는 19개로, 37.8%인 우리나라는 비교 가능한 34개 OECD 국가 중 28번째 수준인 것을 알 수 있다.

    정부 지출이 큰 나라들의 경우, 대체로 GDP 대비 사회보호 지출 비중도 크게 나타나고 있다. GDP 대비 일반정부 총지출 비중이 가장 높은 프랑스의 경우 GDP 대비 사회보호 지출 비중이 24.8%에 달하고, 핀란드(24.7%), 이탈리아(22.9%), 오스트리아(22.0%), 독일(20.9%), 덴마크(20.8%) 등 주로 유럽 국가들이 20% 이상의 높은 사회보호 지출을 기록하고 있다. 영미권 국가의 사회보호 지출 비중은 다른 유럽 국가에 비하면 상대적으로 크지 않은데, 영국이 16.1%로 가장 컸고 미국(12.1%), 호주(10.7%)는 상대적으로 낮았다. 고령화가 심각한 일본의 경우 GDP 대비 사회보장 지출 비중이 17.8%인 것으로 나타났다. 우리나라의 GDP 대비 사회보장 지출 비중은 9.0%로 비교 가능한 34개 OECD 국가 중 32위를 기록하고 있는데, 이는 아일랜드(8.5%)와 코스타리카(8.2%)를 제외하면 가장 낮은 수준이다.

OECD 국가별 일반정부 총지출과 사회보장 지출 비교
(%, GDP 대비 비중, 2021년)

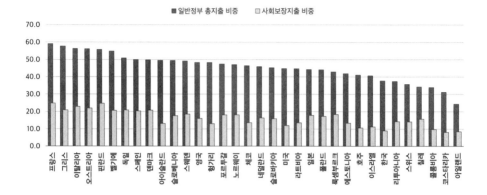

자료 : OECD Government at a Glance (Indicators, yearly updates)

　　재정의 소득재분배 효과는 정부 지출 규모 및 구조와도 깊은 관련성이 있다. 다음에 나오는 그림은 2011년부터 2020년까지 국가별 재정의 소득재분배 효과와 일반정부 총지출 및 사회보장 지출의 관계를 보여 주고 있다. 위 그림은 일반정부 총지출 규모가 큰 나라일수록 소득재분배 효과가 크게 나타남을 보여 준다. 아래 그림에서는 GDP 대비 사회보장지출 비중과 소득재분배 효과 사이에 양의 상관관계가 있음을 확인할 수 있다.[86] 비록 이와 같은 상관관계를 통해 정부의 총지출과 사회보호 지출을 늘리면 소득재분배 효과가 높아질 것이라는 인과관계적

86　소득재분배 효과와 일반정부 총지출의 상관계수(Correlation Coefficient)는 0.789이고, GDP 대비 사회보호 지출 비중과의 싱관계수는 0.7647로 나타났다. 둘 모두 1에 가까운 양의 값을 가졌고, 99%의 신뢰 수준에서 통계적으로 유의미했다. 이는 재정의 소득재분배 효과가 정부의 총지출 규모는 물론, 사회보호 지출 규모와 높은 상관관계가 있음을 의미한다.

해석을 할 수는 없지만, 적어도 OECD 국가들의 경우 정부의 지출 규모가 크고 사회보호 지출을 많이 하는 나라일수록 소득재분배 효과가 큰 경향이 있음을 확인할 수 있다.

따라서 우리나라가 GDP 대비 정부의 총지출 비중과 사회보호 지출이 낮은 것은 재정의 소득재분배 효과가 미약하게 나타나는 중요한 원인일 수 있다. 실업자, 노인, 장애인, 빈곤층 등 주로 사회적 약자에 대한 복지 지출로 이뤄진 사회보호 지출은 정부지출 중에서도 소득불평등 완화에 가장 중요한 지출 요소다. 사회보호 지출 규모가 작은 것은 우리나라 재정의 소득재분배 기능이 약한 가장 직접적인 요인 중 하나임이 분명하다.

소득재분배 효과와 일반정부 총지출 및 사회보호 지출 비중의 관계
(%, 2011~2020년 평균)

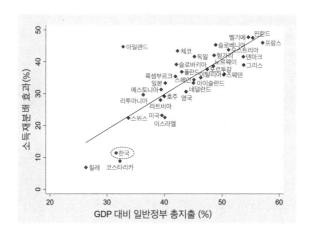

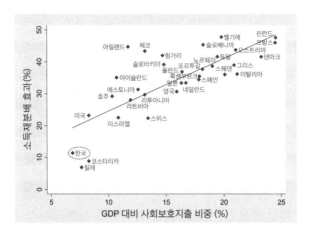

주 : 1. 지니계수는 OECD에서 제공하는 자료를 기준으로 2011년부터 2020년까지의 관측치를 평
　　　균한 것으로, 호주·멕시코(2012, 2014, 2016, 2018, 2020), 벨기에(2018~2020), 칠레(2011,
　　　2013, 2015, 2017, 2020), 덴마크(2011~2019), 에스토니아·스웨덴·미국(2013~2020), 프랑스
　　　(2020), 아이슬란드(2011~2017), 일본(2018), 룩셈부르크(2015~2020), 튀르키예(2011~2015,
　　　2017~2020)는 일부 자료가 제공되지 않아 접근 가능한 자료의 평균치를 적용하였음.
　　2. 소득재분배 효과는 지니계수의 저감률로, 정부의 재분배 정책 등을 통해 시장소득 지니계수
　　　(a) 대비 가처분소득 지니계수(b)가 얼마나 감소했는지를 감소율($\frac{a-b}{a}$×100)로 계산한 것임.
　　3. 일반정부 총지출 비중과 사회보호지출 비중은 2011년부터 2020년까지 각각의 GDP 대비
　　　비중을 평균한 것임.
자료 : OECD, Income Distribution Database, Government at a Glance

　　이처럼 우리나라의 조세 및 재정 규모와 구조는 국가 재정의 소득재
분배 기능을 약하게 하는 여러 가지 요소를 갖고 있다. 이 역시 정치 과
정을 통해 결정된 조세와 재정 지출에 대한 의사결정 결과가 반영된 것
이라고 할 수 있다.

　　그러나 과연 국민 대다수인 서민, 중산층, 노동자 계층이 낮은 조세
부담과 복지 지출을 정말로 원했기 때문에 이와 같은 재정 구조가 만들
어졌을까? 그렇지 않을 것이다. 경제 논리를 앞세운 재벌 대기업, 사업
자 단체와 일부 언론, 정치인, 관료 등으로 엮인 강력한 기득권의 정치

적 영향력이 이러한 재정 구조를 만들었을 가능성이 크다. 시민의 활발한 정치 참여로 공정한 정치적 영향력을 확립했다면, 지금과는 다른 모습이 나타났을지도 모른다.

거시경제의 안정성 확립

소득재분배와 함께 정부의 거시경제 관리 정책도 중요하다. 일반적으로 정부는 경제성장과 경기변동의 안정성을 위해 노력한다. 경제성장은 양적으로 노동과 자본이 증가하여 생산량이 증가하거나, 기술이 발달하여 생산요소의 투입량을 늘리지 않더라도 더 많은 생산이 가능해질 때 나타나는 현상이다.[87]

따라서 노동 투입을 증가시키기 위해 정부는 노동 수요 측면에서 새로운 산업을 육성하여 일자리를 늘리고, 기업이 더 많은 고용에 나서도록 각종 인센티브를 제공한다. 노동의 공급 측면에서도 생산가능인구를 늘리고, 다양한 취업 지원 정책을 통해 경제활동참가율과 구직자의 취업 성공 확률을 높이는 등 인구 정책과 적극적인 노동시장 정책을 펼치고 있다. 또 노동 생산성이 높아지도록 공교육을 강화하고, 대학 교육을 지원하기도 한다. 자본의 양적 증가를 위해 은행, 주식시장 등 금융 제도를 선진화하고, 시중의 여유 자금이 생산성이 높은 활동에 투입될 수 있도록 한다. 또 기업의 투자를 활성화하기 위해 세제 혜택, 보조금

---

87 경제성장률은 GDP 규모가 전년 대비 얼마나 증가했는지의 비율로 측정한다. 국내총생산(GDP : Gross Domestic Product)은 단어 뜻 그대로, 우리나라 기업이 1년 동안 생산한 최종 산출물의 시장 가치를 집계한 결과다. 일반적으로 기업의 산출물은 자신이 가진 기술력에 따라 노동과 자본이라는 생산요소를 투입한 결과로 만들어진다. 따라서 이를 국가 전체로 확산하여 대입하면 경제성장은 그 나라가 투입할 수 있는 노동과 자본의 총량, 그리고 그것을 얼마나 많은 생산물로 변환시킬 수 있는지를 나타내는 전반적인 기술력에 달려 있다.

등 각종 인센티브를 제공한다. 기술 진보를 위해 R&D 투자 등 기술 개발을 지원하고, 기초과학 연구와 신기술 개발 등에 정부 자원을 직접 투입하기도 한다. 나아가 우리나라 생산품에 대한 국외 수요를 늘리기 위해 수출을 지원하고, 고부가가치 산업 육성과 해외시장 개척을 위한 세일즈 외교에 나서기도 한다.

우리나라가 '한강의 기적'이라 불리는 세계적인 경제성장을 기록한 것은 시장이 아니라, 정부가 주도적으로 이룩한 성과다. 정부는 경제성장을 국가의 제1목표로 하여 경제개발 5개년계획을 수립했고, 은행과 산업, 기업을 계획적으로 통제하며 경제성장을 이끌었다.[88] 수출 중심의 중화학공업을 전략적으로 육성했고, 저축을 장려하여 자본을 확대했으며, 산아제한 정책으로 1인당 소득 규모를 늘렸다. 또 공교육을 강화해 의무교육을 꾸준히 확대함으로써 노동생산성을 높였다. 이는 경제성장을 위한 정부의 역할이 얼마나 중요한지를 보여 준다. 이렇게 경제성장에 정부가 적극적으로 나서는 이유는 경제가 성장해야 국민이 소비할 수 있는 물자의 양이 증가하고, 국민 행복도가 높아질 수 있기 때문이다.

경기변동은 주기적으로 나타나는 경제 여건 또는 경제 활동 수준의 변화를 말한다. 일반적으로 경기가 좋을 때를 호황이라 하고 나쁠 때를 불황이라고 하는데, 경기변동은 호황에서 불황으로 후퇴했다가 다시 호황을 향해 상승하는 반복된 흐름으로 나타난다. 이러한 경기변동은 피할 수 없는 거시경제적 현상이지만, 상승과 하락의 진폭이 너무

---

88 국가 중심의 경제성장 계획이 성공을 거두어 고도성장의 성과를 낳았지만, 한편으로는 관치금융, 정경유착 등의 폐해를 낳기도 했다.

크면 국민의 삶이 불안정해져 행복도가 떨어질 수 있으므로 정부는 재정·통화 등의 정책 수단을 적극적으로 동원하여 경기변동의 진폭을 완화하려고 노력한다. 일반적으로 심각한 불황이 찾아오면, 실업이 증가하고 소득이 감소해 소비가 줄고 빈곤층이 늘어나는 등 국민적 어려움이 발생한다. 호황기에는 인플레이션으로 인해 물가가 상승하는 만큼 소득이 증가하지 못하는 취약계층의 실질적 생활 수준이 하락하는 문제가 발생한다.

과거 자유방임주의Laissez-faire 시절에는 경기변동이 발생하더라도 시장의 가격기구가 신축적으로 움직여 균형을 찾기 때문에 정부가 시장에 개입할 필요가 없다고 생각했다. 그러나 1929년 세계 대공황을 겪으면서 경기변동에 대한 정부의 적극적 대응 필요성이 대두되었다. 대공황으로 실업이 급증하고 극심한 실업이 장기간 계속되었기 때문이다. 일자리를 잃은 사람들은 빈곤의 늪에 빠져 길에서 사망하는 일까지 벌어졌다. 시장의 가격기구가 신축적으로 균형을 찾아 실업 문제를 해결할 것이라는 기대는 작동하지 않았다.

이때 등장한 경제학자가 케인스John Maynard Keynes다. 그의 새로운 거시경제학은 불황이 발생하는 것은 유효수요 부족에 기인하므로 이를 타개하기 위해서는 정부가 수요를 뒷받침할 필요가 있다고 주장했다. 케인스는 극심한 불황이 찾아왔을 때 정부가 적극적으로 나서서 재정지출을 늘리고 일자리를 창출하는 한편, 빈곤층을 돌보기 위한 복지를 강화해야 한다고 역설했다.

실제로 미국의 루스벨트Franklin Delano Roosevelt 대통령은 뉴딜New Deal 정책으로 이러한 생각을 구현했고, 대공황을 타개할 수 있는 기반을 마련했다.[89] 이와 같은 케인스의 새로운 거시경제학은 고전적 자유시장 경제를 앞세워 정부의 시장개입을 악으로 봤던 기존의 자본주의에 수정을 가져왔다는 뜻에서 수정자본주의Revised Capitalism라고 불리게 되었다. 비록 1970년대에 오일쇼크를 겪으면서 공급측 압력에 의한 물가 상승으로 인플레이션과 경기침체가 동시에 발생하는 스태그플레이션 Stagflation이 찾아와, 정부 개입의 한계와 실패가 부각되고 신자유주의가 확산하는 또 한 번의 전환점을 맞이했지만, 여전히 경기변동 완화를 위한 정부의 적극적 역할 필요성은 대다수 국가에서 보편적으로 받아들여지고 있다. 실제로 2009년 글로벌 금융위기, 2020년 코로나 팬데믹과 같은 극심한 경기침체 상황에서 대다수 국가는 재정적자를 감내하는 적극적인 재정정책으로 경기변동을 완화하고자 노력한 것을 확인할 수 있다.[90]

---

89 루스벨트 대통령은 예금보험공사 설립 등 금융개혁과 함께 테네시강 유역 개발 공사를 통해 댐 건설 등 공공부문이 주도하는 대규모 일자리를 창출하고 농업 현대화를 지원했으며, 노조 설립 및 단체교섭, 단체행동권 등 노동기본권을 강화했다. 또한 사회보장법을 만들어 노령연금, 실업보험 등 19세기 유럽에서 확립된 사회보장제도를 도입했다. 이러한 뉴딜 정책은 사유재산권이 인권을 압도하던 고전경제학적 풍토를 깨고, 양자의 균형을 맞추려는 미국 최초의 진정한 시도였다고 평가할 수 있다(Jeremy Rifkin, *The European Dream*, UK: Jeremy P. Tarcher/Penguin, 2004 (이원기 역, 『유러피안 드림』, 민음사), pp.207~208).

90 거시경제의 안정성을 위해 정부는 재정정책뿐만 아니라, 통화정책을 운영한다. 통화정책은 통화량을 조절하고 기준금리를 결정함으로써 거시경제에 영향을 미친다. 우리나라를 비롯하여 대부분의 국가는 통화정책을 중앙은행이 독립적으로 수행하도록 정하고 있으며, 통화정책의 최우선 목표를 물가안정으로 하는 물가안정목표제(Inflation targeting)를 운영하고 있다. 현재 한국은행은 물가안정 목표를 소비자물가상승률 2%로 정하고 있으며, 금융통화위원회는 물가상승률이 목표치에 수렴하도록 기준금리를 결정한다.

OECD 국가의 경제성장률과 재정수지 변화 추이(%)

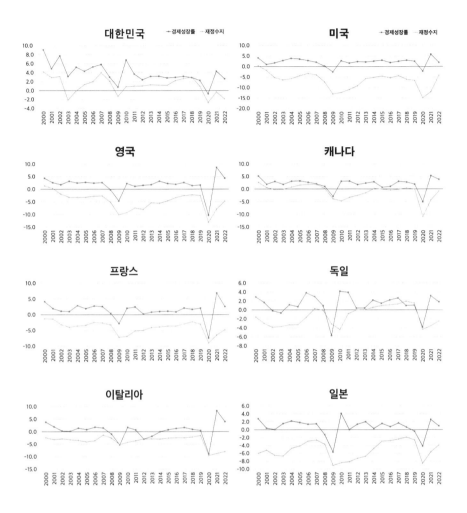

주 : 1. 경제성장률은 GDP 규모의 실질성장률(%)이고, 재정수지는 일반정부(중앙정부+지방정부+사회
보장기금) 총수입과 총지출의 차이를 GDP 대비 비중(% of GDP)으로 나타낸 것임.

　　 2. 일본은 2005년 이전의 재정수지 자료가 OECD Data Archive 및 Government at a Glance를 통
해 확인하기 어려워 Economic Outlook 115 데이터베이스에서 일반정부 기초재정수지(General
Government Primary Balance) 자료를 사용함.

자료 : OECD Anual GDP and Components - Expenditure Approach, Growth Rates, OECD Data
Archive & Government at a Glance - Government Fiscal Balance

국민 행복을 위한 정부의 역할

인간은 행복을 추구하는 존재고, 물질적 욕망의 충족뿐만 아니라 정신적으로도 평안해야 행복을 느낄 수 있다. 사람들은 양자의 조화를 통해 행복에 이른다. 정부는 각자의 행복을 추구하는 국민이 조화롭게 행복한 삶을 살아갈 수 있는 환경을 조성할 수 있도록 정치 과정을 통해 사회적으로 합의된 역할을 한다. 시장의 효율적 기능을 보완하는 것은 정부가 해야 할 수많은 일 중 극히 일부일 뿐이다. 심지어 배분, 분배, 안정이라는 재정의 기능 역시 정부가 해야 할 수많은 일과 목표 가운데 일부일 뿐이다.

정부는 시민들로부터 훨씬 더 많은 일을 하도록 요구받고 있다. 더욱이 정부의 목적과 역할 및 기능은 정치 과정을 통해 국민이 정하는 것이지, 시장이 결정할 수 없다. 따라서 시장의 효율성이 인권과 사회정의, 형평성, 공정성 등 다른 가치와 충돌할 때 효율성이 무조건 우선해야 하는 것은 당연히 아니며, 필요한 경우 다른 중요한 가치를 위해 효율성이 희생을 치러야 할 수도 있다.

정부의 가장 중요한 역할은 헌법에서 정한 국민의 기본권을 보장하는 것이다. 헌법이 신체의 자유, 언론과 표현의 자유, 법 앞의 평등, 거주이전의 자유, 재산권과 계약의 자유, 근로의 자유, 노동기본권, 교육권, 행복한 생활권 등 국민의 기본권을 국가가 보장하도록 일일이 명시하고 있는 것은 단순히 선언적인 의미를 넘어 실질적인 정부의 역할을 규정한 것이다. 경제적 효율성이라는 것은 이러한 기본권을 보장하기 위해 고려해야 할 여러 수단적 가치 중 하나일 뿐이다. 헌법이 정하고 있는 정부의 본질적인 목적이 국민 행복에 있음은 자명하다.[91] 인간의 삶이 행복을 지향하듯, 정부는 국민 모두의 행복한 삶을 지향해야 한다.

시장은 정부가 떠받들어야 할 대상이 아니다. 시장질서도 정부가 정한 법과 제도의 테두리 안에서 돌아간다. 정부가 궁극적으로 목표하는, 국민이 행복하게 살아갈 수 있는 사회는 경제적 풍요만으로는 되지 않는다. 경제적 풍요에 앞서 모든 사람이 태어난 순간부터 부여받은 기본적인 인권과 국민으로서 당연히 누려야 할 권리를 보장하는 것이 우선해야 한다. 또 경제적 풍요라는 것도 단순히 국가 전체 부의 증가만을 의미하지 않는다. 모든 사람이 행복하게 살아갈 수 있도록 기본적인 생활 수준을 보장하는 가운데, 국민이 용인할 수 있는 수준으로 소득과 부의 불평등을 완화해야 한다. 이를 위해서 정부가 법과 제도를 확립하는 것은 물론, 조세와 재정지출을 활용하여 다양한 정책을 수립하고 실행하는 것이다.

자유와 평등, 공정과 정의, 경제적 효율성과 형평성 등은 국민의 기본권을 최대한 보장하고, 국민이 행복한 삶을 살아갈 수 있는 사회를 만드는 데 필요한 대표적인 가치들이다. 그러한 가치들이 어떻게 조화를 이루게 할 것인지를 결정하는 것이 정치 과정이고, 정치적 의사결정을 통해 실현하고자 하는 것은 국민의 보편적 의지다. 국민의 보편적 의지를 실현하기 위해 정부가 사용할 수 있는 도구가 정책이라고 한다면, 그러한 정부의 정책을 결정하는 것이 바로 정치다. 정책은 국민의 대표가 모여 법을 만드는 입법에서부터, 행정부가 만들어내는 각종 규칙과

---

91 「헌법」 '제2장 국민의 권리와 의무'에서 가장 먼저 등장하는 것이 행복추구권이다. "제 10조 모든 국민은 인간으로서의 존엄과 가치를 가지며, 행복을 추구할 권리를 가진다. 국가는 개인이 가지는 불가침의 기본적 인권을 확인하고 이를 보장할 의무를 진다."

제도를 포괄하며, 이러한 정책의 집행을 위해 조세와 재정, 공무원 등 정부의 자원을 활용하는 것이다.

문제는 어떤 정책을 어떤 강도로 실행할 것인지에 대한 의사결정이다. 정치는 사회적 합의를 통해 국민의 보편적 의지를 도출하고, 그것을 따르는 정책적 의사결정 결과를 만들어낸다. 국민 대다수가 동의할 수 있는 보편성을 가진 공동의 이익이 국민의 보편적 의지라고 한다면, 정치는 그것을 실현하는 방법일 뿐이다. 정치 과정에는 단순히 경제적 효율성뿐만 아니라 공정과 정의, 자유와 평등, 인권 등의 다양한 가치에 대한 도덕적 판단이 요구된다. 예를 들어 국민 기초생활 보장 수준을 어느 정도로 강화하고 이를 위해 재정을 얼마나 더 투입할 것인지, 소득불평등 완화를 위해 재분배 정책을 얼마나 더 강화할 것인지, 국민 중 누구에게 어떤 세금을 얼마나 부과할 것인지, 누구를 위해 얼마의 재정을 투입할 것인지, 경기변동 완화를 위해 재정을 얼마나 확장 또는 긴축적으로 지출할 것인지, 기후변화 대응을 위해 친환경 신재생 에너지로의 전환을 얼마나 강하게 추진하고 환경 관련 규제를 얼마나 강화할 것인지, 실업급여는 얼마 동안 얼마나 지급할 것인지, 노동기본권을 보장하거나 노동시장 유연화를 위해 어떤 정책을 얼마나 강하게 쓸 것인지 등 수많은 정책을 둘러싼 사회적 합의에는 무엇이 가장 옳은지에 대한 가치와 도덕적 판단이 개입하지 않을 수 없다. 만약 정치가 모든 사람이 동의하는 보편적인 가치 판단 결과를 이끌어낼 수 있다면, 어떤 결론을 내리더라도 그것은 최소한 도덕 법칙을 위배하지 않을 것이다. 도덕 법칙은 인간에게 선험적으로 주어진 최상위의 보편적인 기준이기 때문이다.

일례로 물가상승기의 정부 정책에 대한 의사결정 과정을 상상해

보자. 물가가 빠르게 상승하고 있는 상황에서 국민의 의견은 대체로 다음과 같이 갈라질 것이다. 한쪽에서는 물가가 급격히 올라 어려움을 겪는 가계가 많으므로 정부가 재정을 적극적으로 풀어 서민과 중산층 가계경제를 도와줘야 한다는 주장이 있을 수 있다. 또 다른 한쪽에서는 가뜩이나 물가가 많이 올랐는데, 정부가 돈을 풀어 소비를 늘리면 물가상승을 더욱 자극할 수 있으므로 재정을 투입해서는 안 된다고 주장할 수 있다. 전자는 어려운 국민을 돕는 것은 도덕적으로 선한 일이라고 한다. 또 사회는 함께 살아가는 곳이므로 어려움에 빠진 이웃을 외면해서는 안 된다고 생각한다. 연대와 협력, 공동체 정신에 따라 어려운 사람을 최우선으로 배려하고, 함께 살아갈 수 있는 사회의 기반을 강화하는 게 타당하다는 것이다. 반면, 후자는 경제학 이론을 들어 합리적이고 이성적인 정부의 역할을 강조한다. 물가상승기에 정부 재정을 확장적으로 운용하면 경제의 총수요가 증가해 물가상승을 더 자극할 수 있다는 것이다. 그러므로 재정을 긴축적으로 운용해 물가를 최대한 빨리 안정시키는 것이 타당하다고 말한다.

이처럼 도덕적 판단과 경제 논리가 대립하는 상황에서 전개 가능한 논리적 타협 과정은 다음과 같다. 물가가 빠르게 오르는 상황에서는 어려움에 빠진 가계의 희생을 치르더라도 어쩔 수 없이 물가가 안정될 때까지 정부가 재정을 긴축적으로 운영해야 한다는 논리가 도덕적으로 옳지 않아 보이지만, 실제로는 이것도 도덕적 판단이 반영된 것이다. 단기적으로 일부 가계가 희생을 치르더라도, 물가를 빠르게 안정시켜야 피해가 장기화하는 것을 막을 수 있기 때문이다. 더욱이 정부의 재정은 국민이 부담하는 세금이므로 재정 투입을 무분별하게 늘리면, 언젠가는 국민이 져야 할 부담이 커진다는 점도 고려해야 한다. 특히 지금의 정치적 의사결정에 참여하는 현재 세대가 그렇지 못한 미래 세대에게 부담을 전가할 수 있으므로, 재정의 건전성을 유지하는 것이 세대 간의 정의에 부합한다.[92]

그러나 형평성과 불평등을 고려하면, 물가상승으로 인해 어려움을 겪는 계층은 대부분 저소득 계층이라는 점에서 불평등을 완화하기 위해서라도 이들을 지원하기 위한 재정지출 확대가 필요하다. 더욱이 물가가 안정기에 접어들더라도, 어려운 가계의 경제적 여건이 바로 나아지지 않는다. 물가상승률이 안정되더라도 이미 상승한 물가 수준이 떨어지는 것은 아니므로, 물가상승으로 인해 하락한 서민층의 생활 수준은 물가안정기에도 계속될 것이다. 따라서 물가상승기에 서민 가계의 생활 수준이 안정적으로 유지될 수 있게 지원하는 것이 바람직할 것이다. 만약 물가상승을 빠르게 안정시키기 위해 국민적 희생이 불가피하다면, 적어도 그 희생이 공정하게 배분되도록 하는 대안을 함께 마련하지 않으면 안 된다.

또 경제학 이론을 따르더라도 재정지출 확대가 물가상승을 촉발할 것이라는 주장만 있는 것도 아니다. 통화론자들의 주장처럼 물가가 철저하게 화폐와 금융의 문제라고 할 때, 중앙은행의 발권력을 동원해

---

92 미래세대에게 부담을 전가해서는 안 된다는 재정 건전성과 세대 간의 정의에 대한 주장이 언제나 타당한 것은 아니다. 우리는 미래세대에게 부채만 넘겨주는 것은 아니다. 지금 투자하고 정비하는 사회경제 시스템의 혜택은 미래세대에게도 중요한 자산이다. 우리는 미래세대에게 부채를 포함한 자산을 남긴다. 미래세대에게 빚을 남기지 않겠다고 아무것도 하지 않으면, 그들에게 더 큰 부담을 지우는 것일 수 있다. 우리가 남겨야 할 것은 빈곤과 불평등이 아니라, 모두가 행복하게 살아갈 수 있는 사회적 기반이다. 현재의 적극적 투자가 반드시 현재 세대만을 위한 것은 아니다. 약자를 보호할 수 있는 사회안전망을 탄탄하게 구축하는 것이 미래세대가 더 많은 도전에 나설 수 있는 토대가 된다. 우리가 정말 걱정해야 할 일은 미래세대에게 빚을 물려주는 것이 아니라 아무것도 남기지 않는 것이다.

통화량을 늘리는 것이 아니라면 재정 확대가 물가에 미치는 영향은 제한적이다. 정부가 재정 집행을 늘린다는 것은 국채 발행을 통해 현재 자금의 여유가 있는 사람들에게 돈을 빌려, 어려운 사람들을 위해 더 많은 재정을 투입하는 것이다. 물론 미래 세대의 조세 부담이 늘어날 수는 있지만, 누진적 조세 제도를 생각하면 상대적으로 여유가 있는 국민이 더 많이 부담할 것이기 때문에 재정 확대가 불평등을 완화하는 역할을 할 수 있다. 한편 물가상승의 원인이 경기 과열에 따른 수요 확대가 아니라, 원자재 가격 상승 등 공급 충격으로 인해 스태그플레이션이 발생하는 상황이라면, 경기 방어 측면에서라도 소비 성향이 높은 저소득층에 대한 소득 지원으로 확실한 소비 증대를 유도할 필요가 있다.

이러한 논리와 도덕적 가치 판단의 대립을 조율하여 사회적 합의를 이끌어내고, 그것을 실현하기 위한 정책을 결정하는 것이 정치다. 정치가 국민의 다양한 의견을 반영해 그 안에서 차이를 좁히고 최소한의 공통분모를 찾아낼 수 있다면, 아마도 대다수 국민은 정부가 어려움을 겪는 가계를 위해 어떠한 역할을 해야 한다는 결론에 도달하게 될 것이다. 재정 건전성과 경제적 효율성을 고려해 그 개입의 정도가 어느 정도 제약을 받겠지만, 어려운 사람을 도우면서 함께 살아가야 한다는 도덕 법칙을 완전히 무시하는 결론에 도달하지는 않을 것이 분명하다.

만약 그렇지 않고 정치적 의사결정의 결과가 경제적 효율성만을 앞세워 물가상승의 고통을 사회적 약자에게 모두 몰아 버리고 그들의 희생으로 위기를 극복해야 한다는 결론에 이른다면, 그것은 왜곡된 정치적 영향력의 문제일 가능성이 크다. 재정지출 확대로 인해 발생하는 미래 세대의 조세 부담은 결국 기업과 부유층에게 귀착될 것이다.

그런데 이들은 정치적 영향력이 상대적으로 큰 집단이다. 이러한 정치적 영향력의 불공평성은 사회적 약자인 서민과 중산층 가계의 희생을 용인하는 방향으로 작용하게 될 것이다.

이러한 일이 발생하지 않도록 정치적 영향력을 공평하게 하는 것이 진짜 민주주의다. 민주주의 원리는 모든 사람이 동등한 의사결정 권한을 갖고, 공평하게 정치적 의사결정에 참여하게 하는 것이다. 민주주의 사회에서 모든 국민은 한 사람당 한 표의 정치적 의사결정 권리를 갖는다. 그러나 현실에서 정치적 영향력은 결코 동등하지 않다. 비록 많은 국민이 투표에는 참여하지만 평소에는 정치에 관심을 두지 않고 정치 참여의 중요성을 경시한다면, 정치 과정에서 진짜 국민의 뜻이 왜곡될 수 있다. 많은 국민이 적극적으로 정치에 참여하고자 할 때, 정치적 영향력의 공평성을 확립할 수 있다. 그래야 정부가 대다수 국민이 동의하는 보편적 가치를 구현하는 본래 목적을 달성하고, 모든 국민이 행복하게 살아갈 수 있는 사회로 나아갈 수 있다.

2. 시민사회

광의의 시민사회

고대의 어원으로 보면, 시민사회라는 용어는 자유롭고 평등한 시민들의 정치적 공동체를 의미한다. 이는 법적으로 규정된 통치 체제를 가진 공동체로서 사실상 국가와 다를 바 없는 개념이다.[93] 헤겔은 이와 같은 국가와 시민사회의 개념적 동질성에서 벗어나고자 했다. 그에 따르면 시민사회는 전통적 신분질서나 정치적 구속에서 벗어나, 소유권의 담지자이자 계약의 주체로서 양심에 따라 실천하는 자율적인 시민들이 각자의 이익과 필요에 따라 상호의존적인 관계를 맺으면서 스스로의 특수한 욕구를 추구하는 사회적 삶의 공간이다.[94] 이는 일반적으로 우리가 생각하는 시장과 정부, 각종 시민사회단체들의 기능이 혼재된 사회 그 자체로 느껴질 수 있다. 또 경제·사법·행정 체계를 갖춘 국가를 말하는 것 아닌가 하는 착각을 할 수도 있다.

그러나 헤겔이 말하는 시민사회는 개인의 특수한 이익이 만나 조화를 이뤄 가며 보편성을 확립하는 학습 과정에 있는 공간이기는 하지만

---

[93] Georg Wilhelm Fredrich Hegel, *Grundlinien der Philosophiie des Rechts*, 1821 (박배형 주해, 『헤겔과 시민사회: 『법철학』 『시민사회』장 해설』, 서울대학교 출판문화원, 2017), p.21.

[94] 앞의 책, p.28.

여전히 사적 이익을 추구하는 곳으로, 국가와는 다르다. 헤겔이 말하는 진정한 국가는 특수한 이익이 아니라 공동체 전체를 위한 보편적 가치와 공익을 추구하는 것으로, 보편적 관심사 그 자체를 내재적 목적으로 하는 최고의 정치 공동체이기 때문이다.[95]

시장은 시민사회의 한 부분을 구성한다. 자기 이익을 추구하는 인간이 살아남기 위해 생산 활동을 하면서, 생산물을 주고받는 상호성의 원리가 싹트게 되었다. 경제 활동 과정에서 형성된 사람과 사람 사이의 관계는 시민사회가 만들어지는 기초가 된다. 인간의 욕구가 커지고 분화하면서, 분업을 통한 생산량 증대와 함께 교환 방식의 거래 양태가 확대되며 시장이 만들어졌다.

그러나 시장 안에서 경제 활동이 자유롭게 이뤄지는 시장질서가 확립되려면, 사유재산권의 보장과 함께 계약의 이행과 공공의 안전을 보장하는 법과 규칙이 필요하다. 이에 따라 사법행정을 담당하는 정부의 역할이 시민사회에 추가된다. 시장 중심의 시민사회는 부의 불평등과 빈곤 등 시민사회의 존립 자체를 위협하는 요인을 만들어내기도 한다. 그로 인해 공적인 영역에서 시민사회를 안정적으로 유지하기 위한 공공재와 공공서비스 공급을 담당하는 복지 행정이 시민사회에 추가된다.

그러나 사법 행정과 복지 행정만으로는 다양한 이해관계를 조율하고, 사적 이익과 공적 이익을 조화시킬 수 없다. 개별적인 특수성과 공통적인 보편성의 조화를 통해 발전해 나가는 인간의 정신과 사회의

---

95 헤겔은 단순히 경제 영역과 행정 및 사법 기구를 갖췄다고 하더라도 특수한 사적 이익 추구에 머물러 있는 시민사회가 '오성 국가'일 수는 있어도 '이성 국가'는 아니라고 했다. 오성 국가인 시민사회에서 보편성의 제약을 받으며 이기적인 목적이 실현되는 상호 의존 체계가 성립할 수는 있지만, 진정한 이성 국가는 특수성과 보편성이 통일을 이뤄내 보편적인 가치 실현을 사명으로 하는 국가다(앞의 책, pp.65~66).

발전 과정을 생각하면, 개인의 특수한 이익과 사회의 보편적 의지를 통합하는 어떤 기제가 필요하다. 그 대표적인 것이 시민사회단체다.[96] 시민사회단체는 유사한 이해관계를 가진 사람들이 자발적으로 결성한 것으로, 구성원 각자의 사적인 이익과 구성원 모두가 공동으로 갖는 보편적인 이익을 조화시키려고 노력한다. 그러나 비록 시민사회단체가 특수와 보편의 조화를 추구하는 학습의 장을 형성할 수는 있지만, 공통된 이익이라는 것이 전체 시민이 아니라 단체의 구성원들만을 위한 것으로 한정된 보편성을 추구하기 때문에 시민사회 전체의 보편적 의지를 반영하진 않는다는 한계가 있다.

이처럼 개인의 특수한 이익과 사회의 보편적 의지를 완전히 통합하지 못하는 시민사회는 자신이 직면한 문제를 근본적으로 해결하지 못한다. 자본주의에 기초한 시민사회는 산업혁명 등 기술의 발달로 생산 증대를 빠르게 이뤄 냈지만, 그것은 노동에 대한 착취에 기반한 것이라는 한계를 갖는다. 기업이 아무리 많은 생산품을 시장에 내놓아도 그것을 소비할 노동자가 가난하면 충분한 수요를 확보하지 못하기 때문에 경제는 어려움에 봉착할 수밖에 없다. 근대 시민사회는 이러한 수요 부족 문제를 해결하기 위해 중상주의를 앞세운 전쟁과 침략, 식민지 건설과 같은 부도덕한 발상을 실행에 옮겼다. 그러나 이는 세계 전체의 상황을 악화시키고, 결국에는 해당 시민사회의 고통을 함께 키웠기 때문에 근본적 해결책이 될 수 없었다.

---

96 헤겔은 시민사회단체가 아니라, 동종 업종에 종사하는 사람들이 모여 형성한 직업단체라는 용어를 사용했다(앞의 책, p.154). 시민사회의 출발을 경제 활동으로부터 시작한 헤겔은 시민사회 안에서의 단체 형성을 직업과 관련지어 말한 것으로 사료된다. 여기서는 헤겔이 사용한 직업단체라는 용어 대신에 시민사회단체라는 좀 더 포괄적인 용어를 사용했다.

진짜 문제는 수요 부족 때문이 아니라, 인간의 끝없는 욕심을 제어하지 못하는 데 있다. 이로 인해 자본주의 사회의 한쪽에서는 상상할 수 없는 부를 계속해서 축적하지만, 다른 한쪽에서는 심각한 빈곤이 만연하는 극단적 불평등이 지속되고 있다. 그와 같은 시민사회의 본질적인 한계를 극복하는 것이 보편적 공익 그 자체를 추구하는 국가다. 헤겔은 진정한 국가, 세계국가 또는 이성 국가를 확립함으로써 인류 전체의 보편적 인권과 개인의 사적 이익의 통일을 이뤄 내고, 세계시민 모두에게 진정한 자유를 선사할 수 있을 것이라고 했다.[97]

협의의 시민사회

헤겔의 세계국가는 추상적이고 이상적인 것으로 아직 그 모습을 드러낸 일이 없고, 어쩌면 인류가 영원히 확인할 수 없는 것일지도 모른다. 여기서는 그 정도의 단계까지 나아갈 수 없다. 여기서 말하려는 시민사회는 헤겔의 폭넓은 정의와는 다른 것이다. 여기서는 한 나라 안에서 일반적으로 통용되는 시장과 정부 외에 제3의 부문Third Sector으로 분류되는 시민사회에 대해 말하고자 한다. 이러한 시민사회는 통상 시민들이 자발적으로 모여 단체를 결성하고 공동의 이익을 추구하는

---

97 후쿠야마와 같은 학자들은 헤겔의 세계국가를 역사의 종착역인 것처럼 보기도 하지만(Francis Fukuyama, *The End of History and the Last Man*, 1992(이상훈 역, 『역사의 종말』, 서울: 한마음사, 1992), 토인비와 같은 학자들은 세계국가를 문명의 발생, 성장, 쇠퇴, 해체의 반복적 과정에서 나타나는 하나의 현상으로 인식한다(Arnold Joseph Toynbee, *A Story of History*, 1934-1961(홍사중 역, 『역사의 연구』, 동서문화사, 2016). 따라서 세계국가가 역사의 종착역이라는 생각과, 세계국가 역시 신만이 알고 있는 유구한 인류 역사의 기간 중 반복적으로 나타나는 현상에 불과하므로 역사의 종말과는 무관하다는 생각이 대립하고 있다.

활동 공간으로 정의된다.

시민의 뜻을 전달하는 민주정치의 파트너

앞서 우리는 시장과 정부에 대해 말했다. 시장은 개인의 경제적 의사결정이 모여 시장의 가격기구에 의해 수요와 공급이 균형을 이루는 집합적 결과를 도출한다. 정부 정책에 대한 의사결정과 집행은 민주주의 정치 과정을 통해 국가권력을 행사함으로써 이뤄진다. 선거를 통해 국민의 대표를 선출하고, 선출된 정치인이 헌법과 법률이 정한 방법으로 주어진 정치권력을 행사하여 정부의 행위를 결정하고, 그에 따라 정책이 집행되는 것이다. 일반적으로 시장은 가격기구에 의해, 정부는 정치권력에 의해 다양한 이해관계의 합일점을 찾는다.

시민사회는 시장과 정부, 어디에도 속하지 않는 제3의 부문으로, 시장과 정부의 가교 역할을 하는 동시에 양자의 부족한 부분을 보완한다. 시민사회는 시장과 정부가 파악하지 못하는 국민의 뜻을 정치 과정으로 전하는 전달자다. 같은 뜻과 의지를 가진 사람들이 모여 다양한 형태의 사회운동을 주도하는 시민사회 활동은 인권 등 보편적 권리를 확립하는 데 기여하고, 시장과 정부, 정치, 문화 등 사회 전반의 개혁을 요구하는 한편, 스스로 개혁을 이끌어 간다. 때로는 소수 집단의 이해관계를 대변하여 국민의 다양한 의견을 여론에 반영하고, 이를 언론과 정당, 정부 등을 통해 정치권에 전달하며, 시장에 참여하는 경제 주체의 기대를 올바른 방향으로 형성하여 혁신과 변화의 동력을 제공하기도 한다. 대의민주제 사회에서 정당이 다양한 국민의 뜻을 수용하여 다원주의를 실현하고 사회의 보편적 의지를 형성하는 중요한 매개체라고 한다면, 시민사회는 일차적으로 여론을 형성하고 전달함으로써 참여민주주의를 실현하는 민주정치의 소중한 파트너라고 할 수 있다.

자본주의 시장이 효율성의 원리에 따라 개인의 이기심을 조율하여 사회 후생을 극대화한다면, 정부는 다수결의 원칙에 따라 개인의 정치적 선호를 조율하여 사회적 합의를 실현하고, 시민사회는 상호 호혜의 원리에 따른 연대와 협력에 기초하여 사회의 공동선을 키우고 시민 모두를 위한 공공복리를 증진한다. 시민사회는 물질적 부를 중심으로 하는 시장의 비인간적인 힘의 논리를 극복하고, 사람들 사이에서 신뢰와 공동체 정신을 확립하는 사회적 피난처가 되기도 한다.[98]

특히 신뢰라는 사회적 자본Social Capital 축적에서 시민사회가 중요한 역할을 한다. 사회적 자본의 축적을 촉진하는 신뢰는 정부와 정치, 시장과 기업은 물론이고, 사회의 불특정다수 시민에 대한 개방적 신뢰를 의미한다. 이는 혈연, 지연, 학연 등으로 맺어진 폐쇄적 집단 안에서의 구성원들끼리만 갖는 끈끈함과는 다른 것이다. 개방적 신뢰는 불특정 시민이 나를 해하지 않을 것이라는 믿음에서부터, 거래 상대방이 계약을 이행할 것이라는 믿음, 정부의 정책 수립과 집행이 공정할 것이라는 믿음, 정치적 의사결정 결과가 사회를 더 나아지게 만들 것이라는 믿음, 내가 어려움에 처했을 때 사회로부터 도움을 받아 안전하게 살아갈 수 있을 것이라는 믿음 같은 것들이다. 이러한 신뢰는 일면식도 없는 사람들이 자발적으로 모여 공동의 목적을 달성하기 위해 서로 협력하고 연대하는 경험이 쌓이면서 얻어지는 것으로, 그러한 경험을 쌓을 수 있는 공간이 시민사회다.

---

98 Jeremy Rifkin, *The European Dream*, UK: Jeremy P. Tarcher/Penguin, 2004(이원기 역, 『유러피안 드림』, 민음사), p.308.

에드먼드 버크가 민주주의의 소전사들Little Platoons이라고 한 시민사회단체[99]는 우리의 도덕적 판단과 공적 제도를 형성하는 친밀감과 소속감, 그리고 연대 의식을 함양할 수 있는 기회를 제공한다.[100] 또 시민사회에서 경험할 수 있는 시민 상호 간의 자발적 교류와 협력적 관계 형성은 신뢰의 사회적 자본을 축적하여 정치발전과 경제성장을 촉진할 수 있다.[101] 정치적 측면에서 시민사회는 대화와 타협의 원리를 학습하고, 사적 이해관계를 공적 이해관계로 승화시키는 과정에 직접 참여할 수 있는 기회를 제공한다.

이처럼 시민사회는 시민의식을 함양할 수 있는 민주주의 학습의 장을 열어 준다. 결국 시민사회는 스스로 성장하면서 민주주의의 발전을 이끄는 동시에, 민주주의 발전이 다시 시민사회를 성장시키는 선순환 구조를 확립하여 사회의 건강한 발전을 촉진한다.

시장과 정부를 보완하는 사회서비스 공급자

다음으로 시민사회는 시장과 정부가 제공하지 못하는 사회서비스의 공급 주체가 되어 사회 문제를 해결하는 보완적 역할을 한다. 시민사회의 비영리단체Nonprofit Organization는 신뢰할 수 있는 사회서비스를

---

99   "사회의 작은 부분에 애착을 지니고 우리가 속한 작은 집단(Little platoon)을 사랑하는 것이, 공적 애정의 제1원리다. 그것이 우리가 국가와 인류를 사랑하는 데로 나아가는 연쇄의 첫 고리다"(Edmund Burke, *Reflections on the Revolution in France*, 1790 (이태숙 역, 『프랑스 혁명에 관한 성찰』, 한길사, 2008), p.100).

100 Mike Berry, *Morality and Power: On Ethics, Economics, and Public Policy*, Massachusetts: Elgar, 2017, p.149.

101 James S. Coleman, *Foundations of Social Theory*, Cambridge, MA: Harvard University Press, 1990.
     Robert Putnam, "Bowling Alone", *Journal of Democracy* 6(1), 1995, pp.65~78.

공급함으로써 정보의 **비대칭성**으로 인한 시장의 **계약실패**Contract Failure 를 보완한다.[102] 돌봄, 복지, 의료 등과 같은 사회서비스는 서비스를 공급받는 사람과 비용을 **부담하는** 계약자가 다르거나, 공급자와 수요자 사이의 전문지식과 정보의 차이가 커서 계약에 맞게 양질의 서비스가 제대로 공급되고 있는지를 계약자가 판단하기 어려운 경우가 많다. 돌봄 서비스의 경우, 영유아와 노인 등에 대한 돌봄을 보호자가 의뢰하기 때문에 서비스를 받는 사람과 계약자가 다르다. 빈곤퇴치를 위한 복지 서비스의 경우에도 사회적 약자를 위해 선의를 가진 불특정 시민의 기부금을 재원으로 하므로 수혜자와 기부자가 일치하지 않는다. 의료서비스의 경우에는 의사와 환자 사이의 전문지식 차이가 너무 커서 환자가 의료서비스의 질을 판단하기 어렵다. 이와 같이 정보가 비대칭적인 상황에서 시장의 영리기업에만 사회서비스의 공급을 맡기게 되면, 정보 격차를 이용하여 이익을 추구하려는 성향으로 인해 후생 손실이 발생하는 계약실패의 문제가 나타날 수 있다.

그러나 비영리단체는 말 그대로 영리를 추구하지 않고, 단체 본연의 공적 목표를 추구하기 때문에 상대적으로 정보의 비대칭 상황에서도 도덕적 해이가 발생할 유인이 크지 않다. 따라서 비영리단체는 시장에서 발생하는 계약실패로 인한 문제를 완화하는 역할을 할 수 있다. 비영리단체가 성실하게 양질의 사회서비스를 공급하며 사회서비스 품질에 대한 표준을 제시함으로써 정보의 비대칭성 자체를 완화할 수 있기 때문이다. 사회서비스 시장에서 영리기업보다 비영리단체가 신뢰할 수

---

102 Henry B. Hansmann, "The Role of Nonprofit Enterprise", *The Yale Law Journal* 89(5), 1980, pp.835~901.

있는 공급 주체가 될 수 있다는 점에서 고령화 등으로 사회서비스 수요가 증가하는 상황에서는 시민사회가 더 빠르게 성장할 수 있다.[103]

시민사회는 정부의 실패를 보완하면서 성장하기도 한다.[104] 다수결 투표제 아래서 정치적 의사결정이 이뤄지는 경우, 중위투표자 이론에 따라 정부가 제공하는 공공재와 사회서비스는 중산층이 원하는 수준에서 제공될 가능성이 크다. 그러나 공공재와 사회서비스를 정말 필요로 하는 사람들은 사회적 약자 계층이다. 정부가 중산층이 원하는 수준에서 공공재와 사회서비스를 공급하게 되면, 실제로 사회적 약자 계층이 요구하는 사회서비스 필요 수준에 미치지 못하는 과소공급의 문제가 발생할 수 있다. 또 정부의 공공재와 사회서비스 공급은 복잡한 규정으로 표준화되어 획일적으로 공급될 가능성이 큰데, 이로 인해 정부가 수요자들의 다양한 요구를 충족시키지 못하는 문제가 발생하게 되는 것도 무시할 수 없다. 어떤 사회의 언어·종교·인종·문화 등의 이질성Heterogeneity이 클수록 수요의 다양성이 크고, 다양한 서비스 수요를 충족하지 못하는 정부의 실패는 더 커질 수 있다.[105]

그러나 비영리단체는 수요자들의 요구에 맞춰 크고 작은 형태로 만들어질 수 있으므로 사회 전체적으로 다양한 서비스를 공급할 수 있다. 사회의 이질성이 커서 다원적 사회서비스 공급 필요성이 클수록 다양

103 You Hyun Kim and Seok Eun Kim, "What Accounts for the Variations in Non-profit Growth? A Cross-National Panel Study", *International Journal of Voluntary and Nonprofit Organizations* 29(3), 2018, pp.481~495.

104 Burten A. Weisbrod, *The Nonprofit Economy*, Cambridge, MA: Harvard University Press, 1988.

105 Estelle James, "The Nonprofit Sector in Comparative Perspective", in W. W. Powell (eds), *The Nonprofit Sector: A Research Handbook*, New Haven, CT: Yale University Press, 1987, pp.397~415.

한 비영리단체가 사회서비스 공급을 담당함으로써 다원적 수요를 충족시키도록 하는 것이 바람직하다. 따라서 사회서비스에 대한 수요의 다원성은 시민사회가 빠르게 성장할 수 있는 배경이 되기도 한다.

시민사회가 정부의 지원 없이 사회서비스 공급을 담당할 경우, 그 재원은 시민들이 선의에 따라 자발적으로 내는 기부금이나 사회서비스 수요자들이 부담하는 수수료, 구성원들의 회비 등으로 구성된다. 이 경우 기부금과 회비는 시민들의 이타적 동기와 자발적 납부에 의존하는 것이다. 또한 서비스 수수료는 통상적으로, 특히 사회적 약자에 대해서는 시장가격보다 낮은 수준에서 책정되는 경우가 많다. 만약 시민사회단체 스스로 사회서비스 공급을 위한 재원을 마련하게 한다면, 재원 부족으로 인해 실제 사회가 요구하는 수준으로 사회서비스를 공급하지 못하는 자발성의 실패Voluntary Failure가 나타날 가능성이 크다.[106]

이와 같은 자발성의 실패는 정부도 달갑지 않다. 사회서비스 공백이 클수록 사회적 약자 등의 사회서비스 수요 충족을 위해 써야 할 정부 지출 부담은 더 커지기 때문이다. 또 정부가 국민이 행복하게 살아갈 수 있도록 제대로 정책을 구사하지 못하는 것에 대한 국민적 불만과 부정적 평가가 확산하는 것 역시 마땅치 않다. 따라서 정부는 시민사회의 부족한 재원을 지원함으로써 사회서비스 공백으로 발생할 수 있는 문제를 완화하고자 한다. 시민사회 역시 정부의 지원을 받아 자발성의 실패를 극복할 수 있다면, 사람들이 원하는 사회서비스를 공급함으로써 시민사회단체 본연의 미션을 달성할 수 있으므로 정부와 협력할 유인

---

106 Lester M. Salamon, *Partners in Public Service: Government – Nonprofit Relations in the Modern Welfare State*, Baltimore: Johns Hopkins University Press, 1995.

이 크다. 이처럼 정부와 시민사회의 이해관계 일치는 상호의존적 관계 Interdependence를 형성하게 할 수 있다.

실제로 정부가 제공하는 보조금은 시민사회의 중요한 재원 중 하나다. 34개 국가의 시민사회단체 현황을 종합적으로 조사한 연구 결과에 따르면, 시민사회단체의 전체 재원 중 정부의 보조금이 차지하는 비중이 34%에 달하는 것으로 나타났다.[107] 존스홉킨스대학의 살라몬 교수는 정부와 높은 수준의 상호의존적 관계를 형성하고 있는 시민사회단체를 일컬어 제3자 정부Third-party Government라고 했다.[108] 이는 시민사회단체가 또 다른 정부로 불려도 좋을 만큼 정부를 대신하여 중요한 공적 기능을 담당하고 있다는 점을 강조한 것이다.

시장과 정부, 시민사회의 균형 성장

이처럼 시민사회는 민주주의 사회에서 시민의 정치 참여 활동을 촉진하는 한편, 시장과 정부의 부족한 부분을 보완해 주는 중요한 역할을 하고 있다. 흔히 좋은 통치Goverance의 조건으로 법에 의한 지배Rule of Law를 따르는 책임성과 투명성, 그리고 시민참여를 말한다. 특히 민주화의

---

[107] 존스홉킨스대학의 연구팀이 실시한 비영리부문 비교연구 프로젝트 결과에 따르면 34개 국가들의 비영리단체 수입 구성 현황을 조사한 결과, 수수료 수입이 53%, 정부 보조금이 34%, 자발적 기부금은 12%를 차지했다(Lester M. Salamon, S. Wojciech Sokolowski, and Associates, *Global Civil Society: Dimensions of the Nonprofit Sector*, US: Kumarian Press, 2004, p.30).

[108] Lester M. Salamon, "Of Market Failure, Voluntary Failure, and Third-Party Government: Toward a Theory of Government-Nonprofit Relations in the Modern Welfare State", *Nonprofit and Voluntary Sector Quarterly*, 16, 1987, pp.29~49.

제3의 물결The Third Wave of Democratization이라 불릴 정도로 시민사회단체의 영향력이 확대됨에 따라 좋은 통치의 핵심적인 요건으로서 시민 참여가 더 많은 관심을 받게 되었다. 시민 참여는 주인의식과 신뢰성을 확립함으로써 정부 정책의 성공 가능성을 높이는 것은 물론, 사회의 지속 가능한 변화를 위한 필수적인 항목이 되었다.[109]

결국 시민 참여를 촉진하는 시민사회는 좋은 정부를 만들고 정책의 성공적 수행을 이끌어 변화를 촉진하는 사회의 핵심적인 부문이다. 시장과 정부만으로 좋은 사회를 만들 수는 없다. 다양한 사람이 모여 각자의 행복을 추구함으로써 모든 사람이 자신이 지향하는 삶의 목적을 더 잘 달성할 수 있는 사회로 나아가려면 시장과 정부, 시민사회가 유기적으로 발전해야 한다.[110]

1970~1980년대 우리나라의 시장과 경제는 눈부시게 성장했지만, 정부와 시민사회의 성장은 상대적으로 정체되었다. 1990년대까지도 일반정부의 총지출과 시민사회 총산출의 GDP 대비 비중은 대체로 20%와 3% 초반을 넘지 못하는 수준이었다. 그러나 1998년 외환위기를 겪은 이후 2000년대에 접어들면서 사회보험과 복지 지출이 확대됨에 따라 정부 지출이 빠르게 증가해 2020년 이후로는 40% 가까이 이르렀다.[111] 시민사회 역시 김대중 정부 시절인 2000년 「비영리민간단체

---

109 Deborah A. Brautigam, "The people's budget? Politics, power, popular participation and pro-poor economic policy", *Citizen Participation and Pro-poor Budgeting*, 2004.

110 김유현, 「정치적 민주화가 비영리부문 성장에 미치는 영향」, 『한국행정학보』 50(3), 2016, pp.131~159.

111 우리나라 정부 지출의 분야별 변화 추이를 보면, 2000년대에 들어서며 사회복지 지출이 빠르게 증가한 것을 확인할 수 있다. 다음 표는 GDP 대비 분야별 일반정부 총지출의 GDP 대비 비중을 보여 준다. 가장 크게 증가한 분야는 사회보호(Social security)

「지원법」을 제정한 이후 본격적으로 성장하기 시작해 지금은 6%대로, 2배 가까운 수치를 나타내고 있다.[112]

시장질서가 잘 작동하는 가운데 개인의 자유로운 경제 활동이 보장되면, 경제가 성장하면서 풍요로운 사회로 나아갈 수 있다. 그러나 국민 모두의 행복한 삶을 보장할 수는 없다. 정치와 정부가 발전하고 선진화하여 국민의 기본권을 보장하는 가운데 기회의 공정성을 확립하고, 적정한 수준으로 불평등을 완화하는 한편, 시장이 해결하지 못하는 다양한 사회 문제 해결에 앞장설 때, 비로소 모든 국민이 행복하게 살아갈 수 있는 사회가 만들어질 수 있다.

분야로, 1970년 0.7%에 불과했으나 2020년 9.3%로 14배, 8.6%p 증가했다. 이는 전체 일반정부 총지출의 GDP 대비 비중이 같은 기간 18.8%p 증가한 것을 감안할 때, 전체 증가 규모의 절반 가까이를 차지한다.

분 야	1970	1980	1990	2000	2010	2020
합 계	19.3%	22.1%	20.5%	23.6%	29.6%	38.1%
일반공공행정	2.6%	2.9%	2.8%	3.4%	4.6%	4.7%
국 방	2.6%	4.8%	2.8%	2.3%	2.3%	2.8%
공공질서 및 안전	1.2%	1.1%	0.9%	1.0%	1.1%	1.4%
경제 업무	5.6%	4.0%	4.5%	5.4%	5.4%	5.8%
환경보호	0.6%	0.6%	0.7%	0.8%	0.9%	1.1%
주택 및 지역개발	1.4%	1.7%	1.0%	1.1%	1.2%	1.2%
보 건	0.2%	0.8%	1.5%	1.9%	3.8%	5.6%
오락 문화 및 종교	0.2%	0.3%	0.4%	0.6%	0.7%	1.1%
교 육	4.3%	4.4%	3.9%	3.7%	4.4%	5.2%
사회보호	0.7%	1.4%	2.0%	3.3%	5.3%	9.3%

자료 : ECOS 한국은행 경제통계시스템, 국민계정(2015년 기준년)

112 Seok Eun Kim and You Hyun Kim, "Measuring the Growth of the Nonprofit Sector: A Longitudinal Analysis", *Public Administration Review* 75(2), 2014, pp.242~251.

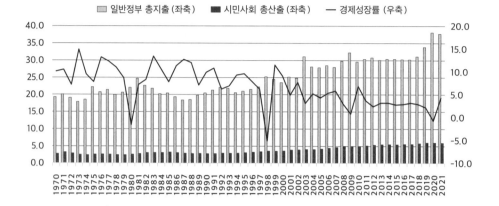

우리나라의 경제성장률과 정부, 시민사회 규모 변화 추이(%)

□ 일반정부 총지출 (좌축)　■ 시민사회 총산출 (좌축)　── 경제성장률 (우축)

주 : 1. 한국은행은 국민계정 통계를 2020년으로 기준년 개편을 실시했으나(1차, 2024.6월), 아직까
지는 2000년부터 자료를 제공하고 있으므로 장기간 자료를 확보하기 위해 2015년 기준년 자
료를 사용하였음.
2. 시장의 성장은 경제성장률은 실질 GDP 성장률(%)로 나타냈고, 정부 규모는 일반정부(중앙정부
+지방정부+사회보장기금) 총지출의 GDP 대비 비중(% of GDP)으로, 시민사회 규모는 가계에 봉
사하는 비영리단체 총산출의 GDP 대비 비중(% of GDP)으로 표시했음. 경제성장률을 통해 전체
시장의 성장 속도를 확인할 수 있고, GDP 대비 정부와 시민사회 규모의 변화를 통해 정부와 시민
사회의 성장 속도를 가늠해볼 수 있음.

자료 : ECOS 한국은행 경제통계시스템, 국민계정(2015년 기준년)

　　결국 올바르고 민주적인 정치 과정을 통해 도덕과 윤리, 법 등 사회
질서를 확립하여 인권과 정의, 자유와 평등, 공정 같은 보편적 가치를
바로 세우고, 시장의 질서가 사회질서 안에서 개개인의 이기심을 조율
하여 사회 후생을 극대화할 때 국민이 행복한 사회로 나아갈 수 있다.

　　그러나 시장과 정부만으로는 부족하다. 시장, 정부와 함께 시민사회
가 균형 있게 발전해야 시장과 정부의 약점을 보완하는 것은 물론, 시
민의 정치 참여를 위한 학습의 장을 마련하고 공동체 정신을 키우며 신
뢰라는 사회적 자본을 강화함으로써 민주주의 발전과 정치의 선진화

를 도모할 수 있다. 개개인은 시장, 정치와 정부 정책, 시민사회에 참여함으로써 사회의 공익과 도덕이라는 인류의 보편적 질서에 사적 이익을 조화시킨다.

이렇게 우리는 경제 활동과 정치 활동은 물론, 다양한 사회 활동에 참여하면서 자기 이익만이 아닌, 타인의 이익과 조화로운 이익을 추구함으로써 물질적으로 풍요롭고 정신적으로 평안을 얻는 행복한 삶을 향해 나아간다.

시장과 정부, 시민사회 어느 하나에 편중되지 않고 사회를 이루는 각 부분이 고르게 발전해 나갈 때, 모든 국민이 행복하게 살 수 있는 사회를 만들 수 있다. 이를 위해 정치는 사회를 종합적 관점에서 바라보는 가운데 시장과 정부, 시민사회의 균형 있는 발전을 도모해야 한다. 정치 안에서 국민의 다양한 생각과 이해관계가 만나 대화와 타협을 통해 보편적 의지를 형성하고, 그것을 따름으로써 어느 하나의 관점에 치우치지 않는 종합적 결론을 도출할 수 있기 때문이다.

3. 공공경제

       시장과 정부, 시민사회가 각자의 역할과 기능을 담당하며 지향하는 종착역은 공공경제의 완성이다. 시장경제가 개개인의 이기적 목적 달성을 위한 활동으로 이루어진 것이라면, 공공경제는 사회 전반의 공익에 부합하는 결과를 이끌어내는 완성된 형태의 경제라고 할 수 있다. 궁극적으로 공공경제는 모든 국민이 함께 행복한 삶을 살아갈 수 있는 사회를 지향한다. 이는 민주주의 사회에서 지향하는 국가 운영의 목표와 일치하는 것으로, 공공경제는 민주주의 정치를 통해 완성될 수 있다.

  경제는 사람들이 각자의 생존을 위해 필요한 것을 생산하고 소비하는 활동들이 모여 만들어지는 집합적 행위다. 개개인의 경제 활동은 자신의 생존과 만족스러운 삶이라는 이기적인 목적을 달성하기 위한 활동이지만, 시장은 그런 경제 주체들이 모여 서로가 필요한 것을 교환하는 기준을 세움으로써 각자의 이기적인 목적을 가장 효율적으로 충족할 수 있게 해준다. 이를 위해 시장은 나름의 질서를 형성하고 있다. 시장질서 덕분에 사회는 힘에 의한 약탈적 자원 배분에서 벗어나, 합의된 보상 기준인 시장의 가격에 따라 교환의 원리가 작동하는 합리적이고 평화로운 자원의 배분을 지향할 수 있다. 자연에서의 약탈과 전쟁, 투쟁의 원리는 시장을 통해 분업과 협동, 경쟁의 원리로 진화한다. 시장에서의 경제 활동에 익숙해짐에 따라 사람들은 시장에 의한 사회 후생의 극대화를 기대할 수 있게 되었다.

비록 시장경제의 바탕에는 개인의 이기심이 있지만, 시장경제가 궁극적으로 지향하는 것은 사회적으로 행복이 극대화되는 최선의 자원 배분 상태다. 따라서 시장이 이기적인 목적을 가진 개개인의 경제 활동을 조율하여 사회의 공익에 부합하는 최선의 결과를 도출할 수 있다면 그 자체로 공공경제는 완성될 수 있을지도 모른다.

그러나 시장은 완전하지 않다. 애당초 시장질서 자체가 제대로 구축되려면 그 토대가 되는 사회질서가 제대로 구축되어야 하지만, 이는 시장 스스로 할 수 없는 일이다. 사회질서가 잘 구축되어 사적 재산권이 보장되더라도, 시장에서의 경쟁이 불완전하거나 시장 자체가 제대로 형성되지 못하는 외부성의 문제는 시장 스스로 해결할 수 없다. 또 설사 시장이 효율적인 자원 배분을 완성한다고 하더라도 그 결과가 언제나 모든 사회 구성원의 안정적 삶을 보장하는 것은 아니다. 시장의 자원 배분 결과가 효율적일 수는 있을지 몰라도, 사회가 요구하는 사회정의에 부합하는 평등한 결과까지 가져다주지는 않는다.

더욱이 극심한 양극화와 불평등은 시장 자체의 존립을 위협하는 불안 요인이 될 수 있다. 거시경제적으로 직면하는 경제의 성장과 실업, 인플레이션 등 변동성의 문제 역시 시장 스스로 해결하기를 기다리기에는 그 고통이 극심할 수 있다. 가장 근본적으로는 자유와 인권 등 인간으로서의 기본적 권리를 보장받아야 한다는 사회적 가치의 실현 문제 역시 시장 스스로 달성할 것으로 기대하기 어렵다.

이 때문에 정부가 나서서 시장을 보완하고, 공공경제를 향해 갈 수 있도록 입법과 재정 등 다양한 수단을 동원하여 많은 일을 한다. 기본적으로 정부는 바람직한 사회질서 확립을 통해 시장질서의 토대를 마련한다. 또 시장의 공정한 경쟁 환경을 만들어 불완전경쟁으로 인한 독점과 착취의 문제를 완화하고 자원 배분의 효율성을 높여 나가는 한편, 외부성의 문제로 인해 시장이 제대로 공급하지 못하는 공공재와 공공서비스를 직접 공급함으로써 사회의 후생을 극대화하고자 한다. 아울러 시장 경쟁에서의 승자와 패자 간 격차를 완화하고, 사회정의에 부합하는 부와 소득의 재분배를 도모한다.

이러한 일들을 원활하게 완수하기 위해 정부는 국가권력을 행사하여 법을 만들고 집행하며, 조세를 부과하고 재정을 지출함으로써 국민의 기본권을 보장하고 자유와 인권, 평등과 같은 보편적 가치를 실현한다. 이처럼 정부의 개입으로 시장경제는 국민 모두의 행복한 삶을 지향하는 공공경제로 가까이 다가갈 수 있게 되는 것이다.

그러나 정부의 정책이 모든 사람의 요구를 완전하게 충족시킬 수는 없다. 누군가에게는 정부가 제공하는 공공재와 공공서비스가 충분하지 않아 고통스럽게 느껴질 수 있고, 시장의 경쟁 질서 역시 지나친 탐욕과 약탈적 행위로 인식될 수 있다. 반면에 또 다른 누군가는 정부의 정책이 시장에 대한 지나친 개입이나 재산권 침해로 느껴질 수도 있다. 이처럼 정부의 획일적인 정책과 서비스는 시민의 다양한 요구를 충족시키지 못해 많은 시민을 불만족스럽게 할 수 있다.

시민사회는 이러한 정부와 시장의 문제를 보완하기 위해 시민의 다양한 요구를 시장과 정부에 전달하고, 때로는 시민의 요구를 충족시키고 실현하기 위한 사회서비스를 직접 공급하는 것은 물론, 시민운동과 소비자운동 등 다양한 활동에 시민이 참여하고 적극적인 행동을 하도록 이끌기도 한다. 이렇게 시민사회의 적극적인 역할로 모두가 함께 행복한 삶을 살 수 있는 공공경제에 한 걸음 더 가까이 다가갈 수 있다.

시장, 정부, 시민사회와 공공경제

공공경제
"국민 모두의 행복한 삶"

시민사회		시장		정부
• 시민요구, 여론 형성	기부금	• 개인의 이기적인 욕망 충족	보조금	• 사회질서 확립
• 시민/소비자운동		• 욕망의 조화 실현,	재정지출	• 공공재 등 공급
• 민주정치 학습의 장	사회서비스	자원의 효율적 배분		• 소득재분배
• 신뢰의 사회적 자본		• 사회 후생 극대화	세금	• 경제의 안정
• 사회서비스 공급	시민 참여			• 기본권 보장

이처럼 시장과 정부, 시민사회는 함께 힘을 합쳐 공공경제를 완성한다. 그러나 공공경제 완성을 위한 시장과 정부, 시민사회의 역할과 기능이 이해되더라도, 각각이 어떻게 조화를 이루도록 할 것인지에 대한 의사결정의 문제는 여전히 남아 있다. 정부가 시민사회의 요구에 따라 얼마나 시장에 개입하고 규제할 것인가? 시민의 요구를 충족하기 위해 얼마나 많은 공공재와 공공·사회서비스를 공급해야 하는가? 적정한 수준의 사회정의란 어떤 것이고, 그것의 실현을 위해 얼마나 많은 부와 소득을 재분배해야 하나? 또 이를 위해 누구에게 얼마의 조세를 걷고, 누구에게 얼마만큼의 재정을 어떤 형태로 지출할 것인가? 거시경제 안정과 재정의 지속가능성을 위해 재정 흑자와 적자, 국가 부채의 규모를 어느 정도로 하는 것이 바람직한가?

주로 정부 정책과 관련한 이와 같은 의사결정은 정치 과정을 통해 도출되는 사회적 합의를 따를 수밖에 없다. 정부의 독단적인 의사결정은 민주주의 원리와 양립할 수 없기 때문이다. 결국 공공경제의 완성은 정치에 달렸다.

다음 3부 '정치와 사회'에서는 공공경제의 완성을 이끌어 가는 핵심 원리인 민주주의 정치 원리에 대해 살펴보려고 한다.

정치와 사회

누군가가 국가의 일에 대해
'그게 나와 무슨 상관이야?'라고
말한다면, 그 국가는 이미 망했다고
생각해야 한다. …
주권은 양도할 수 없는 이유와 마찬가지로
대표될 수 없다. 그것은 본질적으로
보편적 의지에 있다. 그런데 이 의지는
절대로 대표될 수 없다. 그것은 그것일
뿐이거나, 아니면 다른 것이다.
그 중간은 없다. 인민의 대의원은
그러므로 그들의 대표자도 아니며,
대표자가 될 수도 없다.
그들은 심부름꾼에 불과하다.
그들은 아무것도 확정적으로
결정할 수 없다.
인민이 직접 승인하지 않은 법은
어떤 법이든 무효다.

- 장 자크 루소, 『사회계약론』 중에서

3

1. 사회계약과 국민주권의 원리

사회가 있는 한 정치 과정은 반드시 필요하다. 사회는 관계의 공통된 기반인데, 사회 안에서의 관계를 조율하는 것이 정치이기 때문이다. 그러나 정치가 반드시 우리가 알고 있는 민주주의와 등치가 되는 것은 아니다. 민주주의는 정치의 여러 가지 방식 중 한 유형일 뿐이다. 사람과 사람 사이의 관계 조율이 반드시 민주적으로만 이루어지는 것은 아니다.

한 사람의 뛰어난 엘리트 군주가 국가를 통치하는 것이 바람직하다고 했던 시절이 있었다. 플라톤은 한 사람의 철인 군주Philosopher King가 중앙집권화하여 자신의 철학을 바로 세우고, 국가를 통치하는 것이 가장 이상적인 통치 체제라고 생각했다.[113] 그는 동굴 속에서 벽에 비친 그림자를 실제 사물로 착각하는 것처럼, 우리가 사는 세상은 그림자 세상일 뿐이고, 빛이 통하는 진짜 세상인 이데아의 세계가 따로 존재한다고 생각했다. 그러므로 이데아를 가장 잘 이해하는 철학자가 나타나 국가를 통치하는 것이 가장 이상적이라고 한 것이다. 국가의 지배 체제 확립에도 생산자 계층(농민)과 전사 계층(군인), 통치자 계층(군주) 같은 사회

---

[113] 진시황의 진나라가 무너진 뒤 한나라를 세운 유방이 가장 먼저 한 일도 유교 철학자를 관료로 등용하여 유능한 관리 조직을 만들어냄으로써 유교 철학에 기초한 중앙집권 정치의 기반을 세운 것이다(Arnold Joseph Toynbee, *A Story of History*, 1934-1961 (홍사중 역, 『역사의 연구』, 동서문화사, 2016), p.925).

계급 간 지배와 복종의 관계 정립을 중시했다. 인간의 영혼을 구성하는 세 가지는 욕망Appetite과 기개Spirit, 이성Reason인데, 사회를 구성하는 세 계층은 인간의 세 가지 영혼을 각각 투영하고 있다. 생산자 계층은 욕망을 따르고, 전사 계층은 기개로 똘똘 뭉쳐 있으며, 통치자 계층은 이성을 따른다. 사회 계층의 지배와 복종의 관계 정립이 중요한 이유는 가장 높은 수준의 영혼인 이성이 나머지 다른 영혼을 통제할 때 이상적인 국가의 모습을 달성할 수 있기 때문이다. 이성의 통제를 받는 욕망은 절제와 겸양의 미덕이 되고, 기개 역시 이성의 통제를 받을 때 무분별한 열정이 아닌 용기의 덕목을 갖출 수 있다는 것이다.[114]

실제로 중세 봉건 사회에서는 왕권신수설을 바탕으로 지배와 종속의 사회 관계가 오랜 기간 사회의 보편적인 질서로 자리 잡았다. 이러한 지배와 종속의 관계에 대한 불합리성을 지적하며 새로운 사회 관계가 형성된 것은 17세기에 이르렀을 때다. 1688년 영국에서의 명예혁명은 왕의 권력을 누르고, 의회가 국가권력을 차지하는 계기를 마련했다. 영국의 의회주의로부터 시작된 민주주의의 물결은 1776년 미국의 독립혁명으로 이어졌고, 새로운 사회 관계 형성을 향한 가장 격렬했던 저항은 1789년 프랑스 혁명을 낳았다. 그 후 프랑스 혁명 정부와 유럽의 구체제Ancient Regime의 대립에서 시작해 1815년까지 이어진 나폴레옹 전쟁은 유럽 전역에 민족주의와 독립적인 민족국가의 수립을 확산하는 계기를 낳았다. 비록 민족주의가 제국주의와 전체주의를 낳는 역사의 비극을 가져오기도 했지만, 이러한 일련의 사건들을 통해 사회 계급에

---

114 Samuel Enoch Stumpf and James Fieser, *Socrates to Sartre and Beyond-A History of Philosophy*, US: McGraw-Hill, 2003(이광래 역, 『소크라테스에서 포스트모더니즘까지』, 열린책들, 2019), pp.115~124.

종속된 불평등한 사회는 종식되고, 사회의 계층적 질서로부터 독립하여 자유와 평등을 지향하는 새로운 사회로 나아갈 수 있게 되었다. 이처럼 인권과 자유, 평등의 가치가 보편적으로 되면서 민주주의 사회를 실현할 수 있었던 것은 인류의 보편적 가치에 대한 시민의 깨달음과 저항 정신이 있었기 때문이다.

근대 민주주의가 지향하는 "모든 권력은 국민에게서 나온다"는 국민 주권의 원칙은 천부인권天賦人權의 자연법 사상과 사회계약론에서 출발한다. 자연법 사상은, 모든 인간이 태어날 때부터 기본적 인권을 동등하게 부여받았다는 것이 본래 자연의 법칙이라는 생각에서 출발한다. 인간이 자연으로부터 원천적으로 부여받은 기본적인 권리는 '자유'다. 신체의 자유, 생각의 자유, 표현의 자유 등 모든 인간이 갖고 있는 가장 기본적이고 원초적인 권리가 바로 자유인 것이다. 그러한 자유가 인간이 태어날 때부터 자연적으로 부여된다는 점에서 모든 사람은 평등하다. 자연법 사상은 왕권신수설이 아니라, 인간의 기본적인 권리는 하늘이 모든 사람에게 동등하게 부여한 것이라는 천부인권을 사회의 보편적 기준으로 확립한 것이라고 할 수 있다.

사회계약론

자연법 사상에 기초하여 사회계약론을 처음으로 주창했던 철학자는 홉스Thomas Hobbes다. 그는 먼저 모두가 동등하게 갖고 있는 자유 때문에 인간의 생존 자체가 위협을 받는 모순적 상황이 나타날 수 있음을 지적했다. 자연 상태에서 모든 인간은 자신의 생존을 위해 무슨 짓이든 할 수 있는 자유를 갖고 있다. 이것은 특정인에게만 선택적으로 부여되는 자유가 아니라, 모든 사람에게 똑같이 부여되는 자유다. 내가 살기 위해 다른 사람을 해치는 것도 생존을 위해 무엇이든 선택할 수 있는 자유에 해당한다. 이처럼 약육강식의 자연 법칙이 지배하는 자연 상태를 홉스는 "만인의 만인에 대한 투쟁"이라고 했다. 생존을 위해 갖고 있는 개인들의 자유가 오히려 집단적 생존을 위협하는 상황을 초래할 수 있음을 지적한 것이다.

이러한 극단적인 전쟁 상태를 막으려면, 모든 개인을 압도하는 강력한 권력이 불가피하게 필요하다. 따라서 국가권력의 탄생은 자연 법칙을 따른 것으로 이해할 수 있다. 제1의 자연법은 "모든 사람은 자신의 생존을 위해 어떠한 수단도 동원할 수 있는 자유를 갖는다"는 것이고, 제2의 자연법은 "인간이 자기방어를 위해 필요한 경우 자신의 권리 중 일부를 포기하고, 자신이 타인에게 허락한 만큼의 자유를 갖더라도 만족할 수 있다"는 것이다.[115]

이 두 가지 자연법 원리에 따라 국가권력에 개인의 주권을 양도하는 사회계약Social Contract을 체결할 수 있게 된다. 따라서 사회계약이란 자연적으로 부여받은 자유를 제한적으로 누리겠다는 모두의 약속이고, 그렇게 개인의 자유를 제한할 수 있도록 권리를 양도하는 대상은 국가권력이다. 이렇게 사회계약에 따라 강력한 권력을 갖게 된 국가Common Wealth의 목적은 모든 사람이 자기보존을 위한 욕구를 충족하고 만족스러운 삶을 살아갈 수 있게 하는 것이다.[116] 비록 누구도 통제할 수 없는

---

115 Thomas Hobbes, *Leviathan*, 1651(최공웅·최진원 역, 『리바이어던』, 동서문화사, 2018), p.136.
116 앞의 책, p.173.

리바이어던Leviathan[117]과 같은 강력한 국가권력의 탄생이 두려울 수도 있지만, 그것의 부재로 인해 발생할 수 있는 만인의 만인에 대한 전쟁 상태가 그보다 더 두려운 심각한 위험이기 때문에 국가가 성립되는 것이다.

홉스는 사회계약 체결의 목적을 달성할 수 있다면, 국가권력을 행사하는 주체를 결정하는 정치 체제가 무엇인지는 그다지 중요하지 않다고 보았다. 만인의 만인에 대한 투쟁을 끝내고, 생존을 더 잘 보장할 수 있다는 점에서 국가권력의 정당성이 인정되기 때문이다. 결과적으로 그는 사회계약의 목적을 달성하려면, 한 사람의 군주가 강력한 힘을 행사하는 군주제가 힘을 분산시키는 민주주의보다 더 적합하다고 생각하여 군주제를 지지한 것이다.[118]

또 다른 사회계약론 주창자는 로크John Locke다. 그는 모든 인간이 동등하게 부여받은 자연적 권리로서 재산권을 강조했다. 자신의 노동을 통해 얻은 생산물을 자신의 것으로 하는 것은 자연이 부여한 가장 기본적인 권리다. 사회가 만들어지기 전인 원시적인 자연 상태에서 인간은 자기 생존에 필요한 물자의 소비를 위해서만 자기 노동의 산출물을 소유했다. 그러나 사회가 형성되기 시작하면서 자급자족의 한계를 극복하려는 노력으로 분업의 원리가 등장했고, 생산물이 증가함에 따라 잉여 생산물에 대한 소유의 개념이 확산하면서 소유의 욕망이 분출하기 시작했다. 인간의 끝없는 욕망은 타인의 노동 산출물을 약탈하는 상태

---

117 성서에 나오는 거대한 바다 괴물로 인간의 힘을 넘어서는 매우 강력한 존재로 등장한다. "세상에는 그것과 비할 것이 없으니 그것은 두려움이 없는 것으로 지음 받았구나. 그것은 모든 높은 자를 내려다보며 모든 교만한 자들에게 군림하는 왕이니라"(욥기 41장 33~34절).

118 앞의 책, pp.190~200.

에까지 이르게 되었다. 자연 상태의 인간이 만인은 모두 자유롭고 평등하며 타인의 자유를 침해해서는 안 되다는 도덕법을 인지할 수 있는 것은 분명하지만, 욕망이 자극받음에 따라 그러한 본성이 타인에 대한 무관심과 소홀함으로 이어지게 되면 자신에게 이로운 방향으로 결정하려는 이기적 경향성이 두드러지게 나타날 수 있다. 이로 인해 누군가의 소유 욕심이 타인의 소유권을 침해하는 상황이 벌어질 수 있는 것이다. 따라서 자연이 부여한 개인의 소유권이 사회 안에서도 제대로 보장될 수 있으려면, 불가피하게 국가권력을 통해 재산권을 보장하는 장치를 마련해야 한다. 로크의 사회계약은 개인의 재산권 보장을 위해 필요한 국가권력 행사에 대한 사회적 합의인 것이다.[119]

홉스가 국가가 무제한의 절대권력 행사를 통해 평화와 안정을 보장할 것이라는 점을 강조한 것과 달리, 로크는 국가가 국민의 생명과 자유, 특히 재산권을 지켜 주는 제한적 권력 기구라는 점을 강조했다. 사회계약을 통해 국가권력 행사의 한계를 설정하는 것 역시 중요하므로, 사회계약을 체결할 때에는 국가권력 자체가 개인의 재산권을 침해할 가능성을 고려하지 않을 수 없다.[120] 국가의 존재 이유는 개인의 재산권을 최대한 보장하는 것에 있다. 그런데 도리어 국가권력을 행사하는 과정에서 개인의 재산권을 침해하는 일이 발생하게 된다면 그것은 국가권력의 본질을 벗어난 것이다.

따라서 로크는 국가권력 행사를 제한하기 위한 장치를 갖춘 민주

---

119 Samuel Enoch Stumpf and James Fieser, *Socrates to Sartre and Beyond-A History of Philosophy*, US: McGraw-Hill, 2003(이광래 역, 『소크라테스에서 포스트모더니즘까지』, 열린책들, 2019), pp.400~401.

120 앞의 책, pp.401~402.

주의를 가장 중요한 통치 체제로 인식했다. 특히 국가권력을 분산하여 어느 한 기구가 절대적인 권력을 가질 수 없도록 하는 권력분립의 원리를 가장 중요하게 생각했다.[121] 왕에게 권리장전을 승인하도록 함으로써 왕권을 의회에 종속시킨 영국의 명예혁명은 이러한 로크의 사회계약론의 영향을 받은 것이다. 이를 계기로 입헌군주제가 자리매김하게 되었고, 이후 입헌주의와 의회 중심주의, 입법·행정·사법 삼권분립의 원리가 민주주의 국가의 기본 원리로 발전했다. 로크의 사회계약론은 국가가 사회 안에서 개개인의 자유를 조화시키는 가운데 개인의 자유를 최대한 보장하도록 노력하는 것이 마땅하고, 국가권력 행사 과정에서 개인의 자유를 침해하는 일이 없도록 민주주의 원칙에 따라서만 국가권력을 행사해야 한다는 결론에 도달했다.

로크의 사회계약론이 개인의 자유를 지상 최고의 가치로 끌어올렸지만, 진정한 자유는 모든 사람이 자유로울 수 있는 최소한의 여건을 갖추었을 때 그 의미가 있다. 지나친 불평등으로 인해 누군가는 사실상 자유를 제대로 누릴 수 없는 상황이라면, 사회계약의 본래 목적을 달성한 것이라 할 수 없다. 따라서 국가는 모든 시민이 실질적으로 자유를 누릴 수 있는 여건을 조성해야 한다. 이러한 주장은 루소Jean Jacques Rousseau의 평등주의적 사회계약론으로 이어진다.

루소의 사회계약론은 자연 상태를 바라보는 관점에서 홉스의 사회계약론과 큰 차이를 보인다. 그는 자연 상태를 투쟁이 아니라, 평화로운 상태로 보았다. 자연 상태에서 인간은 선과 악을 구분하지 못하는 순수

---

121 앞의 책, pp.402~403.

한 존재이기 때문에 애초에 불평등이 존재하지 않았다.[122] 자연의 법칙에 따라 본능적으로 살아가는 동물과 달리, 인간은 자유의지를 바탕으로 자연과 협력적으로 공존할 수 있다. 애초에 인간의 자유의지라는 것은 자연과 교류하며, 주어진 환경에서 자기 능력을 끊임없이 발전시키고 스스로 개선해 나가는 능력이다. 자유의지를 가진 인간은 죽음을 자유의지가 사라지는 순간으로 인식하고, 죽음에 대한 두려움을 바탕으로 동물과는 다른 삶을 살아간다.

인간은 비록 자유의지를 가졌더라도 문명화되기 전에는 선과 악에 대한 관념이 없었다. 선과 악을 구분할 수 없는 미개인에게 악을 논할 수 없는 것처럼, 투쟁의 원인이 되는 이기심이라는 것도 존재하지 않았다. 자기 보존 욕구를 충족하기 위한 자연의 순수한 충동이라는 것도 문명화 이전에는 동정심이라는 선천적 감정과 함께 존재했을 뿐이다. 동정심은 자기애를 완화하여 타인을 자신에 대한 것과 동등하게 감정을 이입함으로써 인류 전체가 함께 살아남을 수 있는 방향으로 이끌었다.[123]

그러나 인간의 욕망이 다양한 형태로 분화하고, 혼자서는 모든 욕망을 충족할 수 없음을 깨닫게 되면서 사회가 형성되고 문명화가 시작되었다.[124] 기술의 발달로 잉여 생산물이 생기면서 소유의 관념도 확산하기 시작했다. 이에 따라 인간은 더 많은 물질을 소유하기 위해 생산

---

122 Jean Jacque Rousseau, *A Discourse on Inequality*, 1755(김중현 역, 『인간 불평등 기원론』, 펭귄클래식, 2015), pp.65~66.

123 앞의 책, p.67.

124 역사학자 토인비는 문명을 "환경 변화에 대한 인간의 도전과 응전이 낳은 산물"이라고 거창하게 말했지만(Arnold Joseph Toynbee, *A Story of History*, 1934-1961(홍사중 역, 『역사의 연구』, 동서문화사, 2016), 루소의 관점에서 인간이 문명화를 시작한 것은 걷잡을 수 없이 자라나는 욕망을 충족하기 위한 집단적 대응의 결과물이라 할 수 있을지도 모른다.

기술을 발전시키고 분업과 교환 같은 경제 활동을 본격적으로 하기 시작했다. 소유의 관념은 가진 것이 많고 적다는 불평등의 관념도 함께 만들어냈다. 자연 상태에서는 존재하지 않았던 불평등이란 관념은 문명화와 함께 만들어진 사회의 제도적 산물이라 할 수 있다.[125] 불평등 관념이 생겨난 사회에서 욕망은 단순히 물질적 소유의 관념에만 머무르지 않는다. 그것은 인정, 존경, 멸시, 경멸, 우월 같은 남과 다른 사회적 지위에 대한 욕망으로 이어져 종국에는 불평등한 사회 계층이라는 제도적 산물을 낳았다. 사회 계층은 사람과 사람 사이에 지배와 종속의 관계를 형성하기에 이른다.

루소가 생각했던 자연 상태는 자연법적으로 동등하게 부여된 자유의지를 가진 인간이 동정심에 기초하여 평화롭게 살아가는 세상이다. 소유도, 불평등도 없는 자연 상태에서 인간은 진정한 자유를 누릴 수 있었다. 자유의지에 따라 생활에 꼭 필요한 만큼의 자원을 자연으로부터 획득하며, 자연과 조화를 이루며 살았다. 자연 상태에서 인류가 함께 살아남을 수 있었던 것은 투쟁이 아니라, 선천적으로 부여된 동정심이 발현되었기 때문이다. 동정심이 있다는 것은 타인을 나와 같이 대할 수 있다는 것이고, 나의 생존만큼이나 타인의 생존을 존중할 수 있다는 것이다.

그러나 문명화와 함께 소유와 불평등의 관념이 생기고, 그것이 반영된 사회 제도가 만들어짐에 따라 본연의 자유의지와 동정심은 약해졌다. 더 많은 것을 갖기 위한 다툼이 끊임없이 벌어지고, 남보다 우월한 위치에 서기 위한 투쟁이 시작되었다. 물질적 탐욕과 우월 욕망이 점점

---

125 Jean Jacque Rousseau, *A Discourse on Inequality*, 1755(김중현 역, 『인간 불평등 기원론』, 펭귄클래식, 2015), pp.91~93.

더 커짐에 따라 인간의 삶은 욕망에 종속되어 점차 자유의지를 상실하는 지경에 이르게 되었다. 물질적 생산과 소비 증대로 인한 생활의 편리함이 인간을 노동으로부터 해방시켜 자유를 선사할 것처럼 착각하지만, 실상은 인간 스스로 상품화되어 물질과 욕망의 노예로 전락하는 결과를 낳았다. 남보다 많이 갖고 싶은 욕심과 우월함에 대한 탐욕은 동정심을 압도하며, 인간 세상을 잔인한 투쟁의 장으로 이끌었다.

불평등은 사회 제도를 통해 계층적 질서를 형성했고, 사회적으로 제도화된 지배와 종속의 계층 구조가 자리 잡았다. 사회 제도의 영향으로 확산한 불평등이 종국에는 항구적인 신분제를 낳기에 이른 것이다. 신분제 사회에서는 자기 노력이나 의지와 상관없이 태어난 순간부터 계층에 따른 삶이 정해진다. 노예나 농노처럼 타인에게 종속된 계층의 사람들이 생겨났고, 그들의 자녀들은 노예와 농노의 자식이라는 이유로 그와 같은 삶을 받아들여야만 했다. 생필품 부족으로 굶주리는 다수의 하위 계층 사람들과 달리 사치품이 넘쳐나는 소수의 지배층이 존재하는, 극단적으로 불평등한 사회는 불합리한 사회 제도가 만들어낸 결과물이다.

루소의 사회계약은 극단적으로 불평등한 사회를 변화시키기 위한 것이었다. 사회계약이란 자연 상태의 인간이 가졌던 자유의지를 회복하고, 모든 인간이 진정한 자유와 평등을 누릴 수 있도록 새로운 사회 제도를 정의하는 것이다. 사회계약은 그것이 상호성을 기반으로 자발적으로 맺어진 것이기 때문에 계약자인 시민에게 새로운 사회 제도를 준수할 의무를 발동시킬 수 있다. 또 그 계약은 모두가 동등한 조건에서 맺은 것이기 때문에 똑같은 권리를 누려야 한다는 평등의 개념이 원천적으로 탑재해 있다.[126] 홉스가 투쟁의 자연 상태에서 벗어나기 위해 사회계약이 필요하다고 주장한 것과 달리, 루소는 사회가 낳은 악, 불합리한 신분제를 파기하는 사회 혁명으로서의 사회계약을 주장한 것이다. 이와 같은 루소의 사회계약론은 프랑스 혁명의 가장 직접적인 사상적 배경이 되었다.

국민주권의 원리

사회계약은 만인이 누리는 권리의 기초를 형성하는 신성한 질서다. 모든 권위는 자발적 계약에서 나올 수밖에 없다. 모든 인간은 자유롭고 평등하게 태어난 이상 자신의 이익을 위해서만 자신의 권리를 양도할 수 있기 때문이다. 따라서 사회계약은 사회 공동의 힘으로 개인의 생명과 재산을 보호하고, 개인이 사회와 결합하면서도 스스로 자유로울 수 있는 사회질서를 제시하는 것이어야 한다. 사회질서는 사회 구성원 모두가 동의할 수 있는 공통의 이해관계를 반영한 보편성을 가진 일반의지에 따라 형성된다. 따라서 권력은 사회의 일반의지를 벗어날 수 없다.[127] 국가권력은 주권자인 시민이 자발적으로 자신의 권리 일부를 양도하는 사회계약으로 형성된 것이므로 사회의 일반의지를 따라서만 행사되어야 한다.[128] 만약 주권자가 국가권력의 행사를 부당하게 생각하

---

126 Jean Jacque Rousseau, *The Social Contract*, 1762(김중현 역, 『사회계약론』, 펭귄 클래식, 2010), p.43.

127 앞의 책, p.35.

128 원리적으로 따지면 주권 자체는 양도 불가능하다. 주권은 그것이 아무리 절대적이고 신성불가침한 것이라고 할지라도 보편적인 계약의 한계를 넘을 수 없다. 따라서 주권은 언제나 주권자에게 머물러야 하며, 사회계약의 체결은 본질적으로 주권을 바탕

면 언제든 권력 행사의 주체를 갈아치울 수 있다. 이처럼 사회계약론은 국민주권의 원리를 낳았다.

사회계약론은 모든 인간이 똑같은 권리를 갖고 태어났다는 천부인권적 자연법 사상에서 시작되었다. 처음에는 만인의 만인에 대한 투쟁이라는 자연 상태의 위험에서 벗어나 생존에 적합한 사회를 구성하려면 강력한 국가권력이 필요하다고 생각했다. 그러나 재산권을 중심으로 생각해 보면, 강력한 국가권력 자체가 시민의 자유와 권리를 침해할 수 있는 가장 위험한 요소가 될 수 있다. 그래서 국가권력 행사의 한계를 분명히 하고 권력의 남용을 방지하는 장치가 필요했고, 권력 분립 등의 민주주의 원칙을 사회계약론에 반영한 것이다.

그런데 봉건적 계층 질서가 낳은 악의 근원은 자연 상태의 문제를 국가권력이 해결하지 못해서가 아니었다. 사회가 인위적으로 만든 신분제에 따른 지배와 종속의 관계 자체가 악의 근원이었다. 모든 인간이 동등하게 태어났음에도 불구하고, 태어나자마자 인위적으로 만들어진 계층적 사회질서에 따라 운이 좋은 소수는 주인이 되고 나머지 대다수 사람은 노예의 삶을 살아야만 하는 불합리한 사회질서 자체가 문제인 것이다.

따라서 사회계약은 본래 자연적으로 부여받은 인간으로서의 기본적인 권리를 되찾고, 시민으로서의 주권을 분명히 하는 것이어야 했다. 만일 누군가가 어떤 계약을 통해 자발적으로 자신의 권리를 양도하기로 했다면, 그 계약이 자기에게 이익이 된다는 것을 전제로 한다. 자기

으로 한 것이다. 따라서 사회계약이 국민주권의 원리를 낳았다고 표현했지만, 사회계약 자체가 국민주권의 원리를 바탕으로 이뤄지는 것이라고 보는 것이 더 타당할 것이다(앞의 책, p.44).

가 손해 볼 줄 알면서도 자발적으로 계약에 참여할 사람은 아무도 없기 때문이다. 그러므로 모든 사람이 자발적으로 참여하는 사회계약은 분명히 모두에게 이익이 되는 것이어야만 한다는 것이 이치에 부합한다. 사회 안에서 모든 구성원에게 공동으로 이익이 되는 보편성을 갖춘 의지가 일반의지General Will다. 따라서 사회계약은 시민의 일반의지를 따르는 것이어야만 성립될 수 있다.

결론적으로 사회계약론은 국가권력의 원천이 주권자인 국민에게 있으며, 시민이 일반의지에 따라 자발적인 사회계약으로 만들어낸 것이 국가권력이라는 점을 분명히 하고 있다. 국가권력은 주권자인 국민의 발아래에 있을 때만 그 정당성을 인정받을 수 있다. 국가의 모든 권력의 행사는 사회계약을 체결한 일반의지에 부합해야 한다. 따라서 사회계약론이 지향하는 시작점과 종착역은 모두 민주주의의 가장 중요한 원리인 국민주권의 원리, 그 이상도 이하도 아니다.

2. 주인과 대리인, 국민과 정치인

        사회계약론의 확산과 시민혁명 이후에도 투표권은 일정한 수준 이상의 부를 가진 남성 시민에게만 주어졌다. 이후 19세기 중반 영국의 차티스트 운동Chartism[129]부터 노동자·농민·여성 등의 보편적 선거권을 확보하기 위한 참정권 운동이 세계 곳곳에서 벌어진 결과, 20세기 중반에 이르러서야 오늘날과 같이 모든 국민에게 선거권을 부여하는 보통선거의 원칙이 정착되었다. 그런데 역사적으로 그토록 어렵게 획득한 민주주의와 투표권을 지금 우리가 어떻게 대하고 있는지 한 번쯤 생각해 볼 필요가 있다.

    대의민주주의 국가에서 국민주권의 원리는 절차적으로 국민의 대표를 국민이 직접 선출하는 방식으로 실현된다. 그러나 선출된 국민의 대표가 국민의 뜻을 따르지 않고 자기 이익이나 특정 이해관계 집단의 뜻을 따른다면, 국민주권의 원리가 제대로 실현되고 있다고 말하기 어렵다. 국민주권의 원리가 실질적으로 구현된다는 것은 입법 등 공적 의사결정에 참여하는 정치인이 국민의 대리인으로서 주인인 국민의 뜻을 제대로 이해하고, 그것을 따르기 위해 노력하고 있다는 것을 의미한다.

---

129 영국의 노동자들은 자신들이 원하는 요구 사항을 담은 인민헌장(People's Chart)을 내걸고 투쟁을 벌였는데, 차트가 운동의 상징이 되어 차티스트 운동이라 불린다. 이는 노동자들의 권리를 확보하기 위해서는 자신들의 대표가 의회에 진입하여 노동자의 권리를 대변해야 한다는 기본적인 생각에서 벌인 선거권 확대 운동이다.

일반적으로 대리인이 주인의 이익을 위해 일하도록 하려면, 주인이 대리인의 활동을 철저히 감시하고 주인의 이익을 대변하도록 하는 유인 체계가 확립되어야 한다. 주인이 무관심하면, 대리인은 사적 이익을 추구하고 싶은 욕심에 사로잡힐 수밖에 없다. 따라서 국민주권의 원리를 실현하려면, 국민이 정치에 관심을 기울이고 철저하게 감시해서 정치인이 국민의 뜻에 따라 일하도록 만들어야 한다.

주인과 대리인의 문제

경제학은 주인과 대리인의 문제Principal and Agency Problem를 이기심의 관점에서 바라본다. 즉, 대리인은 도덕적인 존재가 아니라, 자기 이익을 극대화하는 이기적인 존재라는 것이다. 주인과 대리인의 문제가 발생하는 것은 그들 사이에 정보의 비대칭성이 자리하고 있기 때문이다. 대리인이 주인보다 더 많은 정보를 가진 비대칭성 하에서 주인은 대리인이 누구의 이익을 위해 일하는지 알 수가 없다. 행위 당사자인 대리인만이 그것을 정확하게 알 수 있다. 이처럼 정보가 비대칭적인 상황에서 대리인이 주인을 위해 일하도록 하려면, 주인은 대리인을 철저히 감시하고, 주인을 위해 일하는 것이 대리인 자신의 이익을 위한 일이 되도록 만들어야 한다.

정보의 비대칭성 문제는 기본적으로 정보를 가진 측과 그렇지 않은 측 사이의 계약 관계에서 정보가 부족한 측이 잘못된 선택을 하게 될 가능성에서 비롯된다. 주인과 대리인의 문제는 주주와 경영진의 관계처럼 주인과 대리인의 관계에서 정보의 비대칭성으로 인해 역선택과 도덕적 해이의 문제가 복합적으로 발생하는 상황을 일컫는 말이다.

주인은 정말로 자신의 이익을 위해 대신 일해 줄 사람을 대리인으로 선택해야 한다. 그러나 누가 그런 역할을 가장 잘할 것인지 사전에 제대로 판단하여 선별하기는 어렵다. 잘못된 선택을 할 가능성을 최소화하려면 정보의 격차를 줄이기 위한 여러 가지 장치를 마련하고, 최대한 정보의 실효성을 검증하는 노력이 필요하다. 대리인 역시 마찬가지다. 자신이 대리인으로 선택받기 위해서는 자신의 적합성을 주인에게 적극적으로 어필해야 한다. 대리인은 학력, 자격증, 경력, 과거의 실적 등 자신의 적합성에 대한 정보를 적극적으로 생성하여 주인에게 신호를 보낸다. 주인은 대리인 후보자들이 발송하는 신호의 진실성을 식별하기 위해 최대한 많은 정보를 탐색하고 검증하려 노력한다.

일례로 노동시장에서 구직자들이 이른바 스펙Specification을 쌓기 위해 노력하는 것은 고용주에게 자신의 역량을 입증하는 신호를 보내기 위해서다. 고용주는 구직자들이 발송하는 신호를 식별해 내기 위해 서류 심사와 면접 심사를 병행하여 정보의 진실성을 검증한다. 기업이 높은 급여와 복리후생, 직업적 안정성을 보장하는 정규직을 채용하는 것은 더 좋은 구직자를 많이 끌어들이기 위해 일차적인 식별 장치를 마련한 것으로 볼 수 있다. 일부 회사들이 수수료 비용을 부담하더라도 노동시장의 정보 분석 전문가인 헤드헌터를 이용하는 것은 고용주의 이익을 위해 일할 수 있는 가장 적합한 인재를 찾기 위해서다.

계약을 체결한 이후에도 주인은 대리인의 도덕적 해이 가능성을 줄이기 위해 노력해야 한다. 대리인이 실제로 주인의 이익을 위해 성실하게 일하는지를 늘 감시하는 것은 물론, 주인의 이익에 반하는 행위를 하지 않도록 다양한 유인 체계를 마련한다. 노동시장에서 기업이 해고가 어려운 정규직보다 일정 기간이 지나면 재계약을 하지 않을 수 있는 계약직과 같은 비정규직을 선호하는 것은 계약 해지가 상대적으로 수월한 노동 계약을 체결함으로써 노동자가 열심히 일하지 않는 도덕적 해이를 최소화하려는 의도가 반영된 것이다. 기본급을 낮추는 대신 성과평가에 연동한 성과급 체계를 설정하는 것 역시, 업무 성과를 보상과 연계함으로써 도덕적 해이를 완화하려는 노력으로 볼 수 있다. 대기업이 높은 연봉을 지급하는 것도 직장을 그만두었을 때의 기회비용을 끌어올려 근로 의욕을 높이도록 유인 체계를 부여하는 것이다.[130] 경영자가 기업 가치를 높여 주주의 이익을 극대화하기보다 자기 성과급을 높이는 일에만 집중하는 도덕적 해이를 방지하기 위해 스톡옵션Stock Option을 지급하기도 한다. 경영자의 성과급을 주식으로 제공하면 경영자의 이해관계를 주주의 것과 일정 부분 일치시킬 수 있기 때문이다.

경제학이 말하는 주인과 대리인의 관계를 정치에 대입하면 유권자인 국민은 주인이고, 정치인은 국민 모두의 이익, 즉 공익을 대변해야 하는 대리인이다. 그렇다면 주인인 국민은 대리인인 정치인이 공익을 잘 대변하고 있는지에 대해 얼마나 많이 관심을 기울이고 있는가?

경제학의 공공선택이론에 따르면, 정치를 둘러싼 모든 참여 주체들은 자기 이익을 극대화하려는 이기적인 존재다. 정치인의 가장 중요한 관심사는 선거에서 승리하는 것이고, 따라서 정치인은 자신을 향한 표를 극대화하고자 한다. 유권자인 국민은 자기 이익을 극대화하는 것이 목표이므로, 자신에게 가장 유리한 정책을 약속하여 자기 이익을 극대

---

130 이는 거시경제학에서 말하는 효율성 임금 이론(Efficiency Wage Theory)과 논리적으로 유사하다. 기업이 노동시장의 균형 임금보다 높은 임금을 지급함으로써 근로 의욕을 높이고 퇴사 가능성을 떨어뜨리는 것은 물론, 감시 비용을 낮출 수 있으므로 더 효율적이라는 것이다. 효율성 임금 이론은 명목임금 경직성을 설명하는 거시경제 이론 중 하나로 더 많이 알려져 있다.

화해 줄 수 있는 정치인에게 투표한다. 이를 기계적으로 해석하면 유권자와 정치인이 모두 이기적이지만, 투표라는 조정 시스템을 매개로 정치인이 표를 얻기 위해 유권자를 잘 대변할 수밖에 없다는 결론을 내릴 수 있다. 다시 말해 선거는 득표를 극대화하려는 정치인이 당선을 위해 최대한 많은 유권자의 이익을 대변하도록 하므로, 사회의 후생이 개개인의 만족을 모두 합한 것이라는 공리주의적 관점을 따른다면 선거 제도는 사회의 후생을 극대화하는 훌륭한 제도가 될 수 있다.[131] 마치 시장의 가격기구가 이기적 경제 주체들의 자기 이익 극대화 행위를 조정하여 사회 전반의 후생 수준을 극대화할 수 있는 것처럼, 유권자가 선거의 원리에 기대어 자기 이익을 극대화할 수 있는 후보에게 투표만 잘하면 정치에 별 신경을 쓰지 않더라도 사회는 후생을 극대화하는 상태에 도달할 수 있다는 결론에 이를 수 있다.

그러나 이런 생각은 정치를 지나치게 단순화한 것으로, 오로지 자기 이익만을 추구하는 것이 결과적으로 공익을 극대화할 수 있다는 이상적인 생각은 현실에서 그대로 실현되기 어렵다.

일반적으로 정치인은 선거 때가 되면 자신이 가장 순종적인 대리인임을 내세우지만, 막상 선거에서 당선되고 권력을 잡은 뒤로는 그 권력

---

131 공공선택이론에서는 모든 투표자의 선호가 단봉선호(Single-peaked Preference)를 가질 때 다수결 투표제에 따른 의사결정 결과는 중위투표자(Median Voter)의 선호를 따르게 될 가능성이 크다고 한다. 이러한 이론에 근거하면 중위투표자의 선호를 따르는 것이 최대한 많은 유권자의 선호를 충족시켜 사회 후생을 극대화하는 결과로 이어질 수 있다는 단순한 결론에 도달하게 된다. 실제로 선거 승리 전략으로 가장 많이 언급되는 것 중 하나가 중도층의 마음을 붙잡으라는 것이다. 선거철에 대다수 정당이 중도층을 붙잡기 위해 보수와 진보의 정치색을 희석하고 중도적 성향을 보이고자 노력함으로써 후보자들의 공약이 유사해지고 차별성이 사라지는 것도 이와 관련이 있다.

을 사적으로 쓰려는 욕망에 휩싸일 수 있다.[132] 정치인은 득표를 극대화하기 위해 최대한 많은 유권자를 위한 공익을 최우선으로 생각하여 정책적 의사결정을 내리도록 설계된 기계가 아니다. 정보가 비대칭적인 상황에서는 주인과 대리인의 문제가 현실을 지배하게 된다. 화려한 언변으로 중무장하고, 보통사람들은 갖지 못한 학력과 경력 등 특별한 스펙을 가진 정치인 중 누가 진짜 공익을 잘 대변할 사람인지를 선택하는 것은 쉬운 일이 아니다. 또 선거 때는 주인인 국민을 대변하겠다고 약속하지만, 당선되고 나면 국민 모르게 정치인 자신의 이익을 극대화하는 도덕적 해이가 나타날 가능성이 크다.

물론 정치인이 재선을 위해 노력하는 것을 부정하지 않는다. 그러나 당선된 이후 임기 초부터 다음 선거가 도래하기 전까지 정치인이 선거를 고려하는 것은 표를 잃는 행위를 하지 않도록 조심하는 정도다. 선거 때가 아닌 임기 중에는 표를 잃지 않도록 소극적인 수준에서 득표 관리를 하면서 자기 또는 자기 주변의 이익을 극대화하기도 하고, 국민의 뜻과 무관하게 자신이 생각하는 주관적 가치를 실현하기 위해 노력하기도 한다. 특히 지역구 주민이 관심을 두지 않는 국가적 사안에 대해서는 진정한 공익을 대변하기보다 자신의 정치적 이익과 입장을 앞세우는 경우가 많다.

대다수 정치인은 자신이 공약으로 제시한 지역 사업만큼은 철저하

---

132 「헌법」 제46조는 국회의원의 청렴 의무와 국익 우선의 의무, 사적 이익을 위한 권력 남용 금지를 규정하고 있지만, 실질적으로 이러한 의무를 위반했을 때 국민소환 등의 조치를 규정하고 있지는 않다. "헌법 제46조 ① 국회의원은 청렴의 의무가 있다. ② 국회의원은 국가 이익을 우선하여 양심에 따라 직무를 행한다. ③ 국회의원은 그 지위를 남용하여 국가·공공단체 또는 기업체와의 계약이나 그 처분에 의하여 재산상의 권리·이익 또는 직위를 취득하거나 타인을 위하여 그 취득을 알선할 수 없다."

게 챙긴다. 공약 이행 성과를 앞세워야 다음 선거에서 유리한 고지를 점할 수 있기 때문이다. 지역의 공약들이 국가 전체적으로 공익에 부합하는지는 중요하지 않다. 무조건 성과와 실적을 쌓아야 한다. 물론 지역 사업 성과를 높이기 위해 노력하는 것을 무조건 나쁘다고 할 수는 없다. 정치인들이 자신의 지역구 유권자를 위해 지역 사업을 성공시키려고 서로 경쟁을 하는 과정에서 가장 경쟁력 있는 사업이 선택되고, 이로 인해 사회 전체적으로 공익이 극대화할 수 있다는 주장도 가능하다.

그러나 정치는 그렇게 단순하지 않다. 정치적 이념과 정당이 다르더라도 지역 사업을 위해서는 서로 협력한다. 경쟁이 필요한 상황에서도 서로의 이해관계가 일치하면 협력하여 법을 바꾸고 예산을 늘려서라도 자신들의 목적을 관철하고자 노력한다. 정치인들이 지역 사업을 통과시키기 위한 담합과 투표 거래에 지나치게 적극적으로 나서게 되면, 국가 전체적으로 재정을 낭비하는 부정적 결과가 초래될 수 있다.[133] 또 상황이 경쟁적이라고 해도 최종 사업 선정에 있어 중요한 요인은 지역

---

133 이와 같은 투표 거래 또는 투표 담합 행위를 통나무를 굴리는 경기와 비슷하다고 해서 로그롤링(Log-rolling)이라고 한다. 이러한 로그롤링은 사회적으로 긍정적인 결과를 낳을 수도 있고, 부정적인 결과를 낳을 수도 있다. 다수결 투표제 하에서 찬성 또는 반대 표시만 하는 것은 어떤 사안에 대한 선호의 강도를 반영하지 못하는 문제가 있다. 예를 들어 도서관을 짓는 것과 수영장을 짓는 것에 대해 찬반투표로 사업 여부를 결정하는 경우를 가정해 보자. 만약 두 사업이 모두 사회적으로 비용보다 더 큰 편익을 창출할 수 있는 좋은 사업이라고 하더라도 투표에 참여하는 사람들이 비용 부담을 이유로 각각의 사안에 대해 반대하는 사람이 더 많으면, 두 사업은 모두 추진될 수 없을 것이다. 이때 둘 중 하나의 사업에만 찬성하는 사람들이 서로 협력하여 양쪽 모두에 찬성표를 던지기로 하면, 두 사업을 모두 추진할 수 있는 긍정적 효과를 가져올 수 있다. 그러나 반대로 두 사업이 모두 중복 투자에 해당하여 사회적으로 비용이 편익보다 큰 나쁜 사업이라고 한다면, 이와 같은 투표 거래가 사회적으로 부정적인 결과를 낳을 수도 있다. 여기서는 정치인들이 자신의 지역구 공약 사업을 무리하게 밀어붙이기 위해 투표 거래를 하는 것이 만연하게 되면, 국가의 재정 손실을 과도하게 유발할 수 있다는 측면에서 부정적 결과를 초래할 수 있다고 한 것이다.

사업의 우수성이나 경쟁력보다도 그것을 밀어붙이는 정치인의 선수와 경력, 당내 지위와 권력자와의 관계 등 정치적 힘이 될 때가 많다.

정치인을 선출하는 선거에서도 역선택의 문제가 발생할 가능성이 농후하다. 통상 유권자들은 자신의 이익에 부합하는 정치인을 선택할 때 자기와 정치적 이념이 가까운 후보를 선택하고자 한다. 이때 후보자의 정치적 이념을 판단함에 있어 주로 후보자가 어느 정당의 공천을 받았는지를 본다. 만약 정당의 공천 시스템이 제대로 갖춰져 있고 정당의 정치철학 구현 능력을 믿을 수 있다면, 그렇게 하는 것이 합리적일 수도 있다.

그러나 지금 우리의 정당 정치와 공천 시스템이 제대로 작동하는지도 살펴봐야 할 문제다. 무조건 정당만 보고 투표하는 것이 오히려 역선택의 문제를 키울 수 있기 때문이다. 정당의 공천 시스템이 정말 이념적으로 정당의 강령을 구현하고 공익을 대변할 수 있는 좋은 정치인을 발굴한다면 정당은 정보의 비대칭성을 완화할 수 있는 훌륭한 기제가 될 수 있다. 그러나 정당의 공천 시스템이 좋은 정치인을 선별하는 기제가 아니라 특정인의 사적 이해관계를 충족시키는 방향으로 작동한다면, 좋은 정치인이 정치판을 떠나고 나쁜 정치인이 판을 치는 역선택의 문제가 오히려 커질 수 있다.

이처럼 변화무쌍한 정치판에서 선거 제도에만 의존하여 실질적인 민주주의가 완성될 수 있을 것으로 기대하는 것은 순진한 생각이다. 정치는 어떤 변하지 않는 상품을 내걸고 좋고 나쁨을 따져 가며 소비하는 것이 아니라, 사람이 하는 말을 통해 무형의 정책이 결정되는 과정이기 때문에 정보의 비대칭성으로 인한 주인과 대리인의 문제가 심각하게 나타날 수 있다. 유권자는 정치인이 믿을 수 있는 사람인지, 또 그 사람이

하는 말이 진실인지를 끊임없이 따져 보고 평가해야 한다. 이는 정치에 대한 신뢰의 문제다. 정치에 대한 신뢰는 민주주의의 성숙도를 나타내는 지표 중 하나로, 정치에 대한 시민들의 효능감이 누적된 결과라고 할 수 있다. 정치를 통해 좋은 정책이 만들어지고, 사회 문제가 해결되는 경험이 쌓여야 정치에 대한 신뢰가 형성될 수 있다. 그렇지 않고 어차피 정치가 좋은 결과를 만들어낼 것이란 기대가 없는 상황에서는 자기 이익을 챙기려는 기회주의적 행태가 정치판에 만연하게 되고, 정보의 비대칭성 문제는 더 심각해질 수밖에 없다.

정치인은 진정으로 사회와 공익을 위해 자기 삶을 희생하겠다는 의지를 갖고, 그것을 실제로 실행할 수 있는 사람이어야 한다. 대다수 정치인은 자신을 그런 사람이라고, 당연히 그렇게 할 것이라고 공언한다. 그러나 실제로 그렇게 할 수 있는 사람은 많지 않다. 유권자가 그것을 믿도록 설득만 하면 그만이다. 그 뒤로는 자기 이익을 챙기는 것이 합리적이다. 이와 같은 기만은 정치에 대한 불신을 키울 수밖에 없다.

정치에 대한 유권자의 기대가 없고 불신이 팽배한 상황에서는 진짜 좋은 정치인은 정치판을 떠나고 거짓을 일삼는 정치인만 정치판에 남는 역선택의 문제가 나타날 가능성이 크다. 진짜 좋은 정치인은 정치에 대한 불신 때문에 자신의 진정성이 의심받고, 거짓을 일삼는 사람으로 매도당하는 것을 견디지 못할 가능성이 크다. 더욱이 현란한 언변을 앞세워 유권자를 현혹하는 정치판에서 진정성을 인정받기란 쉬운 일이 아니다. 결국 정직한 정치인은 정치판에서 버티지 못하고 떠나게 될 확률이 높다. 이에 따라 유권자가 정직한 정치인을 선택할 가능성은 줄어들고, 정치에 대한 불신은 더욱 심화한다. 이러한 악순환은 정치에 대한 신뢰를 완전히 상실하는 길로 나아가고, 결국 정치판은 사회와 공익을 위한다는 명분으로 자신의 이익을 취하는 도덕적 해이로 물들어 버리게 될 것이다.

유권자의 신뢰 상실과 도덕적 해이가 만연해 있는 정치는 기득권 세력이 자신의 정치적 영향력을 활용하여 그것을 유지하기 위한 사회 제도를 고착화할 수 있는 최적의 환경을 조성한다. 사회는 모든 시민을 위한 진짜 민주주의가 아니라, 시민이 기득권 세력의 들러리가 되어 사회적 약자의 정치적 소외와 배제가 만연하는 가짜 민주주의가 판을 치게 될 것이다.

국민주권의 원리 실현

이런 상황을 종식시킬 수 있는 유일한 주체는 시민이다. 시민이 정치인을 철저히 감시하여 불신과 도덕적 해이의 악순환 고리를 끊어 내야 한다. 시민이 정치판에서 개살구와 같은 정치인을 걸러 내고, 정직한 정치인이 많아지게 해서 정치에 대한 신뢰를 스스로 회복시켜야 한다.

정치에 대한 신뢰 회복 과정은 정치와 권력을 주권자인 국민의 발아래에 두는 과정이라 할 수 있다. 대리인인 정치인이 주인인 국민의 뜻을 따라 정치권력을 행사할 때, 공익을 위한 성과가 쌓이고 정치에 대한 신뢰가 높아질 수 있기 때문이다. 그러려면 주인인 국민이 역선택의 잘못을 범하지 않고, 정직한 대리인이 되어 줄 정치인을 잘 골라 내는 것이 최우선 과제다. 유권자는 정치인이 보내는 신호를 명확하게 탐색하고 제대로 된 사람을 식별할 수 있도록 노력해야 한다. 또 올바른 정치인을 선택했더라도 그 정치인이 도덕적 해이에 빠져들지 않도록 계속해서 철저히 감시해야 한다. 정치인이 의정 활동 과정에서 공익을 얼마나 잘 대변하는지를 철저히 감시하고, 다음 선거에서 다시 선출되려면 진정한 공익의 대변자가 되어야 한다는 압력을 강하게 느끼도록 만들어야 한다. 공익을 잘 대변하는 정치인에 대해서는 아낌없는 칭찬으로 정치 활동에서 보람을 느끼도록 도와주는 것도 중요하다.

루소는 영국 시민이 4년이나 5년에 한 번씩 돌아오는 선거날에만 주인과 자유인이 되었다가 선거가 끝나면 다시 노예로 돌아간다며, 대의민주주의를 풍자한 바 있다.[134] 투표 외에는 아무런 정치적 책임을 지지 않는 부지런하고 효율적인 시민 구경꾼들만으로는 민주주의가 완성되지 않는다. 선출직 정치인들이 다음 선거에서 다시 선출되기 위해서라도 당연히 국민의 이익을 잘 대변할 것이란 순진한 기대를 버려야 한다. 유권자의 노력 없이 정치는 발전할 수 없다. 정치인이 아무리 정치 개혁을 외쳐 댄다고 한들, 그것은 대리인인 정치인들의 노력만으로 이뤄질 수 있는 일이 아니다. 실제로 정치 개혁을 실현할 수 있는 주체는 주인인 유권자다.

누군가가 국가의 일에 대해 '그게 나와 무슨 상관이야?'라고 말한다면, 그 국가는 이미 망했다고 생각해야 한다. … 주권은 양도할 수 없는 이유와 마찬가지로 대표될 수 없다. 그것은 본질적으로 보편적 의지에 있다. 그런데 이 의지는 절대로 대표될 수 없다. 그것은 그것일 뿐이거나, 아니면 다른 것이다. 그 중간은 없다. 인민의 대의원은 그러므로 그들의 대표자도 아니며, 대표자가 될 수도 없다. 그들은 심부름꾼에 불과하다. 그들은 아무것도 확정적으로 결정할 수 없다. 인민이 직접 승인하지 않은 법은 어떤 법이든 무효다.[135]

---

134 Jean Jacque Rousseau, *The Social Contract*, 1762(김중현 역, 『사회계약론』, 펭귄 클래식, 2010), p.113.

135 앞의 책, p.112~113.

3. 정치적 선호와 투표 의사결정

공공선택이론

경제학은 이기적이고 합리적인 경제 주체를 가정한 소비자와 공급자 이론으로부터 수요와 공급의 법칙을 도출한다. 시장은 수요와 공급이 균형을 이루게 하는 자기조정적 가격기구에 의해 사회 전체의 후생을 극대화할 수 있다. 그러나 시장 기능이 제대로 작동하기 위해서는 사유재산권 보장을 위한 사법질서 확립, 시장실패에 따른 비효율성 제거 등 정부의 역할이 반드시 필요하다. 이와 같은 정부의 정책과 활동에 대한 의사결정은 정치 과정을 통해 이뤄진다.

그러나 정치 과정에서의 집단적 의사결정과 관련하여 공공선택이론은 유권자와 정치인 등 참여자들이 자기 이익을 추구하는 이기적 존재라고 할 뿐, 개인의 정치적 선호를 명시적으로 고려하지는 않는다.[136] 다만, 이기적이고 합리적인 유권자는 마치 소비자가 효용을 극대화하는 상품 조합을 결정하는 것처럼, 자신에게 가장 이익이 되는 대안을 가장 선호한다고 가정한다. 만약 민주주의 사회의 집단적 의사결정 방식

---

136 다만, 경제학자 애로우(Kenneth Joseph Arrow)는 사회적 선호 체계가 갖춰야 할 바람직한 특성으로 ① 집단적 합리성, ② 파레토 원칙, ③ 무관한 선택 대안으로부터 독립, ④ 비독재성, ⑤ 보편성을 제시하고, 이 모든 것을 충족하는 사회적 선호 체계는 존재하지 않는다는 불가능성 정리를 제시한 바 있다.

중 하나인 다수결 투표제를 가정한다면, 유권자는 당연히 선택 대안 중 자신에게 가장 이익이 되는 대안에 투표할 것이다.

이 경우 중위투표자 정리Median Voter Theorem에 따르면, 모든 유권자가 자신에게 가장 이익이 되는 대안으로부터 멀어질수록 선호의 강도가 낮아지는 단봉선호Single Peak Preference [137]를 갖는 일관성을 보일 때 다수결 투표의 결과는 언제나 중위투표자의 선호를 따르게 된다. 이기적인 투표자는 자신에게 가장 이익이 되는 것과 가장 가까운 대안에 투표할 것인데, 이 경우 한가운데에 있는 대안이 언제나 다른 대안보다 많은 사람의 표를 받을 수밖에 없기 때문이다.

간단한 예를 통해 중위투표자 정리를 살펴보자. 고소득층, 중산층, 저소득층에 속하는 3인의 유권자가 정부 지출 규모를 선택하는 투표에서 대규모, 중규모, 소규모의 세 가지 대안이 주어져 있다고 해보자. 정부 지출은 국민의 세금으로부터 나오는 것이기 때문에, 정부 지출 규모는 곧 국민의 조세 부담 규모와 같다. 따라서 고소득층인 유권자 A는 획일적인 품질을 가진 공공서비스보다는 시장에서 양질의 서비스를 구매하는 것이 더 좋으므로, 굳이 이용하지 않을 공공서비스를 위해 많은

① 집단적 합리성	개인의 선호 체계가 완비성, 이행성, 반사성을 만족할 때 사회적 선호 체계도 동일한 성격을 가져야 한다.
② 파레토 원칙	모든 개인이 동일한 선호 결과를 나타낸다면, 사회도 동일한 선호 결과를 가져야 한다.
③ 무관한 선택 대안 으로부터 독립	두 가지 대안에 대한 사회적 선호는 반드시 둘 사이의 선호 순위에 의해서만 결정되며, 다른 대안들의 순위와는 독립적이어야 한다.
④ 비독재성	단 한 사람의 선호가 사회적 선호를 결정해서는 안 된다.
⑤ 보편성	누군가의 선호를 특정하거나 제한해서는 안 된다.

137 선택 가능한 대안들에 대해 선호의 강도가 하나의 봉우리를 갖는 모양으로 분포한다.

세금을 부담하기를 원치 않는다. 따라서 정부 지출 규모가 작은 대안일수록 더 좋다. 반면, 저소득층인 유권자 C는 어차피 소득이 적어 조세 부담은 크지 않지만, 최대한 많은 공공서비스를 받아 조금이라도 시장에서 서비스를 구매해야 하는 부담을 줄이기를 원한다. 따라서 정부 지출 규모가 큰 대안을 더 좋아한다. 마지막으로 중산층인 유권자 B는 공공서비스가 너무 많아 조세 부담이 커지는 것도 싫고, 공공서비스가 지나치게 적게 공급되어 시장에서 비싸게 서비스를 구매해야 하는 것도 싫다. 적정한 중간 규모의 조세 부담과 정부 지출이 가장 좋다. 이 경우 각각의 유권자는 자신이 가장 좋아하는 대안으로부터 멀어질수록 선호의 강도가 약해지므로 모두 봉우리가 하나인 단봉선호를 갖는다. 아래 그림은 이를 그래프로 나타낸 것이다.

소득 계층별 유권자의 정부 지출 규모에 대한 다수결 투표 예시

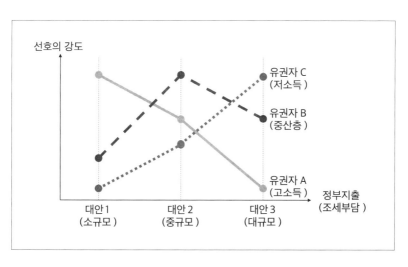

주 : '대안 1'은 조세와 정부 지출을 소규모로 하여 공공서비스를 최소화하는 것이고, '대안 2'는 조세와 정부 지출을 중규모로 하여 공공서비스를 적정한 수준에서 공급하는 것이며, '대안 3'은 조세와 정부 지출을 대규모로 하여 공공서비스를 최대한 많이 공급하는 것임.

이제 각각의 대안에 투표하도록 할 때 어떤 결과가 나타나는지를 살펴보자. 순서대로 대안 1과 2를 먼저 비교하면 유권자 A는 대안 1을 선호하는 반면, 유권자 B와 C는 대안 2를 선호하므로 투표 결과는 1:2로 대안 2가 선택된다. 이제 다시 대안 2와 3에 대해 투표하도록 하면 유권자 C만 대안 3을 선택하고, 유권자 A와 B는 모두 대안 2를 선택할 것이므로 최종 결과는 대안 2, 즉 중규모의 정부 지출로 결론이 날 것이다. 결국 중위투표자인 유권자 B가 가장 좋아하는 대안이 선택된다. 투표 순서를 바꾸더라도 결과는 달라지지 않는다. 이처럼 다수결 투표제 하에서 의사결정 결과는 중위투표자의 선호를 따르는 것으로 나타난다.

이번에는 중위투표자 정리를 대의민주제 하에서 어느 정당의 후보자에게 투표할 것인지에 대한 선거의 문제에 대입해 보자. 이 경우 표를 더 많이 얻어 최대한 많은 당선자를 배출하기 위해 경쟁하는 정당은 중도층의 표를 얻기 위해 필사적으로 노력한다는 결론에 도달할 수 있다. 그래서 선거를 앞둔 상황에서 보수와 진보 정당은 모두 중도적인 이념 성향을 강조하고, 서로 유사한 정책 공약을 제시하는 경향을 보인다. 선거에서 후보자들의 공약이 별반 차이가 없는 것처럼 보이는 것 역시, 모든 후보자가 중위투표자 이론에 따라 선거에서 승리하기 위한 전략을 구사하기 때문이다.

중위투표자 정리를 적용한 양당제 하에서의 선거 모형

앞에서의 그림과 같이 진보에서 보수에 이르기까지 정치적 이념 성향에 따라 유권자들이 같은 간격으로 분포해 있다고 가정해 보자. 이 경우 정확히 한가운데 있는 중위투표자(M)를 중심으로 진보와 보수 쪽에 각각 50%의 유권자가 분포하게 된다. 유권자들은 자신의 정치적 이념 성향과 가장 가까운 후보를 최우선으로 선택한다.

이제 진보와 보수 양극단에 있는 진보정당과 보수정당이 각각 한 사람의 후보를 냈다고 하자. 이 경우 중위투표자를 중심으로 진보 쪽에 있는 50%의 유권자는 좌측 끝에 있는 후보자 A에게 투표하고, 반대로 보수 쪽에 있는 50%의 유권자는 우측 끝에 있는 후보자 B에게 투표할 것이다. 유권자들은 그나마 자신의 정치적 이념 성향과 가장 가까이에 있는 정당의 후보자에게 투표할 것이기 때문이다.

두 후보가 이렇게 팽팽하게 맞서는 가운데, 진보정당의 후보자 A가 갑자기 중도적인 공약을 제시하면서 정치적 이념 성향이 중위투표자와 같아져 한가운데로 이동했다고 해보자. 이제 후보자 A는 진보 쪽에 있는 50%의 유권자의 표를 모두 가져오는 것은 물론, 보수 쪽에 있는 유권자 절반(전체 유권자의 25%)의 표도 가져와 75%를 득표하며 승리할 수 있게 된다. 후보자 A가 중도적 성향의 공약을 제시함으로써 후보자 B보다 중도보수층 유권자들의 정치적 이념 성향에 더 가까워졌기 때문이다. 따라서 선거철이 되면 모든 정당과 정치인이 중도적 성향을 보이며 유사한 공약을 제시하는 경향이 나타나게 되는 것이다.

그러나 현실에서는 정당과 후보자가 언제나 중위투표자 정리와 같이 행동하지는 않는다. 오히려 경쟁하는 정당과 이념적으로 차별화하여 선명성을 부각하기 위해 노력하기도 한다. 특히 선거철이 아닌 평상시에 정당들은 더 많은 유권자를 설득하여 이념적 성향이 자기 당과 일치하게끔 만들기 위해 노력한다. 정치적 이념 성향에 따른 유권자의 분포 자체를 자신들에게 유리하게 만드는 것이 향후 선거에 유리하게 작용하기 때문이다. 이러한 전략은 이미 자당을 지지하고 있는 유권자들을 강력한 지지 세력으로 묶어 두기 위한 것이기도 하다. 이른바 집토끼 House Rabbit의 수를 늘리고, 집토끼의 이탈을 방지하기 위한 전략이라고 할 수 있다. 이 경우 진보정당은 진보적인 색채를 더 강하게 나타내고, 보수정당은 보수적인 색채를 더 강화한다. 마치 무게중심을 뒤로 할수록 기울어지는 시소게임처럼 이념적으로 극단적인 정책을 앞세운 대결의 장이 펼쳐지는 것이다. 이는 선거철에 각 정당이 중도를 향해 수렴하는 중위투표자 정리와는 정반대되는 현상이다.[138]

정치적 선호의 의미

중위투표자 정리가 되었건, 시소게임이 되었건, 둘 사이의 공통점은 정당과 정치인이 유권자의 정치적 선호에 민감하게 반응한다는 것이다. 유권자의 정치적 선호가 투표에 반영되어 선거에서의 승패를 결정하기 때문이다. 그러나 유권자의 정치적 선호를 파악하거나, 유권자의 정치적 선호가 형성되는 과정을 명확하게 설명하기는 어렵다. 다만 분명한 것은, 그것이 어떤 것이든 간에 사회의 구성원으로서 다른 사람과 관계를 맺으며 살아가는 대다수 국민은 자신만의 고유한 정치적 선호

---

138 이러한 극단적인 대결이 지나치게 심화할 경우, 정치의 본질인 대화와 타협을 통한 사회적 합의 도출 자체가 어려워지는 문제가 나타날 수 있다. 이러한 극단적 이념 대결이 심해지면, 갈등의 골은 깊어지고 혐오의 정치가 만연하게 될 우려도 있다. 특히 보수와 진보 양당의 극단적인 강성 지지자들이 팬덤을 형성하여 맹목적인 추종과 비난이 난무하게 되면, 갈등과 혐오의 정치가 극에 달할 수도 있다.

를 갖고 있다는 것이다. 평상시 그것을 표출하는지 그렇지 않은지는 별개의 문제일 뿐, 어떤 식으로든 내면에 정치적 선호를 갖기 마련이다. 그리고 그러한 정치적 선호는 사람마다 다르다. 백만 명의 사람이 있다는 것은 백만 가지의 정치적 선호가 있는 것이라고 할 수 있을 정도로 사람들의 생각은 다양하다. 만약 우리가 이런 유권자의 정치적 선호를 대략적으로라도 이해할 수 있다면, 정치적 의사결정 과정에 대한 이해도를 높일 수 있을 것이다.

상품에 대한 소비자의 선호는 소비자의 물질적 욕구에 따라 상품에 대한 만족도의 순위를 매기는 기준이 된다. 그러나 정치적 선호는 상품에 대한 선호와 같이 단순하게 표현되지 않는다. "상품의 양이 많을수록 좋지만, 같은 양이라면 상품의 종류가 다양할수록 좋다"와 같은 소비자의 선호 체계를 유권자의 정치적 선호에 적용하기는 어렵다. 또 개별 유권자의 정치적 선호를 바탕으로 그와 유사한 일련의 체계를 도출하는 것 역시 쉬운 일이 아니다. 정치적 선호에는 자기 자신의 이익이나 만족과 같은 이기적인 측면 말고도, 사회 전체적인 관점에서 가장 공익에 부합하는 것이 무엇인지에 대한 주관적 가치 판단이 훨씬 더 중요하게 작용할 수 있기 때문이다.

이처럼 정치적 선호를 어떤 일관된 체계를 갖고 설명하는 것은 어렵다. 그럼에도 불구하고, 여기서는 개인의 정치적 선호를 설명하는 방법을 행복을 추구하는 인간 삶의 목적과 함께 사회성이라는 인간의 본성과 결부하여 찾아보려고 한다. 인간 삶의 본질적 목적은 행복을 추구하는 것이고, 인간은 사회적 동물로 다른 사람과 관계를 맺으며 살아간다. 행복에 이르는 길은 자유 의식과 죄의식에 따라 물질적 욕망과 정신적 평안의 조화와 통일을 이루는 것이다. 인간의 사회성은 경제성과 도덕성이 조화를 이루어 나타나는 성격이다.

따라서 이와 같은 행복 추구 성향과 사회성의 개념을 종합하면, 인간은 경제적으로 자신의 사적인 이익을 추구하는 동시에 도덕적으로 사회 공통의 이익을 추구하는 성향을 함께 가진 존재라고 정리할 수 있다. 이러한 인간성에 기초하면 개인의 정치적 선호는 자기 안에서 이뤄지는 사익과 공익 추구 성향이 조화를 이룬 결과물이라고 할 수 있다.[139]

정치는 사회 안에서 살아가는 모든 사람이 함께 행복에 이르기 위한 수단이다. 정치를 통해 사람과 사람 사이의 관계를 규율하는 사회질서를 만들고, 각자의 이해관계를 조정하여 최대한 보편성을 갖춘 공익을 이뤄 갈 수 있다. 이러한 정치의 성격을 고려할 때, 사람들은 정치적 선호에 자신에게 가장 이익이 되는 것이 무엇인지를 반영하면서도 동시에 공익에 대한 자신의 주관적 판단을 반영하려고 할 것이다. 또 사익과 공익의 조화를 추구하는 인간의 본성을 따르더라도, 정치적 선호가 사적 가치를 추구하는 이기심과 공적 가치를 추구하는 도덕성이 조화를 이룬 어떤 것으로 나타날 가능성이 크다. 이를 통해 제시할 수 있는 하나의 가설은 개별 유권자가 자기에게 가장 유리한 것을 찾는 이기적인 욕망과 모두에게 도움이 되는 공익을 지향하는 도덕성 사이에서 의지

---

139 누군가는 이것을 자유와 사회정의에 빗대어 말했다. 자유는 선악을 떠나 인간이 어떤 일을 행하기 위해서 반드시 필요한 조건이다. 인간은 혼자 살아갈 수 없는 만큼 사회정의는 인간들 사이의 관계를 규정하는 가장 중요한 규칙이다. 자유에 한계를 지우지 않으면 인간은 곤경에 처하게 되고, 사회정의를 너무 철저하게 시행하면 인간의 자유가 일정 부분 억압당할 수밖에 없다. 이처럼 모든 사회에는 자유와 사회정의가 혼합되어 있다. 다만, 그 비중이 다를 뿐이다(Arnold Joseph Toynbee, *A Story of History*, 1934-1961(홍사중 역, 『역사의 연구』, 동서문화사, 2016), pp.1028~1029). 사회에서 개인의 자유와 사회정의의 비율을 결정하는 것이 정치고, 정치적 선호는 자유와 사회정의의 바람직한 비율에 대한 개인의 생각이라고 할 수 있다. 여기서 사익과 공익 추구 성향의 조화를 정치적 선호라고 한 것도 이와 유사하게 이해할 수 있다.

의 타협을 추구한 결과가 개인의 정치적 선호라는 것이다.[140] 만약 이러한 가설을 따른다면, 개인이 정치적 선호를 형성하는 과정은 사회 안에서 사적 이해관계와 공적 이해관계의 조화를 추구하는 정치의 타협적 성격과 상당한 유사성을 갖게 된다. 결국 정치를 통해 집합적으로 이뤄지는 타협의 과정이 개인의 내면에서도 정치적 선호를 형성하는 과정으로 나타나게 되는 것이다.

이런 정치적 선호를 변증법적 관점에서 바라보면, 자기 이익을 추구하는 사적 가치에 대한 선호는 특수성이고, 모두에게 해당하는 공적 가치를 지향하는 선호는 보편성에 해당한다고 할 수 있다. 결국 개인의 정치적 선호는 반성과 성찰의 과정을 거쳐 인간의 정신이 성숙해 감에 따라 특수성과 보편성의 내적 조화와 통합의 길을 찾은 결과물이라고도 볼 수 있다. 따라서 개개인의 삶의 경험과 정신적 성숙의 과정에서 형성된 개인의 가치관이 사적 가치와 공적 가치의 지향점을 어떻게 설정하는지에 따라 정치적 선호는 다르게 형성될 것이다.

사적인 자기 이익 추구는 생활환경과 직업, 소득과 재산 등 각자가 처한 환경에 따라 다양하게 나타날 수 있으므로 일률적으로 단순화할

---

140 루소는 당장 눈앞에 보이는 사적 이익의 유혹으로부터 보편적 의지가 제시하는 올바른 길을 지켜 나가도록 하려면 정치가 필요하다고 했다. "개인은 공익이 무엇인지 알지만, (개별적 의지의 유혹에 못 이겨) 이를 배척한다. 반면 공중은 공익을 원하지만 잘 분별하지 못한다. 그러므로 양편 모두 지도가 필요하다. 따라서 개인들로 하여금 그들의 의지를 이성에 복종하게 할 필요가 있고, 공중에게는 그들이 원하는 것이 무엇인지를 가르쳐 줄 필요가 있다. 그렇게 하여 공중이 각성하면 사회 집단 내에서 분별력과 의지의 결합이 생겨나며, 그로부터 다시 계약 당사자들의 완벽한 협력이, 요컨대 전체의 가장 큰 힘이 생겨나는 것이다. 바로 거기에서 입법자(정치)의 필요성이 야기되는 것이다"(Jean Jacque Rousseau, *The Social Contract*, 1762(김중현 역, 『사회계약론』, 펭귄클래식, 2010), P.51). 마찬가지로 개인의 내면에서 일어나는 반성과 성찰의 과정이 자기 이익과 공적 가치에 대한 조화를 만들어내고, 이를 통해 개인의 정치적 선호가 만들어지는 것이다.

수 없다. 그러나 개인이 추구하는 공적 가치만을 따로 떼어 그것이 개인의 정치적 이념 지향성을 나타내는 것이라고 가정한다면, 가장 단순한 형태로 보수적 성향과 진보적 성향으로 구분해 볼 수 있을 것이다. 보수적인 측면에서 공적 가치를 지향하는 사람은 대체로 사회의 전통적 질서를 안정적으로 유지하는 가운데 개인의 자유를 최대한 보장하고, 시장의 질서를 존중하는 것을 중요하게 생각하는 경향이 있다. 반면에 진보적인 측면에서 공적 가치를 지향하는 사람은 기회의 공정, 평등과 정의 등 모든 사람이 함께 자유를 누릴 수 있도록 하는 자유의 보편성을 더 중요하게 생각하면서, 기존의 사회질서를 변화시키고자 노력하는 경향이 있다. 당연히 사람들은 어느 한쪽의 극단적인 성향을 따르기보다는 양쪽의 가치를 모두 중요하게 생각하면서 가치의 조화를 추구하려고 한다. 하지만 어느 쪽에 조금이라도 무게를 더 두는지에 따라 공적 가치 측면에서의 이념 지향성을 단순화한다면, 이처럼 진보와 보수로 구분하는 것이 가능할 것이다.[141]

이처럼 사적 이익과 공적 가치의 조화로 각자의 정치적 선호가 형성된다는 가설을 따를 경우, 선거에서의 투표는 자신의 정치적 선호를 가장 잘 충족시켜 줄 수 있는 후보를 선택하는 방향으로 이뤄질 것이다.

---

[141] 보수와 진보 어느 쪽이라고 분명히 말하기 어려울 만큼 양자의 중간에 위치하여 상황에 따라 지지하는 정치적 이념이 달라지기 쉬운 계층을 중도라고 말하기도 한다. 오히려 현실에서는 이러한 성향을 가진 유권자가 훨씬 더 많을 수 있다. 또 사안에 따라 보수의 가치를 지향하기도 하고, 진보의 가치를 지향하기도 하는 사람도 있을 수 있다. 그러나 여기서는 논의를 단순화하기 위해 공적 가치에 대한 정치적 선호를 조금이라도 더 선호하는 쪽을 향해 보수 또는 진보로 구분 가능하다고 가정한다. 아울러 진보와 보수는 어떤 특정한 가치를 추구하는 이념이라기보다는 어떤 가치도 담아낼 수 있는 상황적 이데올로기라는 점도 고려할 필요가 있다. 그럼에도 현실에서 나타나고 있는 보수와 진보를 가장 단순하게 묘사한다면, '보수는 자유를 지향하고, 진보는 평등을 지향한다'라고 표현할 수 있을 것이다.

다만 정치적 선호가 순수하게 자신의 내면적 선호를 반영한 것이라고 한다면, 선거에서의 정치적 선택으로서 외적으로 표출되는 투표 행위는 자신이 처한 환경의 영향을 받기 때문에 내면에서 형성된 순수한 정치적 선호와 차이가 있을 수도 있다. 자신이 처한 환경에 따라 추구하는 사적 이익과 공적 가치 지향이 같은 방향으로 나타날 수도 있고, 서로 반대되는 방향으로 나타날 수도 있기 때문이다.

정치적 선호의 유형화

이제 유권자의 정치적 선호와 그에 따른 투표의 방향성을 크게 네 가지의 단순한 유형으로 분류해 보려고 한다.

첫 번째는 공적 가치에 있어 보수적 정치 지향성을 가졌으면서도, 사적 가치와 공적 가치 중 어느 것이 우선하는지에 있어서는 공적 가치보다 사적 가치, 즉 자기 이익을 우선하는 유권자 유형이다. 이런 유형의 유권자는 자신이 지향하는 공적 가치와 자기 이익이 같은 방향으로 나타나는 환경에서는 보수 후보에게 투표할 것이다. 그러나 공적 가치와 자기 이익의 방향성이 달라 공적 가치 지향에 부합하는 보수 후보를 선택했을 때 자기 이익의 손실이 발생할 수 있고, 오히려 진보 후보를 선택하는 것이 자기 이익에 부합한다면, 진보 진영 후보에게 투표할 가능성이 있다. 예를 들어 경제적으로 어려움을 겪는 저소득층 유권자가 공적 가치에 대해서는 보수적 생각을 가졌다고 하자. 만약 보수와 진보 후보가 모두 저소득층을 위해 복지를 강화하겠다고 하면, 이 유권자는 당연히 보수 후보에게 투표할 것이다. 그러나 보수 후보는 감세와 복지 축소를 주장하는 반면, 진보 진영 후보만이 증세와 복지 강화를 공약으로 내세우는 상황이라면, 이 유권자의 사익은 진보의 공약과 부합하기 때문에 진보 진영 후보에게 투표할 수도 있다.

두 번째 유형은 보수적 정치 이념을 갖고 있으면서, 공적 가치와 사적 가치의 우선순위에서는 공적 가치를 먼저 생각하는 유권자다. 이러한 유형의 유권자는 환경적으로 공적 가치와 자기 이익이 일치하든, 그렇지 않든, 언제나 보수 진영 후보에게 투표할 가능성이 크다. 보수가 지향하는 자유, 시장, 반공 등 공적 가치를 너무도 중요하게 생각해 자기 이익을 앞세우지 않고 무조건 보수진영 후보에게 투표하려고 할 것이기 때문이다.

세 번째와 네 번째는 공적 가치와 관련하여 진보적인 이념 성향을 보이는 유권자 유형이다. 이 중에서 세 번째 유형의 유권자는 진보적 성향의 공적 가치 지향을 가졌지만, 공적 가치보다는 자기 이익을 중시하는 사람이다. 이러한 유형의 유권자는 자신을 둘러싼 환경이 자기를 위한 사적 가치와 진보가 지향하는 평등과 정의, 공정 같은 공적 가치가 같은 방향성을 갖는 경우에는 진보 후보에게 투표하겠지만, 양자가 서로 상충하는 경우에는 자기 이익을 위해 보수 진영의 후보에게 투표할 수도 있다. 일례로 어느 고소득층 유권자가 공적 가치에 대해 진보적인 성향을 갖고 있다고 하자. 그러나 부유한 유권자는 진보 후보의 공약이 세금 부담을 지나치게 유발하여 자기 손실을 감내하기를 원치 않을 수 있다. 만약 진보 진영의 후보가 선거에서 승리할 경우 자신이 감내할 수 있는 수준을 넘어서는 세금 부담이 발생할 우려가 크다면, 이러한 유형의 유권자는 보수 진영 후보에게 투표하는 선택을 할 수도 있다.

마지막으로 네 번째 유형은 진보가 지향하는 공적 가치를 자신의 이익 같은 사적 가치보다 더 중요하게 생각하는 유권자다. 이러한 사람은 자신이 처한 환경과 무관하게 언제나 진보 진영의 후보에게 투표할 것이다. 평등과 정의, 공정 등 진보의 공적 가치를 너무도 중요하게 생각하기 때문에 설사 자신의 사적 이익이 불리해지는 한이 있더라도 그와 상관없이 언제나 진보 후보에게 투표한다.

개인의 정치적 선호 유형과 투표 결과 추정 가설

유형	정치적 이념 성향 (공적 가치)	이익 추구 성향 (가치 vs 이익)	외부 환경 (가치와 이익의 관계)	투표 결과
1	보수 (제도적 안정과 사적 자유)	공적 가치 < 자기 이익	일치	보수
			불일치	진보
2	보수 (제도적 안정과 사적 자유)	공적 가치 > 자기 이익	일치	보수
			불일치	보수
3	진보 (평등·정의의 보편 가치)	공적 가치 < 자기 이익	일치	진보
			불일치	보수
4	진보 (평등·정의의 보편 가치)	공적 가치 > 자기 이익	일치	진보
			불일치	진보

이러한 정치적 선호에 대한 유형 분류는 복잡한 현실을 지나치게 단순화한 가설Hypothesis이기 때문에 현실을 제대로 설명하지 못할 수 있다. 현실적으로 유권자가 선거에서 누구에게 투표할 것인지를 결정할 때 반드시 자신의 정치적 선호만을 고려하는 것도 아니고, 후보자가 속한 정당이나 정치 이념만 고려하지도 않는다. 유권자는 후보자 개인의 성품이나 배경, 능력 등을 고려하여 투표하기도 하고, 때로는 후보자와

의 사적인 관계 등도 투표 행위에 영향을 미칠 수 있다.

그러나 여기서는 개인의 정치적 선호가 어떻게 형성되는지를 설명하고, 그것의 이해를 돕기 위해 투표 의사결정에 어떻게 영향을 미치는지 그 가능성을 추정해 본 것이므로, 이처럼 설명이 어려운 세세한 부분은 과감히 생략하기로 하자. 가설을 통해 내세우려는 본질적인 주장은 가설의 현실 설명력이 아니기 때문이다. 가설을 통해 설명하고자 하는 바는 선거에서 개별 유권자의 정치적 선호가 왜곡되지 않고 최대한 진실하게 반영되었을 때, 가장 적합한 후보를 국민의 대표로 선출하는 것은 물론, 국민의 뜻을 정치권으로 잘 전달할 수 있다는 것이다.

정치적 선호에 대한 추가 고려 사항

그렇지만 후보 선택 과정에서 개인이 고려하는 다른 요인들을 최대한 배제하고 정치적 선호와 투표 선택의 관계만을 본다고 하더라도, 현실적으로 고려해야 할 점들이 더 있다. 여기서는 정치적 선호에 따라 투표를 결정하는 과정에 영향을 미칠 수 있는 외부 환경에 대한 몇 가지 설명을 추가하려고 한다. 이를 통해 정치적 선호와 무관하거나, 또는 정치적 선호를 왜곡하는 비합리적 요인들이 선거에 영향을 미치게 되면, 국민의 뜻을 가장 잘 대변할 수 있는 적합한 사람을 선택하여 정치권에 전달하는 선거의 본질을 흐릴 수 있음을 말하려고 한다.

투표율과 투표 불참

가장 먼저 고려해야 할 사항은 투표율에 대한 것이다. 앞의 정치적 선호 유형 분류에서는 유권자가 자신의 정치적 선호를 투표로 반드시 표출한다는 것을 전제로 하고, 투표 결과에 참여하지 않는 경우는 포함하지 않았다.

그러나 모든 유권자가 투표한다는 투표율 100%의 가정은 지나치게 비현실적이다. 정치적 선호를 실행하는 방법에는 투표에 참여하지 않음으로써 자신의 정치적 선호를 표출하지 않는 선택도 당연히 포함될 수 있다. 실제로 투표율은 대통령 선거의 경우 대체로 70% 중·후반 수준이다. 국회의원 선거는 한때 50%에도 미치지 못한 경우가 있었지만, 최근에는 대체로 60%대 중·후반 수준을 나타내고 있다. 지방선거의 투표율은 대체로 총선보다도 더 낮다.

이와 같은 투표율에는 다양한 외부 환경적 요소가 영향을 미칠 수 있다. 선거 제도나 정치 환경, 유권자의 연령, 소득, 직업 등 계층적 위치, 투표 인증 및 투표 행위에 대한 사회적 인식과 분위기 등 다양한 요소가 투표율에 영향을 미치는 요인이 될 수 있다.[142]

---

142 일례로 연령대별 투표율을 보자. 대체로 20·30대 연령층의 투표율은 낮은 반면, 60·70대 고령층의 투표율이 높게 나타나는 경향이 있다. 다음은 2022년 20대 대선과 2020년 21대 총선의 연령대별 투표율(%) 현황이다.

구분	18세	19세	20대 전반	20대 후반	30대 전반	30대 후반	40대	50대	60대	70대	80세 이상
20대 대선	71.3	72.5	71.6	70.4	70.9	70.6	74.2	81.4	87.6	86.2	61.8
21대 총선	67.4	68.0	60.9	56.7	56.5	57.6	63.5	71.2	80.0	78.5	51.0

자료 : 중앙선거관리위원회, 『제20대 대통령선거 투표율 분석』, 2022

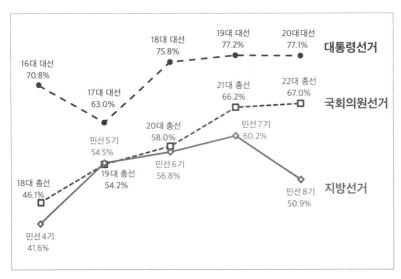

선거 유형별 투표율 변화 추이(%)

자료 : 중앙선거관리위원회

　자신의 정치적 선호를 투표로 나타내지 않겠다고 하는 것도 하나의 정치적 의사 표현 방식이다. 무투표의 가장 직관적인 이유는 정치에 관심이 없거나, 투표하고 싶은 대상이 없기 때문이다. 때로는 투표 불참이 유권자의 정치에 대한 무관심을 넘어 정치에 대한 혐오의 표현이기도 하다. 따라서 투표율이 낮다는 것은 정치에 관심이 없고, 정치를 혐오하는 유권자가 많다는 뜻일 가능성이 있다.

　그러나 정치적 선호와 연계하여 투표 불참을 일률적으로 정의하는 것은 타당하지 않을 수 있다. 누구나 내면에서는 정치적 선호를 갖고 있지만, 그것을 투표장에서 표로 드러낼 것인지에 대한 판단은 정치적 선호와는 무관한 것일 수도 있기 때문이다. 오히려 투표로 얻을 수 있는 편익이 투표를 위해 써야 할 비용보다 낮아 투표를 할 유인이 발생하지 않기 때문에 투표하지 않는다는 경제학적 설명이 합리적일 수 있다. 투표 행위는 후보자에 대한 정보를 얻고 공약을 검증하고 투표장까지 가는 데 드는 정보 탐색 비용, 시간의 손실, 이동 비용 등 온갖 비용을 유발한다. 만약 유권자가 투표로부터 얻는 편익이 투표를 위해 투입해야 하는 비용에 미치지 못한다고 판단하면, 투표하지 않는 것이 합리적일 수 있다. 이러한 설명에 따르면, 유권자가 투표 불참을 통해 보내는 정치에 대한 무관심이나 혐오의 의사 표현은 투표로부터 얻을 수 있는 편익이 충분하지 않음을 의미할 수 있다.

문제는 투표 결과가 투표에 참여한 사람들의 표심을 통해 결정되기 때문에 참여하지 않은 유권자의 정치적 선호는 베일에 가려지게 된다는 것이다. 따라서 투표율이 너무 낮으면, 진정한 여론의 향방이 왜곡되거나 여론을 명확하게 분석하는 것이 더 어려워질 수 있다. 그러므로 투표가 개별 유권자의 정치적 선호를 제대로 반영하게 하려면, 유권자가 정치로부터 충분한 효능감을 느낄 수 있도록 해야 한다. 이를 위해 정치인은 유권자의 정치적 효능감을 높일 수 있도록 더 강한 책임의식을 가질 필요가 있다.[143]

콘크리트 지지층

두 번째로 '콘크리트 지지층'에 대한 고려도 필요하다. 이들은 어떤

---

143 그러나 현실에서 정당이나 정치인은 투표율을 선거 전략의 하나로 대하기도 한다. 예를 들어 젊은 층의 유권자들은 대체로 진보적 성향이 강하지만, 투표율은 상대적으로 낮은 특징을 갖고 있어 전체 투표율의 향방을 정함에 있어 이들의 투표율이 중요하다고 하자. 이 경우 보수 진영 후보는 투표율이 낮아지기를 기대할 것이나, 진보 진영의 후보는 투표율이 높아지기를 기대할 것이다. 만약 보수 진영 후보보다 진보 진영 후보가 투표 독려를 위한 선거운동을 더 열심히 한다면, 그것은 투표율을 선거 전략의 하나로 여기는 것이라고 할 수 있다.

정당의 아주 견고한 지지층이라고 해서 콘크리트에 빗대어 불린다. 앞서 유권자 유형 분류에서 보면, 두 번째와 네 번째 유형의 유권자들이 콘크리트 지지층에 해당할 가능성이 크다. 이들은 공적 가치에 대한 확고한 신념을 바탕으로 자신의 사적 이익을 고려하지 않고, 공적 가치에 따라서만 투표 대상을 선택하기 때문이다. 만약 이러한 유형의 정치적 선호를 가진 유권자가 공적 가치에 대한 신념이 변하지 않는다면, 언제나 같은 정당의 후보자에게 투표할 것이다.

그러나 실제로 콘크리트 지지층이 공적 가치에 대한 확고한 신념을 갖고, 자기 이익보다 공적 가치를 더 중시하기 때문에 콘크리트 지지층이 되었는지는 분명하지 않다. 투표에서 나타나는 현상을 보면, 공적 가치에 대한 신념보다는 오히려 특정 지역에서 견고하게 형성된 맹목적인 지역감정에 따라 콘크리트 지지층이 형성되는 것은 아닌지 의심이 든다. 지금까지 선거에서 나타난 결과를 보면, 지역감정에 기초한 지역적 차이가 콘크리트 지지층에 영향을 미치는 중요한 요인 중 하나임이 분명하다.[144]

지역감정은 국민의 진정한 정치적 선호를 왜곡해 투표에 제대로 반영하지 못하게 한다는 점에서 부정적인 측면이 강하다. 지역감정은 공적 가치에 대한 정치 이념적 성향이나 세부 정책에 대한 다양한 평가

---

144 노무현 전 대통령은 지역 간의 비합리적 대결 구도가 낳은 지역감정을 우리 정치가 가진 가장 큰 문제 중 하나로 인식하고, 그것을 타파하기 위해 평생을 노력한 정치인으로 잘 알려져 있다. 노무현 전 대통령이 남긴 글을 읽어 보면, 곳곳에서 지역주의 극복을 평생의 정치 과업으로 생각했다는 것을 알 수 있다. "지역주의와의 싸움과 기회주의와의 싸움, 이것이 정치를 하는 동안 저에게 주어진 두 개의 큰 싸움입니다. 그래서 저는 '원칙과 통합'이라는 말을 계속하면서 대통령 선거를 치른 것입니다. … 분열주의와 기회주의를 극복하자는 마음에서 비롯된 것입니다"(노무현, 『성공과 좌절, 노무현 대통령 못다 쓴 회고록』, 2019, 돌베개, pp.133~134).

보다, 심지어 자신의 사적 이익에 대한 판단보다 사는 지역이나 태어난 지역의 공간적 위치가 투표 행위를 결정하는 더 중요한 요인으로 작용하게 할 수 있다. 이는 자신의 진정한 정치적 선호와 무관하게 투표 대상을 선택하는 것이기 때문에 합리적이지 않다. 물론 특정 지역에 살면서 그 지역의 역사적 배경과 사회적 인식이 정치적 선호 자체에 영향을 미쳤기 때문이라고도 할 수 있을지 모르겠다. 그렇다고 하더라도 특정한 지리적 공간과 결부되어 나타나는 정치적 의사 표출의 획일성은 적어도 민주주의적 다원성에 부정적 영향을 미칠 수 있다.

더욱이 정치로부터 시작된 지역감정은 생활과 문화의 영역으로까지 파고들어 지역감정을 더 고착화하는 지경에 이르렀다. 지역감정으로 인해 동·서 간의 교류가 줄어들고, 이에 따라 양쪽을 잇는 교통망은 다른 지역에 비해 상대적으로 잘 구축되지 않는다. 지역감정에 기인한 지역 간 교류의 단절은 국토의 비효율적 활용, 사회 분열 조장 등 불필요한 사회적 비용과 함께 지역감정을 한층 더 심화시키는 악순환을 일으키고 있다. 지금과 같은 심각한 지역감정이 완화되지 않는다면, 국민의 정치적 선호가 있는 그대로, 왜곡됨 없이 투표에 반영될 것으로 기대하기는 어렵다.

지역감정 외에도 연령대에 따른 세대 간의 역사와 문화, 사회, 이념 등에 대한 인식과 성향의 차이도 투표 의사결정에 상당히 큰 영향을 미치고 있는 것으로 보인다. 전반적으로 젊은 세대가 변화 지향적이고 진보적 성향을 나타내는 경향이 큰 반면, 기성세대는 안정 지향적이고 보수적 성향을 나타내는 경향이 크다. 특히 우리나라는 6·25 전쟁을 겪고, 국가 주도의 고도성장 전략을 통해 극심한 빈곤에서 탈출한 경험을 가진 기성세대, 주로 60·70대 이상 고령층이 반공 이념과 과거 정권에

20대 대선 및 22대 총선 지역별 투표 결과

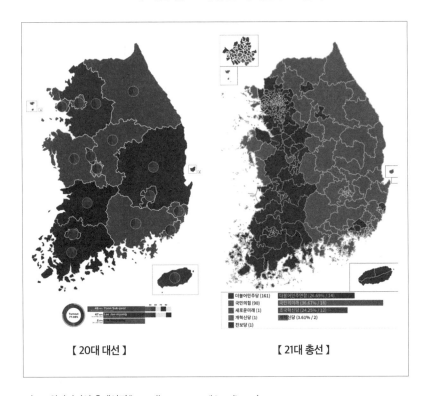

【 20대 대선 】　　　　【 21대 총선 】

자료 : 위키미디어 홈페이지(https://commons.wikimedia.org)

대한 향수를 기반으로 보수에 대한 콘크리트 지지층을 형성하고 있다. 반대로 학생운동으로 민주화에 앞장섰던 운동권 세대와 어린 자녀의 미래를 위해 사회의 변화를 바라는 40·50대 중장년층이 진보의 콘크리트 지지층을 이루고 있다.

　이와 같은 세대 간의 특성이 특정 정당이나 정치인에 대한 맹목적 지지 성향으로 지나치게 고착화하는 것도 그리 바람직하지 않다. 그것이 정치적 선호로부터 도출된 것인지, 아니면 특정 세대의 집단적 문화

현상으로 고착화한 것인지를 구분하기 어렵기 때문이다.

이처럼 콘크리트 지지층의 존재는 투표 의사결정을 단순히 정치적 선호의 문제로만 보기 어려운 회색지대Gray Zone를 형성하고 있다. 물론 정치적 선호에 영향을 미치는 요인으로 지역과 세대를 고려할 수도 있을 것이나, 그러기에는 지역감정과 연령대가 너무도 확고부동하게 획일적인 투표 결과로 나타나고 있는 것 같다. 이런 현상을 두고 개별 유권자가 각자의 정치적 선호에 따라서 투표 선택을 한 결과가 이와 같은 콘크리트 지지층 현상으로 나타나고 있는 것이라고 말하기에는 어려움이 있다.

스윙보터

세 번째로 고려할 것은 무당층, 또는 '스윙보터Swing Voter'에 관한 것이다. 스윙보터는 마치 그네를 타는 것처럼 언제든 지지 성향이 달라져 보수와 진보, 어느 쪽에도 투표할 수 있는 유권자를 뜻한다. 앞서 제시한 정치적 선호에 대한 단순한 가설을 따른다면, 자신이 추구하는 공적 가치와 사적 이익이 같은 방향이 아닌 경우 자신이 처한 환경에 따라 자기 이익에 부합하는 투표를 할지, 아니면 공적 가치를 더 우선으로 투표를 할 것인지가 달라지는 첫 번째와 세 번째 유형의 유권자들이 스윙보터에 해당할 가능성이 크다. 특히 공적 가치에 대한 지향성이 보수와 진보 사이에서 명확하게 판단하기 어려운 중도층에 가까운 유권자일수록 투표 의사결정을 더 쉽게 바꿀 수도 있다. 이러한 유형의 유권자는 내·외부 환경의 변화에 예민하게 반응하는 특징을 갖고 있다.[145]

---

[145] 이와 관련하여 정치적 선호의 변화가 반드시 외부 환경의 변화가 직접적 원인이라고

환경 변화가 스윙보터의 투표 의사결정에 미치는 영향을 단순하게 설명하기 위해 사적 이익 추구와 공적 가치 추구 사이에서의 교환 비율, 즉 상대 가격의 개념을 도입해 보자. 어떤 사정의 변화로 인해 사적 이익과 공적 가치 사이의 상대 가격, 즉, 공적 가치 추구를 위해 치러야 하는 사적 이익 상실의 상대적 교환 비율이 급격하게 변화하는 경우 스윙보터의 투표 의사결정도 급격하게 달라질 수 있다.

일례로 정부의 부동산 정책 실패가 중요한 이슈로 대두되었던 지난 20대 대선을 생각해 보자. 정부가 부동산 시장 과열을 누그러뜨리기 위해 종합부동산세를 급격하게 올린 것은 부동산 자산을 가지고 있거나, 혹은 향후 부동산 자산 취득을 계획하고 있는 유권자가 감내해야 할 사익의 손실을 키웠다. 이는 유권자의 사적 이익과 공적 가치 사이의 상대 가격을 급격하게 상승시킨 것이라고 할 수 있다. 진보적 정당을 지지하는 유권자 중 일부가 공적 가치를 지지하기 위해 포기해야 할 사적 이익의 손실이 커진 결과, 자신의 정치적 이념 성향이 비록 평등과 정의 등의 보편적 가치를 지향하는 진보 쪽에 가깝다고 하더라도 보수정당 후보에게 투표하는 사람이 많아지도록 만들었을 수 있다.[146]

보지 않을 수도 있다. 역사학자 아놀드 토인비는 문명의 쇠퇴와 해체 과정에서 지배 계급에 저항하는 프롤레타리아의 등장을 이야기하는데, 사회 내부에서 프롤레타리아 계층이 형성되는 직접적 원인을 기존에 누려 왔던 사회적 지위 상실에 대한 원망의 감정으로 설명한다(Arnold Joseph Toynbee, *A Story of History*, 1934-1961(홍사중 역, 『역사의 연구』, 동서문화사, 2016), p.436). 이러한 감정은 특정한 형태로 일관되게 형성되기보다는 그들이 처한 환경에 따라 다양하게 나타난다. 이와 유사하게 정치적 선호의 변화도 유권자들이 처한 환경이 달라지면서 나타나는 다양한 감정에서 비롯된 것으로 볼 수도 있을 것이다. 따라서 스윙보터를 달라진 환경에 대해 자신들이 느끼는 감정적 변화에 따른 현상으로 설명할 수도 있다.

146 물론 지난 정부의 정책 실패, 내로남불로 대표되는 공정과 도덕성에 대한 부정적 인식 등으로 인해 진보적 정당에 대한 신뢰가 하락함으로써 지향하는 공적 가치 자체가 보수를 향해 변화한 유권자도 적지 않았을 것이다. 그러나 공적 가치에 대한 성향이 변

또 다른 예로 정권심판 바람이 선거에 큰 영향을 미친 22대 총선의 경우를 살펴보자. 자유와 평등, 공정과 정의, 민주주의, 독립운동의 역사와 전통, 외교적 실리와 평화 등 대부분의 공적 가치가 퇴행하는 동시에, 경제성장률은 하락하고 물가는 상승하는 등 민생경제가 악화하고 있다는 인식이 널리 퍼졌다. 공적 가치에 대한 정치적 이념 성향이 보수냐 진보냐를 떠나서 전반적으로 현 정부에 의해 공적 가치 체계 자체가 무너질 수 있다는 우려가 확산하면서, 공적 가치 회복을 위해서는 여당을 지지하면 안 되겠다는 유권자가 많아졌다. 보수정당을 지지하는 것이 자신의 사익에 부합하는 유권자라고 하더라도 사익을 추구하기 위해 치러야 할 공적 가치 상실 비용이 커짐에 따라, 공적 가치를 위해 사익을 포기하고 야당을 지지하는 사람이 늘어나게 된 것이다. 아무리 부유층이나 기득권 세력이라고 하더라도 자신의 부와 특권을 지탱하고 있는 국가와 사회의 붕괴를 원치는 않으므로, 사익을 희생하더라도 공적 가치를 지키기 위해 여당에 대한 표를 거둬들이는 정권심판론이 선거에 결정적인 영향을 미친 것으로 해석할 수 있다.[147]

여기서는 정치적 선호를 공적 가치와 사적 가치가 조화를 이룬 결과라는 하나의 가설을 제시했지만, 실제로 개인이 정치적 선호를 형성하

하지 않았더라도 현재와 미래의 자기 삶에 대한 불안감이 일종의 분노로 표출되어 투표 의사결정을 바꾼 유권자도 적지 않았을 것으로 보인다.

147 22대 총선에서 불었던 정권심판의 바람을 단순히 자기 이익과 공적 가치 사이의 상대 가격 변화로만 분석할 수는 없다. 많은 사람이 정권에 대한 경고장을 날릴 필요가 있다는 것에 공감했다는 것은 정치적 이념 성향 자체가 변화하는 계기를 마련했다고 볼 수도 있을 것이기 때문이다. 그러나 공적 가치 체계가 무너지는 상황에 대한 우려와 함께 공적 가치를 되살리기 위해 자기 이익을 포기할 수 있는 사람들이 늘어난 측면도 분명히 있을 것이다.

는 과정은 훨씬 더 복잡하고, 가늠하기 어려울 만큼 다양한 요인의 영향을 받을 수 있다. 단순한 가설 하나가 현실을 완벽하게 설명해 낼 수 없는 것은 당연하다. 가설의 현실 설명력보다 더 중요한 것은 민주주의 사회에서 선거라는 정치적 과정이 개별 유권자의 진정한 정치적 선호를 충분히 담아낼 수 있어야 한다는 것이다.

일례로 지역감정이나 세대 간 갈등과 같은 부정적 요인이 정치적 선호를 왜곡하는 것은 사회의 발전을 저해할 수 있다. 자기 이익이나 공적 가치에 대한 이념적 성향과 같은 유권자의 정치적 선호를 구성하는 본질적 요소와 무관한 요인이 투표 선택에 영향을 미치게 되면, 기득권의 정치적 영향력이 사회의 일반의지와 무관한 방향으로 정치적 의사결정을 이끌고 보편적 시민을 위한 정책보다는 기득권의 이해관계에 부합하는 정책이 추진될 가능성을 키운다. 1인 1표의 투표권을 행사하는 선거는 평등한 정치적 의사결정 권한을 행사할 수 있는 거의 유일한 기회다. 선거 결과가 시민의 정치적 선호와 무관한 요인에 의해 왜곡되면, 선거를 통해 드러나야 할 유권자의 의지가 다른 요인에 의해 희석되므로 정치인은 자신이 따라야 할 정치권력 행사 방향이 무엇인지를 알 수 없게 된다. 시민이 제시하는 정치권력 행사의 방향성을 상실한 정치인은 정치적 의사결정 과정에서 기득권 세력의 논리에 포획될 가능성이 크다.

유권자의 정치적 선호가 투표를 통해 명확하게 반영될 수 있어야, 다양한 국민의 뜻이 조화를 이루어 사회의 보편적 의지를 형성하는 일차적인 정치 과정으로서 선거가 제 기능을 할 수 있다. 또 선거가 제 기능을 해야 국민의 뜻을 잘 대변하는 정치인이 선출될 수 있는 것은 물론, 정치인이 국민을 더 두려워하고 정치적 책임성을 강화할 수 있다. 나아가 개별 유권자의 다양한 정치적 선호가 왜곡됨 없이 투표에 반영되어야 정치를 통한 공공부문과 사적 자치 영역에서의 이상적인 자원 배분을 기대할 수 있고, 사회 전반의 공익과 사익이 조화를 이루는 이상적인 민주사회로 나아갈 수 있다.

4. 정치권력과 권력의지

        정치인도 일반 유권자와 같이 자신만의 정치적 선호를 갖고 있다. 그러나 정치인에게 부여된 역할은 국민의 한 사람으로서 정치인이 갖는 자신의 정치적 선호를 실현하는 것이 아니다. 정치인은 수많은 국민을 대표하여 국민의 뜻에 따라 정치적 의사결정에 참여해야 한다. 이는 권한인 동시에 책임이기도 하다. 그러나 정치인도 기계가 아닌 사람이기 때문에 자기 감정과 욕망, 선호, 인간관계 등으로부터 완전히 자유로울 수 없다. 따라서 정치인은 사적인 주체로서 개인의 욕망과 선호를, 국민을 대표하는 공적인 주체로서 역할과 책임으로부터 적절히 분리하도록 끊임없이 노력해야 한다.

    유권자가 자신의 정치적 선호를 명확히 반영하여 선거에 참여하는 것만으로는 정치인이 공과 사를 완벽하게 분리하여 오직 국민을 위한 정치 활동을 하도록 기대하기 어렵다. 꼭 선거철이 아니더라도 평상시에 유권자가 정치에 많은 관심을 기울이는 것은 물론, 적극적으로 정치 참여 기회를 만들고 실제로 참여하는 국민이 많아져야 정치인이 유권자를 두려워하고 자신의 선호나 사적인 이해관계로부터 독립하여 공적 주체로서 강한 정치적 책임성을 실현할 수 있다.

    투표를 통한 유권자의 정치적 선호 표출은 대리인인 정치인이 주인인 국민의 뜻을 따르도록 하는 가장 기본적인 요건이다. 그래야만 국민의 대표로 선출되려는 후보자 중에서 유권자의 정치적 선호가 집합적으로 조화를 이루어 만들어낸 보편적 의지에 가장 부합하는 사람을 선출할 수 있다. 만약 이름이 알려진 유명인이나, 좋은 학교 출신의 좋은 직업을 가진 엘리트, 특정 지역 출신 인사, 대통령이나 당대표와 같은 힘을 가진 사람과의 친소 관계 등 유권자의 정치적 선호와 무관한 요인에 의해 선거 결과가 좌우된다면, 그렇게 선출된 정치인은 진정으로 국민의 뜻을 실현하는 의정 활동보다 자신의 당선에 영향을 미쳤던 요인들을 더욱 강화하는 일에만 몰두할 가능성이 크다.

이렇게 유권자의 정치적 선호가 선거 결과에 잘 반영되었다고 하더라도, 정치인이 진정으로 국민을 위해 일하는 것을 반드시 보장하지는 않는다. 정치인은 선거에서 당선된 이후 부여받은 권력을 사적인 이해관계에 사용하고 싶은 온갖 유혹에 빠질 수 있다. 자기 이익을 위해 권력을 오남용하는 도덕적 일탈이나 부정부패와 같은 불법을 저지를 수도 있고, 공적인 의사결정 과정에서 현란한 언변과 정치적 퍼포먼스를 앞세워 자신의 주장을 마치 국민의 뜻인 것처럼 포장하여 국민의 눈과 귀를 속일 수도 있다.

따라서 유권자는 정치인이 위임받은 권력을 함부로 사용하지 못하도록 정치인을 통제함으로써 국민의 뜻이 정치적 의사결정 과정에 제대로 반영되도록 해야 한다. 그러기 위해 가장 중요한 것이 정치에 대한 지속적인 관심과 적극적인 참여다. 만약 유권자의 관심이 정치로부터 멀어지게 되면, 정치인이 본래의 궤도에서 이탈하는 일이 벌어질 가능성은 더 커지게 될 것이다.

정치는 모든 국민의 삶에 영향을 미치는 법을 정하고, 국가 예산을 최종적으로 심의·의결하는 등 중요한 국가 기능과 관련한 사회적 합의를 이끌어 내고 그것을 실현하게 하는 수단이다. 정치인은 이처럼 강력한 정치권력을 행사할 수 있는 주체라는 점에서 보통의 사람들이 갖는 사회적 역할에 대한 존중의 수준을 넘어 귀한 대접과 의전을 받는다. 그로 인해 정치인은 이러한 정치권력에 대한 과도한 의전을 자신에 대한 인간적인 존경심으로 때로 오해하기도 하고, 자신만이 세상을 바꿀 수 있다는 최고 수준의 우월감과 선민의식에 빠져들기도 한다.

정치인은 그것이 물질적 욕망이든, 우월 욕망이든, 아니면 자기 신념을 사회에서 실현하고 싶은 공과 사가 모호한 자아실현 욕망이든, 다양한 형태의 욕망을 일순간에 충족시킬 수 있는 강력한 권력을 갖게 되었다는 착각에 빠지기 쉽다. 이와 동시에 사적인 이해관계를 위해 그러한 권력을 사용하고 싶은 유혹에 빠지기도 쉽다.

그러나 국민이 정치권력을 정치인에게 위임한 것은 그것을 이용하여 정치인 자신의 욕망을 충족하라는 것이 당연히 아니다. 설사 정치인이 아무리 강직하고 올바른 정치적 신념을 가졌다고 생각하더라도, 대다수 국민이 그것에 동의하는지, 자신의 신념이 국민의 정치적 선호가 모여 형성된 사회의 일반의지를 잘 따르고 있는지를 끊임없이 고민하고 반성하며 성찰해야 한다. 그렇지 않고 무작정 자기 신념을 실현하는 것만을 최선이라고 고집부리는 것은 국민에게 위임받은 정치권력을 함부로 사용하는 것이라 할 수 있다.

정치권력은 위임받은 권력으로서의 한계를 분명히 갖고 있다. 국민이 위임한 것은 국민을 대표하여 정치적 의사결정에 참여할 수 있는 권한이지, 국가의 주인인 국민의 주권 그 자체를 위임한 것이 아니다. 주권은 위임할 수 있는 성격의 것이 아니다.[148] 따라서 정치권력의 행

---

148 Jean Jacque Rousseau, *The Social Contract*, 1762(김중현 역, 『사회계약론』, 펭귄 클래식, 2010), p.44.

사는 주권자의 의지를 절대로 넘어설 수 없다. 정치권력은 오로지 모든 국민이 행복하게 살 수 있는 사회를 만들기 위해서만 사용되어야 한다. 국민 개개인이 각자가 생각하는 행복에 대한 관념을 담아 모두가 행복하게 살아갈 수 있는 사회에 대한 지향점을 제시하는 것이 정치적 선호다. 정치는 그러한 개별 국민의 다양한 정치적 선호를 정치 과정 안에 녹여내 조화를 이루게 함으로써 국민의 보편적 의지를 형성하고 그 것을 실현하는 과정이다. 그러한 사회의 일반의지를 따르기 위해 노력하는 정치인만이 정치권력을 제대로 이해하고 있는 것이라 할 수 있다.

그러나 현실에서는 정치인이 사회의 일반의지를 잘 따르고 있는지 보다 공약을 얼마나 잘 이행하는지로 평가하는 경향이 있다. 공약에는 사회 전반의 발전 방향이나 국가와 전체 국민을 위한 입법과 정책 등이 포함되기도 하므로 그 자체를 문제라고 할 수는 없다.

문제는 대부분의 공약이 사회 전반의 발전 방향이나 정치적 지향점에 대한 것보다는 특정 지역 사업이나 계층을 대상으로 하는 지엽적인 것들이 많다는 사실이다. 대다수 정치인은 지역구 주민에게 가장 큰 호소력을 갖는 사업들을 공약으로 제시하고, 그것을 이행했다는 것을 알리는 성과 홍보에 열을 올린다. 따라서 현실의 정치는 인기영합주의와 지역이기주의에 빠져들기 쉽다. 수도권 지역 국회의원은 수도권 규제 완화를 주장하고, 비수도권 지역 국회의원은 균형발전을 주장한다. 도로와 철도 등 부동산 가격 상승에 도움이 되는 대규모 인프라는 환영하지만, 부동산 가격을 떨어뜨릴 수 있는 혐오 시설은 절대적으로 반대해야 한다.

따라서 정치인들이 자발적으로 국가 전체적인 관점에서 공공의 이익을 위한 대화와 타협을 통해 사회적 합의를 이끌어내기는 정말 어렵다. 정치 과정 안에는 보수와 진보의 이념적 갈등은 물론, 지역적 이해 관계가 복잡하고 다양하게 얽혀 있기 때문이다. 더욱이 정치인은 정해진 짧은 임기 내에 최대한 많은 지역 사업 성과를 만들어내야 한다. 임기가 끝나고 다음 선거에서 패배한 뒤에는 공약이 실현돼 봐야 아무 소용이 없기 때문이다. 그래서 조급하게 자신의 임기 중 어떻게든 표면적인 성과를 내려고 한다. 그것이 유권자를 위해 옳은 일인지, 유권자의 삶을 나아지게 하는 최선의 방안인지는 차선의 문제다. 오로지 공약을 이행했다는 말을 할 수 있게 만드는 것이 중요하다.

그것이 무슨 문제냐고 주장할 수도 있다. 오히려 공약을 이행함으로써 지역 유권자의 삶이 나아지고, 그 성과를 바탕으로 표를 얻는 정치인이 선거에서 승리하기 위해 더 많은 성과를 창출하고자 노력하는 것이 합리적이지 않냐고 말할 수도 있다. 정치인과 유권자는 모두 이기적인 존재다. 따라서 정치인은 표를 최대한 많이 받아 당선되는 것이 유일한 목적이고, 유권자는 정치인이 지역 공약을 잘 이행해서 더 잘살 수 있게 되기를 원한다. 따라서 유권자가 공약 이행 성과를 낸 사람에게 투표하는 것은 최대한 많은 표를 얻어 선거에서 승리하기를 원하는 정치인이 공약 이행을 위해 노력하게 하는 것이므로 서로 이해관계가 일치한다. 그 결과 지역 유권자의 삶이 나아지기만 한다면, 양자의 유인 체계가 꼭 맞는 것이라는 주장도 가능하다.

그러나 정치인 각자의 공약 실현이 반드시 지역 유권자, 나아가 국민 모두의 삶을 나아지게 하는 방향으로 직접 연결되는 것은 아니다. 지역이기주의에 편향된 지역 사업 공약은 국민 전체의 관점에서는 예산 낭비를 가져오고, 장기적으로 국가의 균형발전을 저해하는 결과를 초래할 수 있다. 또 지역 사업을 빠르게 추진하는 것이 반드시 지역

주민을 위해 바람직한 결과를 낳는 것도 아니다. 지역 사업 추진 그 자체를 목적으로 하면 그 사업의 본질이 무엇인지, 애당초 달성하고자 했던 목표가 무엇이었는지를 잊게 될 수 있다. 일례로 지하철 신규 노선 건설의 본래 목적은 지역 주민의 이동권과 접근성을 향상하여 교통 편의성을 높이는 것이지만, 최대한 빨리 지하철을 개통하는 것을 목적으로 사업을 무리하게 추진하면 교통 편의성을 오히려 더 떨어뜨리고 주민의 안전을 위협하는 결과를 낳을 수도 있다.[149] 정치인의 성과 욕심과 조급한 공약 이행이 주민들의 삶의 질을 향상시키기는커녕, 예산 낭비만 가져올 수도 있는 것이다.

유권자가 잠시 한눈을 팔면 정치인의 성과 속임수에 넘어가기 쉽다. 정치인은 유권자가 잘살게 되기를 당연히 바라지만, 그보다 더 중요한 것은 자신이 다시 한 번 선출되는 것이다. "시민 여러분이 행복하게 살아갈 수 있는 지역을 만들겠습니다"라는 약속의 말 뒤에는 "나를

---

149 일례로 출퇴근길 교통대란을 낳고 있는 '김포 골드라인'이 그렇다. 성과에만 급급한 의사결정이 시민들의 출퇴근길을 지옥으로 만들었다. 김포한강신도시 등 신축 아파트 입주 계획만 봐도 인구 급증을 충분히 예견할 수 있었기 때문에 시간이 좀 더 걸리더라도 철저하게 계획을 세워 국·도비 지원을 받을 수 있도록 예비타당성조사 등의 절차를 밟았어야 했다. 계획을 논의하던 2010년 당시 김포시 인구는 23.8만 명이었으나, 이후 급격히 증가해 김포골드라인 개통 시점인 2019년에는 43.7만 명이 되었다. 무려 20만 명(83.6%)이 증가했고, 2023년 기준 인구는 48.6만 명으로 2010년 대비 2배가 넘어 50만 명을 눈앞에 두고 있다. 그럼에도 불구하고 시의 자체 예산만으로 빠르게 사업을 추진하겠다는 성과에 대한 조급함이 2량짜리 꼬마열차 지하철을 건설하는 결과를 낳았고, 시민들의 편리한 발이 되어 줄 것이라 기대했던 신규 교통 인프라는 시민의 안전을 위협하는 골칫거리가 되었다. 심지어 시의 예산이 충분하지 못해 지하철 역사(驛舍)마저도 2량짜리 열차에 맞춰 지어진 탓에 사후적으로라도 보완책을 마련하는 것 자체가 불가능한 상황이다. 일례로 서울지하철 9호선의 경우에는 역사를 8량까지 대응 가능하도록 만들었기 때문에 처음 4량으로 운영하다가 수요가 증가함에 따라 열차를 6량으로 확대했고, 향후 8량으로 확장하는 추가적인 조치도 가능하다. 그러나 골드라인은 이와 같은 확장 가능성마저 고려하지 않은 채 성급하게 개통되었다.

선택해야만 그렇게 될 수 있습니다. 그러니 나에게 투표해 주세요"라는 속내가 숨겨져 있다. 그러니 유권자도 이렇게 답을 해야 한다. "우리는 당신이 자랑하는 성과에 놀아나지 않을 것입니다. 진짜 우리 삶이 어떻게 달라졌는지, 당신이 무엇을 했는지 꼼꼼하게 살펴보고, 둘 사이에 어떤 유의미한 관계가 입증되지 않으면 절대로 당신을 선택하지 않을 것입니다." 유권자가 이렇게 정치에 관심을 기울이고, 정치인을 날카로운 눈으로 감시해야만 표를 얻기 위한 정치인의 노력이 국민 행복이라는 본질적 지향점을 향하도록 할 수 있다.

정치인이 위임받은 권력을 제대로 행사하는지와 관련하여 또 다른 복잡한 문제가 있다. 정치인 자신의 직접적인 이해관계만이 문제가 아니라, 다양한 사람과 집단의 이해관계가 직·간접적으로 복합적인 영향을 미칠 수 있기 때문이다. 정치권력을 가진 정치인 주변에는 혈연·학연·지연으로 얽힌 수많은 이해관계자와 이익단체는 물론이고, 경제력, 전문성, 정치적 영향력 등을 앞세운 기득권 세력이 몰려든다. 이들은 국민과 정치인 사이에 거대한 장막을 치고 진짜 국민의 목소리를 가리며, 정치인이 자신들의 이해관계를 대변하게 한다.

정치권력은 국민 모두에게서 나오는 것이기 때문에 강력하다. 만약 그것을 국민 모두를 위해서가 아니라 소수 집단만을 위해서 사용하게 된다면, 그것은 위임받은 권력의 한계를 벗어난 것이다. 이는 기득권 세력의 이익을 위해 평범한 시민의 희생을 강요한다는 점에서 더 심각한 문제가 될 수 있다. 기득권 세력은 자기 분야에서 최고의 전문성을 가진 사람들이기도 하고, 전문가들을 이용할 수 있는 위치에 있는 사람들이기도 하다. 보편적이고 상식적인 사고 수준을 가진 사람들이 그들의 전문성을 이겨내기는 어렵다. 더욱이 그들은 자기 집단의 이해관계를 잘 드러내지 않는다. 경제성장과 선진국 진입, 법적 안정성, 국민의 생명과 안전, 안보와 평화 등 온갖 좋은 말로 둘러대며 정치인의 눈과 귀를 흐리게 한다. 우리나라처럼 빠른 성장의 경로를 밟아 온 사회에서 형성된 기득권 세력이라면, 경제성장 중심의 정책 구도를 유지하고 더욱 공고히 하는 것이 사회 발전을 위해 꼭 필요한 일이라는 주장에 설득력을 부여하기가 쉽다. 모든 국민이 행복하게 살 수 있는 더 나은 사회를 지향하는 올바른 목표를 가진 정치인이라도 기득권 세력의 논리에 귀가 솔깃해질 수밖에 없는 이유다.

그러나 정치권력을 제대로 행사하는 정치인이라면 경제성장률을 높이는 것이 전체 사회의 균형 있는 발전을 위한 유일한 수단인지, 국민 모두의 행복한 삶을 보장하는 길인지, 그로 인해 발생하는 부작용으로 사회 문제가 심화하지는 않을 것인지, 그것이 정말로 국민이 원하는 것인지 등을 면밀하게 따져 봐야 한다.

국민이 선거를 통해 정치인에게 위임한 정치권력은 대표성을 전제로 한다. 대표성이라는 것은 선거를 통해 선출되었다는 절차적 측면을 뜻하지만, 위임받은 권력을, 그것을 위임한 국민을 위해 사용해야만 한다는 실질적인 의미를 내포하고 있기도 하다. 그러나 정치인 자신의 내면적 욕구와 함께, 기득권 세력의 외부 압력과 같은 다양한 요인이 정치인의 대표성을 왜곡하고 정치권력의 오남용을 자극할 수 있다. 정치인이 이러한 유혹과 압력을 이겨내고 위임받은 권력의 한계 안에 머물도록 하려면, 국민이 정치에 적극적으로 참여해 정치인 스스로가 주권자인 국민에게 위임받은 권력을 행사하는 것임을 체감하고 권력 사용에 경각심을 갖게 해야 한다.

흔히 정치인이 갖춰야 할 기본적인 요건 중 하나로 권력의지를 말하는데, 권력의지의 기본은 위임받은 정치권력의 한계를 이해하는 것에서 시작된다. 권력의지를 단순히 '권력을 갖고 싶은 마음이나 욕심' 정도로 이해한다면 큰 오산이다. 권력의지를 이렇게 이해한다면, 선거를 통해 확보한 대표성과 거기에서 나오는 정치권력을 대놓고 오남용하겠다는 것과 다르지 않다. 권력을 '소유'한다는 개념은 이성의 자유로운 판단을 어쩔 수 없이 마비시키는 일이다.[150]

정치인이 가져야 할 진짜 권력의지는 이와 같은 단어의 피상적 의미와는 완전히 다른 것이다. 권력을 행사하는 목적이 자신이나 일부 주변인의 이해관계를 충족시키려는 것이어서는 당연히 안 된다. 나아가 설사 그 목적이 정치인 스스로가 생각하는 최선의 공익이라고 하더라도, 그것이 국민의 뜻을 따르는 것이 아니라 단순히 자기 신념을 실현하기 위한 것이라면, 그것 역시 바람직한 권력의지를 가진 것이라고 할 수 없다.

권력의지의 원천은 정치인 개인의 공익과 가치에 대한 신념이 아니라, 모든 시민의 보편적 가치 기준에 부합하는 공익에 있다. 정치인은 개별 국민의 다양한 정치적 선호에서 비롯된 가치 지향을 모아 사회의 보편적 의지를 형성하고 담아내는 그릇과 같다. 철인 군주의 리더십을 이상적인 정치 체제로 보았던 플라톤조차 사회는 가장 지배자가 되고 싶어 하지 않는 인간이 지배자가 될 때 가장 행복하고 조화로운 사회가 될 수 있다고 했다. 권력을 갖고 싶고, 행사하고 싶어 안달이 난 정치인이 아니라, 정치권력은 오로지 국민을 위해서만 행사되어야 한다는

---

150 Immanuel Kant, *Zum ewigen Frieden. Ein philosophischer Entwurf*, 1795 (박환덕 역, 『영구평화론』, 범우사, 2015), p.93.

원천적 한계를 지킬 줄 아는 정치인만이 권력의지의 본질을 똑바로 이해한 것이라 할 수 있다.

결국 올바른 권력의지는 정치권력의 본질과 한계를 정확하게 이해하고, 그것을 국민 모두를 위해 올바르게 사용하는 권력 행사의 기본 원칙을 준수하겠다는 강한 의지라고 보는 것이 타당하다. 정치권력은 그것을 소유한 인물의 육체적 힘이나 정신력 같은 비범함에서 오는 것이 아니라, 그것을 소유한 인물과 대중과의 관계에서 오는 것이기 때문이다.[151] 정치권력은 대중의 확실한 의사 표명이나 암묵적 동의를 통해 대중이 선출한 지배자에게 이양되는 대중 의지의 총합이다.[152]

따라서 정치권력의 사용은 공익을 위한 것이어야 할 뿐만 아니라, 공익을 위한 것인지에 대한 판단 역시 공론의 장에서 만들어지는 사회적 합의와 국민 일반의 의지를 따라야 한다. 정치가 사회계약의 결과로 맺어진 일반의지를 따르는 첫 번째 길은 정치인이 대중적 공감대를 바탕으로 공익을 판단하는 것이다. 이와 같은 사회계약의 의미를 제대로 이해하는 것이야말로 올바른 권력의지를 갖고 정치권력을 바르게 행사하는 출발점이다.

---

151 Lev Nikolayevich Tolstoy, *War and Peace*, 1864-1869(연진희 역, 『전쟁과 평화』, 민음사, 2018), 제4권 p.612.

152 앞의 책, p.613.

5. 정치적 정당성

　　　　　　대의민주주의 정치 체제에서 정치적 정당성은 주로 공정한 선거 제도와 관련된 절차적 정당성을 말한다. 모든 사람이 차별 없이 동등한 선거권을 갖는 보통선거와 평등선거, 타인이 투표 행위에 개입할 수 없도록 하는 비밀선거의 원칙 등 공정한 선거 제도를 통해 선출된 정치인을 절차적으로 정당하게 선출된 국민의 대표자라고 말한다. 이처럼 정당한 절차를 통해 선출된 정치인은 헌법과 법률에 따라 부여받은 권한을 행사할 수 있다.

　　그러나 절차적 정당성이 정치권력을 무한히 행사할 수 있도록 허락하는 것은 아니다. 정치권력은 그것을 획득한 절차적 과정은 물론, 권력 행사의 내용이 실질적인 정당성을 갖춰야 그 힘을 제대로 발휘할 수 있다. 실질적 의미의 정치적 정당성이란 국민이 정치권력을 행사하는 주체로서 정치인을 인정하고, 정치인이 정치권력을 행사하는 내용에 대해서도 동의한다는 것을 의미한다. 그러한 원리를 이해하지 않고 절차적 정당성만을 주장하며 정치권력을 남용하면, 또 다른 절차에 의해 정당성을 완전히 상실하는 길로 이어지게 될 것이다.

　　정치인이 행사할 수 있는 정치권력 행사의 힘이 실질적 정당성에서 나온다는 것은 경제학의 파생수요 원리에 빗대어 설명할 수 있다. 먼저 파생수요의 원리에 대해 살펴보자. 일반적으로 경제학에서는 노동·자본 등 생산요소에 대한 생산자의 수요를 상품 시장의 소비자 수요에서 나오는 파생수요Derived Demand라고 한다. 상품 시장에서 생산자인 기업은 상품의 공급자이지만, 노동시장에서 기업은 노동이라는 생산요소의 수요자다. 기업은 상품이 소비자에게 인기가 있어 잘 팔릴 것을 전제로 상품을 생산한다. 상품에 대한 수요가 있어야만 기업이 생산 활동을 통해 이윤을 창출할 수 있기 때문이다. 기업이 시장의 수요를 고려하여 이윤을 극대화하기 위한 상품의 생산량을 결정하면, 비용함수에 따라 그 생산량을 달성하기 위해 비용을 최소화하는 생산요소의 수요량이 자연스럽게 결정된다.

일례로 상품의 품질 향상, 소비자 선호 변화 등의 영향으로 상품에 대한 소비자들의 만족도가 높아져 수요가 증가하면, 상품 가격이 올라가고 생산자는 상품 공급을 늘리려고 한다. 생산자가 상품 공급을 늘리려면 생산량을 늘려야 하므로, 노동이나 자본 등 생산요소의 수요량도 증가한다. 결국 상품 시장의 수요가 증가하면 생산요소 시장의 수요도 증가하는 것이다.[153] 상품에 대한 수요 없이 생산요소에 대한 수요가 독립적으로 발생하는 일은 없다. 기업이 팔리지도 않을 상품을 생산하기 위해 생산요소 수요를 늘려 비용을 증가시키지는 않을 것이기 때문이다.

이와 유사하게 정치인은 정치권력을 바탕으로 정책 등 정치 성과물을 생산하여 국민에게 공급한다. 이때 정치 성과물의 생산은 정치권력

---

[153] 물론 기술개발을 통해 생산함수 자체를 더 효율적으로 만들어 노동의 수요를 줄이는 것이 가능하므로 상품 수요가 증가할 때 생산요소인 노동의 수요가 증가하지 않을 수 있다는 주장도 가능하다. 그러나 기술개발은 생산량 증대를 위해 자본이라는 생산요소를 더 많이 투입한 결과 나타난 것이다. 따라서 더 많은 상품을 생산하기 위해 자본을 더 많이 투입한 결과 생산량이 늘어나면서 동시에 노동에 대한 수요가 감소한 것이고, 이는 자본이라는 생산요소가 노동이라는 생산요소를 대체한 것뿐이다. 따라서 더 많은 상품을 생산하기 위해서는 자본이든 노동이든 더 많은 생산요소를 투입해야만 한다.

이라는 생산요소 수요를 바탕으로 이뤄진다. 기업이 생산요소 시장의 수요자이면서 상품 시장의 공급자인 것처럼, 정치인은 정치권력의 수요자인 동시에 정치 성과물을 생산하는 공급자라고 할 수 있다. 정책 등 정치 성과물의 직접적인 투입 요소는 공무원과 국가 재정 등 공공자원이지만, 공공자원을 통제하는 기반은 정치권력이다. 더 많은 정치권력을 행사할수록 공공자원 투입량을 증가시킬 수 있기 때문이다. 한편 국민은 정치 성과물의 수요자이면서, 동시에 정치권력의 공급자다. 국민주권의 원리에 따라 국가의 모든 권력은 국민에게서 나오고, 정치적 성과물에 대한 국민의 평가가 정치권력의 공급량을 결정한다.

정치 수요자인 국민의 정치 성과물에 대한 만족도가 높아지거나 사회 문제 해결을 위한 정치의 역할과 필요성에 대한 공감대가 높아지는 등 정치 성과물에 대한 수요가 증가하면 정치 활동도 활발해진다. 이 경우 정치인은 정치 활동을 늘려 정치 성과물을 더 많이 생산하려고 한다. 이를 위해서는 세금, 예산, 공무원 등 공공자원 투입량을 늘리기 위해 더 강력한 정치권력이 필요하다. 결국 정치권력에 대한 정치인의 수요는 정치인이 자의적으로 결정하는 것이 아니라, 정치 성과물에 대한 국민의 수요에서 파생된 것이다.

이처럼 정치는 정치인이 정치권력을 행사하여 정치 성과물을 만들어내는 생산 과정이고, 정치권력은 정치 성과물의 수요자인 국민에게서 나온다. 따라서 정치인의 정치권력에 대한 수요는 독자적으로 발생하지 않고, 정치 성과물에 대한 국민의 만족도 평가로부터 발생한다. 정치인의 정치 성과물에 대해 국민이 얼마나 만족하고, 얼마나 많이 소비하고자 하는지에 따라 정치인이 사용할 수 있는 정치권력의 크기가 결정된다. 정치 성과물에 대한 국민의 수요가 증가하여 정치인이 정치 성과물의 생산을 늘리면서 정치권력에 대한 수요가 증가하게 되는 것이다. 이것은 마치 기업이 상품에 대한 수요가 증가해 생산량을 늘리려고 할 때 생산요소에 대한 수요가 파생하여 증가하는 것과 같다. 이때 소비자의 상품 수요와 기업의 생산요소 수요를 매개하는 것이 기업 활동의 이윤 극대화이고, 국민의 정치 성과물 수요와 정치인의 정치권력 수요를 매개하는 것이 정치 활동의 정치적 정당성이다. 정치 성과물에 대한 국민의 만족도에서 나오는 정치적 정당성은 정치인이 행사할 수 있는 정치권력의 크기를 결정한다.

정치적 정당성을 매개로 한 정치권력의 파생수요 원리

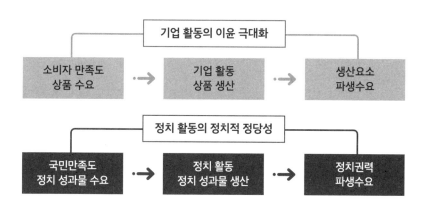

만약 기업이 상품 시장에서의 소비자 수요와 무관하게 독립적으로 생산요소를 투입하면, 과잉 또는 과소 생산으로 인해 이윤을 극대화할 수 없는 것은 물론이고, 사회적으로도 자원을 효율적으로 사용하지 못하는 비합리적인 결과를 낳게 된다. 기업은 그렇게 하지 않는다. 마찬가지로 정치인이 국민의 정치에 대한 평가와 신뢰를 무시하고 정치적

정당성을 상실한 채 정치권력을 독자적으로 사용하면, 정치에 대한 신뢰가 무너지면서 갈등이 심화되고 사회 분열을 촉발할 수 있으며, 국민의 보편적 의지로부터 이탈한 잘못된 정책 실행으로 인해 국민적 피해가 발생하는 심각한 사회 문제로 이어질 수 있다. 일례로 국민의 생명과 재산을 지키고 민생을 돌보는 것이 정치에 대한 국민의 기본적인 요구임에도 불구하고, 정치인 자신이나 측근 및 기득권 세력의 이익을 위해 정치권력을 사용함으로써 민생을 위태롭게 한다면, 이는 정치적 정당성을 상실한 정치권력 행사이고, 명백하게 정치권력을 오남용하는 것이다. 정치인은 그렇게 하면 안 된다.

만약 정치적 정당성이 뒷받침되지 않는 정치권력 행사로 국민의 신뢰를 잃은 권력자가 정치권력의 오남용을 계속할 경우, 정치적 정당성이 더 약해지는 악순환에 빠질 수밖에 없다. 이 경우 권력자는 스스로 변화하여 정치적 정당성을 확보할 때까지 정치권력을 절대적으로 신중하게 행사해야 한다. 정치적 정당성을 회복하는 지름길은 정권에 반대하는 정치세력과의 대화와 타협으로 통합의 정치를 시작하는 것이다. 이러한 통합의 정치 과정을 통해 보편적 다수 국민을 위한 정책을 추진해 나감으로써 정치 성과물에 대한 국민의 만족도를 높이고 정치적 정당성을 다시 확보할 수 있다. 만일 그렇지 않고 정권을 지킨다는 명목으로 반대세력과의 갈등을 더 키우고, 정치권력을 무리하게 계속 행사한다면, 국민의 불만이 쌓여 정치적 정당성을 회복할 수 없게 될 것이다. 국민이 정치적 정당성을 도저히 회복할 수 없다는 판단을 내리게 되면, 결국 국민적 심판을 통해 선거로 확보한 절차적 정당성을 완전히 상실할 수 있다.

이솝 우화에 '파리 떼와 꿀 항아리'에 대한 이야기가 나온다. 파리 떼는 부엌 위에 놓인 달콤한 꿀 향기에 이끌려 항아리 안으로 날아 들어간다. 그러나 꿀 속에 빠져 버린 파리 떼는 항아리를 벗어나지 못하고 결국 죽음에 이르게 된다. 작은 욕망을 억제하지 못해 소중한 목숨을 잃게 되는 파리 떼의 이야기는 눈앞에 보이는 사사로운 욕심에 취해 권력을 오남용하는 정치인에게 큰 가르침을 준다. 정치권력을 국민이 아닌, 자기 자신을 위해 행사하는 것이 달콤한 꿀과 같지만, 그 달콤함에 취해 정치적 정당성을 상실한 권력자는 결국 정치권력을 영원히 잃어버리게 될 것이다. 정치적 정당성이 뒷받침되지 않는 정치권력의 오남용은 소탐대실小貪大失의 우를 범하는 것이다.

정치인에게 정치권력은 거저 주어지지 않는다. 정치인이 정치권력 행사보다 먼저 고민해야 할 일은 정치적 정당성을 확보하려는 노력이다. 흔히 정치적 정당성을 선거에서 더 많은 표를 얻어 쟁취한 권력의 절차적 정당성으로 이해하는 경우가 많지만, 정치권력의 실질적 정당성은 단순히 선거에서 승리했다는 사실만으로 얻어지지 않는다. 정치적 정당성의 본질은 권력 행사의 절차와 내용에 대해 주권자인 국민이 반대하지 않는 수동적 요건을 충족하는 것은 물론, 국민이 그것을 믿고 지지하는 적극적인 요건을 모두 충족하는 것에 있다. 국민의 신뢰와 지지는 정치 성과물에 대한 국민의 만족도에서 나온다. 만일 선거에서 승리했다고 하더라도 정치인의 권력 행사에 대해 국민의 반대가 심해지면 정치적 정당성이 약해지고, 이를 무시한 정치권력의 무리한 오남용은 결국 절차적 정당성마저 완전히 상실하는 결과로 이어질 수 있다.

비록 선거를 통해 절차적 정당성을 확보하여 헌법과 법률이 정한 바에 따라 명목적으로 정치권력을 얻었다고 하더라도, 실질적인 정치권력의 힘은 정치적 정당성에서 나온다. 그리고 정치적 정당성의 원천인 국민의 신뢰와 지지는 정치에 대한 효능감과 만족도에서 나온다. 국민이 정치 과정에 따른 의사결정 결과에 얼마나 동의하는지, 또 그렇게 만들어진 정책의 실행으로 나타난 성과에 대해 국민이 얼마나 만족하는지에 따라 정치적 정당성이 부여되고, 부여받은 정치적 정당성에 비례하여 정치인이 사용할 수 있는 정치권력의 크기가 결정된다. 기업이 팔리지도 않을 상품 생산을 위해 노동과 자본을 낭비하지 않는 것처럼, 정치인 역시 국민이 정치적 정당성을 부여하지 않은 일에 정치권력을 남용해서는 안 된다.

결국 정치인이 사용할 수 있는 정치권력의 크기는 정치에 대한 국민의 편익 또는 만족도에 의존한다는 파생수요의 원리는 정치에 대한 국민의 신뢰와 만족으로 대비되는 정치적 정당성의 원리를 다르게 표현한 것이라 할 수 있다. 정치인은 자신이 사용할 수 있는 정치권력의 한계가 정치 성과물에 대한 국민의 수요, 즉 국민의 정치적 선호를 충족시키는 정치적 성과에 대한 보편적 만족도에 달려 있다는 점을 명심해야 한다.

옛사람들은 높은 자리에 선 사람일수록 모든 언행에 더 조심해야 하고, 그들이 누릴 수 있는 자유는 더 제한적이어야 한다고 했다.[154] 정치적 책임을 져야 하는 정치인이 국민에게 종속되는 것은 그들이 누리는 정치권력의 원천이 국민에게 있다는 국민주권의 원리, 그 자체라고 할 수 있다. 특히 어떤 모종의 역사적 평가를 기대하는 정치인이라면, 국민

---

154 "일이 다 벌어지고 난 뒤 현재의 사람들이 과거 사람들의 행적을 살펴보면 역사의 무의식적인 도구로서 그들이 행한 것을 이해하게 되고, 그와 같은 운명에 종속되어 살아간 사람들 중에 높은 자리에 선 사람일수록 그들이 누리는 자유는 더 적어진다"(Lev Nikolayevich Tolstoy, *War and Peace*, 1864-1869(연진희 역, 『전쟁과 평화』, 민음사, 2018), 제3권, pp.201~202).

앞에 더 강한 책임의식을 가져야 한다. 그 책임을 다하는 첫 번째 길은 국민에게 위임받은 정치권력을 함부로 사용하지 않고, 반드시 정치적 정당성 테두리 안에 머물도록 하는 것이다.

6. 정당정치

정당정치의 원리

대의민주주의 정치 시스템에서 가장 중요한 것 중 하나가 정당정치 Political Party System다. 정당은 정치권력과 시민사회를 연결하는 중요한 통로로, 대다수 정치인은 어느 한 정당에 소속되어 유권자인 국민을 대표한다. 국민의 다양한 선호와 이해관계가 개별 정치인에게 투영되어 일차적으로 조화를 이뤄 정치인의 견해로 표출되고, 정당이라는 정치 집단을 통해 소속된 정치인들의 대화와 토론, 타협의 과정을 거쳐 당론이라는 집합적 견해로 숙성된다. 정제되지 않은 국민의 다양한 의견이 개별 정치인을 통해 취합되어 1차 통합 의견으로 만들어지고, 그것들이 모여 정당 안에서 다시 한 번 당론으로 재탄생하게 되는 것이다. 그렇게 만들어진 각 정당의 당론들이 정치 과정에서 만나, 정당 간의 논쟁과 토론, 협상과 합의를 통해 국가의 최종적인 정치적 의사결정 결과를 완성한다.

이처럼 정당은 정치 과정의 핵심적인 주체다. 이러한 정치 과정을 통해 정당이 목표로 하는 것은 정권 창출이다. 각 정당은 정권 창출을 놓고 서로 치열하게 경쟁한다. 대통령을 배출하여 정권을 창출한 정당은 행정을 지배하는 가운데 정치적 실권을 행사한다. 국무위원 임명 등 인사권을 행사하여 115만여 명의 행정부 공무원을 통합하고, 600조 원이 넘는 국가 예산을 편성하여 집행하는 등 국가의 행정력을 총동원하여 자당의 강령을 실현하기 위한 정책을 추진해 나간다.[155]

따라서 정당은 국민의 다양한 정치적 선호와 이해관계를 조정하고 통합하여 정당이 지향하는 이념과 강령을 정함으로써 정치적 목표를 수립하고, 정권 획득 경쟁에서 승리하여 정권을 창출하고 목표를 실현하기 위해 조직된 정치 집단이라고 할 수 있다.

정당은 국민의 다양한 가치와 이해관계를 담아 녹여 냄으로써 보편성을 갖춘 사회의 일반 원칙을 확립하는 용광로와 같은 조직이다.[156] 정권 창출을 목표로 하는 정당은 당원과 유권자의 정치적 선호를 반영하는 개방적이고 경쟁적인 시스템을 운영함으로써 최대한 많은 국민의 지지를 받고자 노력한다. 국민의 다양한 선호와 이해관계를 최대한 많이 포용할 수 있는 강령과 정책을 제시하는 정당이 국민에게 더 많은 호응을 받아 정권을 창출할 가능성이 크기 때문이다.

따라서 정당은 국민적 현안이 무엇인지를 끊임없이 파악하여 문제해결을 위한 정책을 내놓는 것은 물론, 국민 대다수가 동의하고 원하는 보편적인 시대정신을 구현하기 위해 가치와 정책의 집합적 목표를 제시

---

155 인사혁신처 '국가공무원 인사 통계'에 따르면, 2023년 행정부 공무원은 현원 기준 115만 5,448명으로, 국가공무원이 76만 8,067명이고, 지방공무원이 38만 7,381명이다. 한편 국회가 의결하여 확정한 2024년 예산을 기준으로 정부의 총지출은 656.6조 원이다.

156 영국의 소설가 쟁윌(Israel Zangwill)이 쓴 소설의 제목에서 유래한 용광로 또는 도가니(Melting Pot)라는 용어는 다양한 계층과 민족의 사람들이 용광로에서처럼 문화적으로 융화되어 새로운 민족이 탄생할 수 있다는 뜻으로, 이민자들을 중심으로 국가를 이룬 미국 사회에 대한 은유적 표현이다. 이와 유사하게 정당은 다양한 국민의 정치적 선호를 반영하여 융화시켜 조화로운 정치적 지향과 정책들을 제시하는 용광로가 되어야 한다. 거대 정당이든, 소수 정당이든 국민의 일부 또는 대다수 국민의 뜻을 받들어 전체적으로 다원주의가 실현되도록 하는 것이 정당의 가장 중요한 역할이다. 이를 통해 다수의 횡포 가능성을 완화하고, 모두가 존중받는 민주주의 사회를 이룰 수 있다.

하고자 노력한다.

한편 정당이 최종적으로 정권을 창출하려면 올바른 목표 제시만으로는 부족하다. 정당 스스로 제시한 집합적 목표를 실현할 수 있는 역량을 갖춤으로써 실현 가능한 정책을 만들고 실제로 실행할 수 있어야 한다. 이를 위해 정당은 인적자원과 조직, 재정 등 자원을 관리하는 것은 물론, 최대한 많은 정치인을 배출하기 위해 선거를 이끌고, 자당 소속 정치인들의 의정 활동을 이끌어 당론을 도출하고 협상에 나서는 등 국회에서의 의사결정을 주도한다.

정당을 구성하는 가장 중요한 자원은 사람이다. 정당 설립에 있어 가장 중요한 요건 역시 당원과 당원들로 이루어진 조직이다.[157] 정권 창출을 목표로 하는 정당은 대다수 국민의 의사를 최대한 반영하기 위해 노력하는 동시에 당원 모집을 통해 적극적인 지지세력을 규합한다. 당원은 여론을 주도함으로써 정당에 정치적 힘을 부여하는 것은 물론, 당비 납부 등을 통해 정당의 핵심적인 금전적 자원을 공급한다.

특히 유능한 정치인을 발굴하고 육성하는 것은 정당의 가장 중요한 기능 중 하나다. 정당은 전국적 조직력을 바탕으로 당원을 모집하고, 유능한 정치인을 지역위원회 위원장으로 임명하는 등 인적자원을 확보하고 관리한다. 정당이 인적자원과 조직을 얼마나 잘 관리했는지가 선거

---

[157] 「정당법」은 다음과 같이 정당의 설립 요건을 정하고 있다.
　　제4조(성립) ① 정당은 중앙당이 중앙선거관리위원회에 등록함으로써 성립한다.
　　② 제1항의 등록에는 제17조(법정시·도당 수) 및 제18조(시·도당의 법정당원 수)의 요건을 구비하여야 한다.
　　제17조(법정시·도당 수) 정당은 5 이상의 시·도당을 가져야 한다.
　　제18조(시·도당의 법정당원 수) ① 시·도당은 1천인 이상의 당원을 가져야 한다.
　　② 제1항의 규정에 의한 법정당원 수에 해당하는 수의 당원은 당해 시·도당의 관할 구역 안에 주소를 두어야 한다.

결과를 좌우한다고 해도 과언이 아니다. 유능한 정치인을 발굴하고 육성하여 자당의 후보로 공천함으로써 후보 경쟁력을 높이고, 전국 조직을 기반으로 당원과 국민의 지지를 극대화하는 것은 선거에서 승리하기 위한 필수적인 요건이다.

　기업이나 단체 등 여타 사회 조직과 마찬가지로 정당 역시 의사결정을 위한 거버넌스 체계를 갖추고 있다. 목표 설정, 조직 관리 등 정당의 전반적인 기능을 총괄적으로 책임지는 것은 당대표와 최고위원회 등 당의 지도부다. 당대표와 최고위원은 당원이 참여하는 전당대회를 통해 선출된다. 따라서 당원에 의해 당권을 확보한 당대표는 강령과 당헌, 당규 등 당원이 따라야 할 각종 규정과 조직 관리를 위한 규칙을 정하고, 정책과 가치 지향 노선을 확립하여 정당의 목표를 설정하는 등 명실상부한 정당의 최고 권력자로서 정당의 운영을 총괄한다. 정당 조직의 위계 서열을 정리하고, 간부를 임명하는 등 관료주의적 성격이 강한 정당 조직을 관리·운영하는 것은 당대표의 권한이자 책임이다. 당대표가 정당 운영에 이와 같은 강력한 권한을 갖고, 정당 조직을 장악할 수 있는 것은 전당대회에서 전체 당원의 의사가 반영된 투표를 통해 정당의 대표로 선출되었기 때문이다. 이처럼 당대표가 당원 전체의 의사를 대표한다는 측면에서 당의 운영에 관한 최고의 권력을 가질 수 있는 것이다.

　한편 정당은 국회에서 교섭단체를 구성하고,[158] 주요 입법 및 예산 등 국회의 의결 안건과 의사결정에 대한 정치적 협상을 주도한다. 일반

---

158 「국회법」 제33조(교섭단체) ① 국회에 20명 이상의 소속 의원을 가진 정당은 하나의 교섭단체가 된다. 다만, 다른 교섭단체에 속하지 아니하는 20명 이상의 의원으로 따로 교섭단체를 구성할 수 있다.

적으로 안건 상정과 처리 절차는 국회법에서 정하고 있는데, 주요 교섭단체가 매우 상반된 입장을 갖고 있는 경우 국회의장은 교섭단체 간의 합의를 요구하고 합의 결과를 존중하여 의사를 진행할 의무가 있다.[159]

교섭단체인 정당은 다수 국회의원의 다양한 의견을 사전에 조율하여 다른 정당과 교섭에 나섬으로써 의사결정 과정이 효율적으로 이뤄질 수 있도록 돕는다. 국회에서 의안에 대한 의사결정의 직접적인 참여 주체는 국회의원이지만, 교섭단체인 정당은 중요한 사안에 대해서는 당론을 미리 정하고 소속 국회의원이 당론에 따라 표결에 참여할 것을 요구하기도 한다. 물론 개별 국회의원은 하나하나가 헌법기관으로서 자신의 소신에 따라 의사결정에 참여할 권리가 있다. 그러나 정당에 소속된 국회의원의 수와 함께 국회의원들이 당론을 중심으로 얼마나 견고하게 결집하는지가 정당의 교섭력을 결정하는 중요한 요소이기 때문에, 대다수 국회의원은 당론을 따르는 것이 일반적이다.

교섭단체로서 정당의 당론을 사전에 조율하고, 다른 교섭단체와의 협상을 주도하는 핵심적인 기구가 원내지도부다. 원내지도부의 핵심적인 권한은 원내대표가 갖는다. 원내대표는 정당에 소속된 국회의원들이 선거를 통해 선출한다. 이렇게 선출된 원내대표를 중심으로 원내지도부를 구성한다. 비록 원내지도부가 소속 국회의원의 의사를 대표

---

159 국회의장과 부의장은 국회의원이 무기명 투표로 선출하도록 하고 있지만(「국회법」 제15조), 관례적으로 가장 많은 국회의원을 가진 교섭단체(다수당)가 자당의 국회의원 중 선수와 나이, 정치 경력 등을 고려하여 국회의장과 1인의 국회부의장 후보를 미리 정하여 본회의에서 선출하는 것이 관례다. 국회의장으로 선출된 국회의원은 국회의장으로 재직하는 동안 당적을 가질 수 없다(「국회법」 제20조의2). 정치적으로 중립적인 입장을 갖고 의사를 진행해야 하기 때문이다. 나머지 1인의 국회부의장은 다음으로 많은 국회의원을 가진 원내 제2정당이 부의장 후보를 미리 정하고 본회의에서 최종 선출한다.

하여 상대 정당과의 협상을 이끄는 권한을 갖지만, 이는 개별 국회의원들의 의견이 조화를 이루고 합의가 이뤄졌음을 전제로 한다. 따라서 중요한 사안이나 결정하고자 하는 당론에 대해 이견을 가진 국회의원이 있는 경우에는 반드시 의원총회를 열어 발언권을 충분히 주고 합리적인 협의 과정을 거쳐 당론을 결정한다.

정당 내부의 민주주의

대체로 정당은 국민 중 정치적 지향이 유사한 사람들이 당원으로 가입함으로써 만들어진 조직이다. 당원의 의사는 모든 당원이 참여한 전당대회에서 선출된 당대표를 통해 정당의 운영 과정 전반에 반영된다. 정당에 소속된 국회의원은 선거를 통해 국민이 선출하며, 그렇게 선출된 국회의원이 선거를 통해 선출하는 원내대표가 국회의원들의 의사를 조정하여 당론을 결정하고 협상을 이끈다.

이와 같은 정당 내부의 민주주의가 얼마나 잘 작동하는지에 따라 당론의 추진력과 교섭력, 정당에 대한 국민적 지지도가 결정된다. 결국 당론이 결정되는 과정을 보면, 당원이 선출한 당대표 등 당의 지도부가 정당의 이념과 강령을 정하고 정책의 지향점을 설정함으로써 당원의 뜻을 반영하고, 국민이 선출한 국회의원이 모여 원내대표를 뽑고 당론을 정해 최종 합의를 이뤄 가는 과정에서 국민의 뜻이 반영된다.

결국 정당 내부의 민주주의는 당의 의사결정 구조와 절차, 내용이 독단적이지 않고 구성원의 다양한 의사를 존중하는 가운데, 당원과 국민의 뜻을 받드는 것을 의미한다. 따라서 정치적 의사결정 과정에서 정당이 제대로 작동하고 정당이 추진하는 정책이 정치적 정당성을 얻기

정당 내부의 민주주의 구조

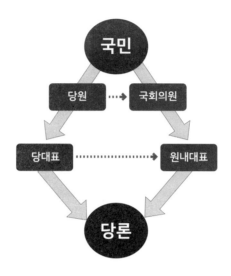

위해서는 정당 안에서의 민주주의가 제대로 확립되어 있어야만 한다.

그러나 현실에서 정당 내부의 민주주의가 정말로 잘 확립되어 있는지는 확실하지 않다. 정당의 주요 의사결정 기구로 당원의 뜻을 받드는 당대표와 당의 지도부가 있고, 국민의 선택을 받아 국민의 뜻을 받드는 국회의원들을 중심으로 당론을 정하고 정당 간의 교섭을 책임지는 원내대표와 원내지도부가 있다. 비록 당대표와 원내대표 선출 과정이 민주적 절차를 따랐다고 하더라도, 당과 정책 기구의 운영까지 실질적인 민주성을 언제나 확보하고 있다고는 말할 수 없다. 사실 정당의 운영만큼이나 권위주의적인 사회 조직을 찾기 어려울 정도다.

국민이 선출한 국회의원 각자가 헌법 기구로서 상호 대등한 존재라는 것이 상식이지만, 당내 민주주의의 실상은 나이와 선수, 인지도, 혈연·학연·지연 같은 과거의 인연은 물론이고, 대통령이나 대선 후보, 당대표와 원내대표 등 권력자와의 관계 등에 따라 강력한 서열 관계를 따르는 경우가 많다.[160] 정권을 창출한 여당은 대통령을 중심으로 한 권력 관계에 맹목적으로 복종하는 현상이 주로 나타난다. 또 어떤 경우에는 대통령과 여당의 대표가 서로 대립각을 세우며, 각자 파벌을 만들기도 한다. 야당의 경우 당대표나 대선 후보와의 친소 관계가 권위주의적 서열 관계를 형성하기도 하고, 추종과 비추종 세력 간의 파벌이 만들어지기도 한다. 이처럼 현실에서는 한 정당 안에서도 '친親○', '반反○' 등과 같이 계파를 형성하여 갈등과 대립을 보이는 경우가 다반사다.

물론 건강한 갈등 관계는 진보와 발전을 위해 꼭 필요한 요소이고, 민주주의 자체가 다원성을 특징으로 하는 것이므로 다양한 이견이 자유롭게 제기되어 조화와 통일을 이뤄 가는 것은 너무도 당연하고 긍정적이다. 그러나 건강하지 않은 맹목적이고 비합리적인 계파 대립이 심화하는 것은 대화와 타협을 어렵게 하고 갈등만 키워 당내 민주주의를 훼손할 수 있다. 심지어 계파 간의 갈등이 극심할 때는 정당이 쪼개지는 일까지 벌어질 수 있다.

보수정당과 진보정당 사이의 차이도 있다. 대체로 변화를 중시하는 진보정당은 반대 의견을 제시하는 것에 관대하고 개방적인 모습을 보이는 경향이 있는 것으로 알려져 있다. 반면 보수정당은 기존의 질서와

---

160 이것을 단순히 한국적 유교 전통을 가진 사회에서 흔히 있는 장유유서(長幼有序) 계열의 예의범절로 가볍게 생각할 수 있을지도 모르겠으나, 실질적 의사결정을 위한 세력을 구축하는 과정에서 학연·지연·혈연 등 비합리적 위계 관계 형성이 미치는 영향력은 민주주의의 본질인 국민주권의 원리를 왜곡할 우려가 있다. 혈연·학연·지연 등이 우리 사회 전반의 사회적 자본(개방적 신뢰) 축적을 저해하는 폐쇄적인 관계 중심 문화로 부정적인 측면이 많다는 것을 모두가 알고 있지만, 실생활에 강력한 관습과 관행으로 자리하고 있다. 마찬가지로 정치권 안에서도 폐쇄적 관계 중심의 문화가 견고하게 자리잡고 있다.

관행에 따른 안정을 중시하는 성향이 강한 만큼, 위계 서열에 의한 주종 관계가 더 심하게 나타나는 경향이 있다. 그러나 진보정당이라고 하더라도 당의 정체성을 좌우하는 근본적인 가치에 대한 반대 의견이나 본질적인 차이를 나타내는 이견에 대해서는 강한 거부감을 보인다. 이 경우 일부 국회의원의 탈당이나 분당 같은 극단적인 결과가 나타날 가능성은 진보정당이 더 클 수 있다.

정당이 대화와 타협에 기초한 논쟁과 토론에 개방적이지 못하고 다수의 뜻을 따라 합의를 도출하는 민주적 의사결정 과정을 따르지 않으면서 위계 서열에 따른 줄서기 관행 같은 관계 의존적 권위주의 양태를 보이는 것은, 당의 인재 영입과 선거에 출마하는 후보자를 결정하는 '공천' 권한이 당대표가 중심이 되는 당 지도부에 집중되어 있기 때문이다. 유능한 인재를 발굴하고 육성하는 것은, 정권 창출이라는 정당의 목표를 달성하는 데 가장 중요한 초석이라고 할 수 있다. 정당의 가치를 실현하려는 신념과 그것을 정책적으로 구현할 수 있는 전문적 역량을 갖춘 정치인을 배출하여 국민으로부터 인정받는 것은 모든 정당이 정권 창출 목표를 이루기 위해 반드시 해야 할 일이다. 따라서 정당은 정권 창출을 위해 인재를 발굴하고 육성하는 일에 최선을 다해야 한다.

전체 당원의 의사를 반영하는 전당대회를 통해 선출된 당대표는 인재 발굴 및 육성을 포함한 인적자원 관리 및 정당 조직 운영에 대한 전권을 갖는다. 따라서 공천에 대한 영향력에 있어 당대표만큼 강한 힘을 가진 사람은 없다. 비록 공천관리위원회 등 별도의 독립 기구를 운영한다고 하더라도 공천에 대한 당대표의 영향력을 무시할 수 없는 것이 현실이다.

정치인은 국민에게 잘 알려진 거대 정당의 이름을 걸고 출마해야 선거에서 승리할 가능성이 크다. 따라서 대다수 정치인은 공천에 사활을 걸 수밖에 없다. 정치인이 다음 선거에서 다시 한 번 선출되기를 원한다면, 유권자인 국민에 대한 약속을 지키는 것보다 소속된 정당의 공천을 받기 위해 줄을 잘 서는 것이 더 중요할 수 있다. 지역감정이 견고하게 자리한 한국의 특수한 사정을 고려할 때, 특정 정당에서 특정 지역의 공천을 받는 것이 곧 최종 당선과 같은 지역구가 많이 있다. 설사 그런 지역이 아니라고 하더라도, 유권자의 투표 의사결정에 있어 정당별로 유불리가 뚜렷하게 갈리는 상황에서 어느 당의 공천을 어느 지역에서 받는지는 선거에서 당락을 결정하는 가장 중요한 요소가 될 수밖에 없다. 이와 같은 공천에 기초한 줄서기 문화는 당대표의 중앙집권적 통치 성향이 강할수록 심하고, 당대표가 당원들로부터 절대적인 지지를 받을수록 심해지는 경향이 있다.

정당정치가 제대로 작동하는지는 정당 안에서 다양한 견해와 이해관계가 치열한 논쟁과 토론을 거쳐 당론을 형성하고 있는가를 보면 알 수 있다. 국민의 다양한 생각과 이해관계가 정당 안에서 용해되어 당론을 형성하고, 정당 간 경쟁과 합의점 도출을 통해 최종적으로 국가를 운영하는 것이 바람직한 민주주의다. 이를 위해서는 정당 내부에서부터 민주주의가 제대로 작동해야 한다. 그렇지 않고 공천을 명목으로 줄을 세우고 서는 것에 익숙한 정치인들이 다원주의를 실현하지 못하고, 당의 지도부가 결정한 사안을 따르는 거수기 역할만 한다면 애초부터 민주주의를 기대하기는 어렵다.

정당이 제대로 된 당내 민주주의를 구현하지 못하는 문제를 바로잡으려면 당원과 유권자가 정당의 제도와 문화를 바로잡도록 적극적으로 요구해야 한다. 당원은 당내 민주주의를 제대로 구현하겠다는 약속을 받고 정치 개혁에 나설 수 있는 당대표를 선출해야 한다. 당원들이 나서서 당내 민주주의를 구현할 수 있는 제도적 장치를 수시로 요구하는 것도 필요하다. 또 유권자는 선거에서 정당의 공천과 무관하게 자신의 정치적 선호에 따라 좋은 정치인을 선택하려 노력하는 한편, 당내 민주주의를 제대로 구현하는 정당에 더 많은 지지를 보낼 필요가 있다. 유권자인 국민은 정치의 소비자다. 정당과 정치인이 제시하는 상품이 마음에 들지 않으면 과감하게 불매운동에 나섬으로써 정치 공급자가 유권자를 두려워하게 만들어야 한다. 그런 노력 없이는 진정한 민주주의를 기대하기 어렵다.

더 좋은 사회를 위한 민주주의

민주국가에 있어 언론과 사법부는
민주주의의 존폐를 좌우하는 관건이다.
어떠한 독재나 부패도 언론이 살아 있는 한
영속될 수 없고, 어떠한 부조리나
인권 침해도 법관이 건재하는 한
구제받지 못할 수가 없다. …
그런데 언론과 법관보다 더 중요한 것이 있다.
그것은 권리와 책임의 의식에 무장되어
자기와 그 사회의 운명의 주인이고자 하는
결의에 넘친, 그리고 필요하면
희생을 무릅쓰고 행동하는
시민 계급의 존재이다. 이러한
시민 계급의 존재야말로 민주주의의
알파이자 오메가이며, 공산주의를
극복해 낼 수 있는 유일한
원동력이기도 하다.

- 김대중, 「김대중 옥중서신」 중에서

4

1. 민주주의 퇴행의 신호

민주주의를 바로 세워야 하는 이유는 정치가 소수 기득권 세력의 이해관계를 충족시키는 도구로 전락하는 것을 막고, 공익적이고 보편적인 견지에서 모든 국민의 삶이 나아지는 방향으로 가도록 하기 위해서다. 국민의 뜻을 따르는 민주주의 정치가 바로 서야 공익을 추구하는 바람직한 국가의 역할을 확립할 수 있다. 국가가 모든 국민이 법을 지키게 강제하는 것이나, 국민에게 납세의 의무를 지우고 강제로 세금을 징수할 수 있는 것 등은 모두 국민의 뜻을 받들고 실현하는 민주주의에 대한 신뢰가 있기에 가능한 일이다.

그런데 만약 국민이 아닌 소수 기득권 세력의 이익을 위해 정치권력이 남용되는 상황이라면, 또 대화와 타협의 길을 찾을 수 없을 정도로 혐오와 갈등이 심해져 공적 의사결정에 대한 신뢰가 무너진 상황이라면, 누가 법을 지키고 세금을 내려 하겠는가? 이런 상황에서는 국가가 제 역할을 할 수 없다. 이처럼 국가가 해야 할 일을 제대로 하지 못하고 있는 것은 민주주의가 제대로 작동하지 않고 있다는 신호일 수 있다.

국가는 인간이 필요해서 만든 제도적 산물이다. 사회적 동물인 인간은 사회 안에서 서로 관계를 형성하며 살아가는 존재다. 인간은 사회를 통해 공동체 구성원 모두의 집단적 생존에 적합한 환경을 만들어낼 수 있다. 나아가 모든 구성원이 함께 행복하게 살아갈 수 있도록 사적인 이해관계를 조정하고 공익을 실현할 수 있다. 그 수단이 민주주의 정치다.

개개인의 다양한 생각을 반영하여 보편성을 갖춘 공익을 찾고 실현하는 민주주의 정치는 사회의 건강한 발전에 꼭 필요한 수단적 요소라고 할 수 있다. 결국 민주주의 국가는 이러한 정치 과정을 실현하는 주체로 국민이 사회계약을 통해 만들어낸 인위적인 산물이다.

현대 민주주의 국가는 인권을 확립하고, 자유와 평등의 가치를 실현하기 위해 만들어졌다. 중세 봉건 시대의 신분제가 지닌 불합리성을 해소하는 과정에서 자유와 인권을 앞세운 민주주의 국가가 수립된 것이다. 모두가 평등하게 정치적 권리를 행사함으로써 자유를 실현하는 것이 민주주의 국가의 본질이라는 게 이제는 보편적인 상식으로 자리 잡았다. 사회 구성원 모두를 위한 공동의 이익에 부합하는 의제를 발굴하여 국가 정책과 사업으로 추진함으로써 국가의 바람직한 역할을 정립하는 것은 민주주의 사회에서 너무도 당연한 정치의 역할이다. 만약 국가의 기본적인 역할과 기능이 제대로 작동하지 않는다면, 그것은 민주주의 시스템에 오류가 발생하고 있다는 일종의 신호라고 할 수 있다.

국가의 가장 기본적인 역할은 국민의 생명과 안전을 지키는 것이다. 침략 전쟁은 무고한 인명을 대량으로 학살할 수 있으므로 인륜과 인권을 저버리는 행위다. 더욱이 사사로운 목적을 달성하기 위해 가장 고귀하게 여겨야 할 국민의 생명을 희생시키는 것은 민주주의 정치 과정이 제대로 작동하는 한 절대로 벌어질 수 없는 일이다. 전쟁은 국가가 선택할 수 있는 최악의 의사결정이다. 국가는 다른 나라와의 관계를 설정함에 있어 평화를 지향하는 가운데, 국익을 최우선으로 추구해야 한다는 것이 상식이다. 전쟁에 대한 위협을 고조시키면서 국익을 저버리는 것은 국가의 외교적 기능이 정상적으로 작동하지 않고 있다는 뜻이다. 이외에도 각종 재난과 사고를 예방하지 못하고, 또 발생한 사고를 제대로 수습하지 못해 많은 사람이 다치고 목숨을 잃는 일이 반복되는 것도 국가가 본연의 역할을 다하지 못하고 있다는 뜻이다.

국가는 경제 안정과 성장을 통해 국민의 삶이 더 나아지도록 최선을 다해야 한다. 만약 경기변동을 제대로 관리하지 못해 물가와 환율, 금리 등 각종 경제지표의 급격한 변동을 키움으로써 국민의 삶을 어려움에 빠뜨린다면 국가 기능의 문제점을 드러낸 것이다. 국가는 장기적으로는 재정 건전성을 관리 가능한 수준으로 유지하면서, 민생경제의 안정과 경제성장 동력을 확충하기 위해 적극적으로 노력할 책무가 있다. 재정 운용을 잘못해 재정 건전성이 악화하는 동시에 민생경제를 제대로 돌보지 못해 경제성장 동력이 떨어지는 상황이 계속해서 벌어진다는 것은 국가가 무능한 상태에 빠졌다는 뜻이다.

국가는 소득불평등을 완화하고 모든 국민의 기본적인 생활을 보장하도록 노력해야 한다. 지나친 양극화와 불평등으로 기본적인 생활 수준조차 유지하지 못하는 취약계층이 늘어나고, 이로 인해 사회가 분열되어 안정성이 떨어지고 있다면 국가가 제 역할을 다하지 못하는 것이다. 사회는 모두가 함께 살아갈 수 있는 기반을 마련하기 위해 만들어진 것이고, 국가는 사회의 존속을 위해 노력해야 할 의무가 있다. 원하는 사람 모두가 편안하게 가정을 꾸리고 아이를 낳아 기를 수 있는 환경을 만들어 주는 것도 국가가 해야 할 일이다. 또 국가는 자연환경을 보존하고 지속가능성을 높여 미래 세대가 아름다운 자연환경을 누릴 수 있는 권리를 보장해 주어야 할 의무가 있다. 만약 심각한 저출생 문제로 인해 사회의 존속이 어려워지고, 기후변화 위기에 제대로 대응하지 않아 자연이 황폐해진다면 그것 역시 국가가 바람직한 역할을 다하지 못했기 때문이다.

국가는 국민의 기본권을 최대한 보장하기 위해 노력해야 한다. 그러함에도 "만인은 법 앞에 평등하다"는 사법적 정의가 제대로 작동하지 않고 표현의 자유, 언론의 자유, 노동권 등 기본적인 권리를 국민이 제대로 보장받지 못한다는 것은 국가 기능에 심각한 문제가 발생했다는 뜻이다.

국민은 국가가 본연의 역할을 제대로 수행하지 않는 이와 같은 신호에 민감하게 반응해야 한다. 국민이 국가에 요구할 수 있는 정당한 권리를 얼마나 요구하고 있는지는 매우 중요한 문제다. 국민은 국가가 실제로 자신들의 요구를 얼마나 충족시켜 주고 있는지를 제대로 따져 물을 수 있어야 한다. 이를 위해서는 국민의 적극적인 정치 참여가 필요하다. 국민이 정치에 둔감하면 둔감할수록, 민주주의는 점점 더 퇴행의 길로 접어들 수밖에 없다. 국민이 민주주의의 퇴행에 대해서마저도 무관심하다면, 그것은 기득권 세력이 활개를 칠 수 있는 토양을 만들어 주는 것과 같다. 국민이 정치로부터 멀어지는 사이에 기본권과도 멀어지게 되고, 기득권 세력이 일반 국민을 희생양으로 삼아 착취하는 일은 점점 더 심해질 것이다. 국민의 정치 참여로 민주주의를 바로 세워야 국가가 본연의 역할을 다할 수 있다.

김대중 전 대통령은 전인적 행복을 이루는 4대 요소로 자유와 빵, 그리고 참여와 도덕을 들었다. 자유와 빵만으로는 모두가 함께 행복할 수 없다. 모두가 함께 행복할 수 없게 하는 소외와 정신적 타락의 문제를 바로잡는 참여와 도덕이 필요하다. 국가가 모든 국민의 정치적 자유를 보장하고, 경제적으로 풍요를 누리게 하는 것만으로는 모두가 행복한 사회를 만들 수 없다. 풍요 속에서 소외감을 느끼는 일이 없도록 참여를 활성화하고, 물질적 욕망에 눈이 멀어 타락하는 정신을 바로잡을 도덕성을 확립해야 비로소 모두가 행복한 사회로 나아갈 수 있다.

> 나 개인의 생각으로는 우리 사회학 연구의 관심은 이 사회 속에서 인간 개개인의
> 전인적 행복을 보장하는 인간의 사회적 관계에 두어야 한다고 본다. 인간의 그러
> 한 완전한 행복은 현재의 구·미 선진국가에서와 같이 정치적 자유와 경제·사회적
> 보장만 가지고는 부족하고, 현대사회의 특징인 인간의 소외 현상이 적극 참여의
> 방향으로 전환되어야 하고, 인간 정신의 타락 현상에서 도덕의 부흥이 실현되어야
> 할 것이다. 자유·빵·참여·도덕은 전인적 행복을 이루는 4대 요소로서 앞으로 사회
> 학의 집중적 주목을 받아야 하지 않는가 하는 것이 나의 생각이다.[161]

그러나 실제로 사회 문제를 해결하고 이상적인 사회를 실현하는 것
은 정치다. 어떻게 하면 자유, 빵, 참여, 도덕의 4대 요소를 갖추고 전인
적 행복을 이뤄 나갈 수 있을지에 대한 구체적인 방안을 마련하는 것은
정치의 몫이고, 정치가 그것을 실현하도록 활용하는 수단이 국가다. 따
라서 전인적 행복을 위한 이상적 사회로 나아갈 수 있는 유일한 길은
올바른 민주주의를 확립해 국가가 자신의 역할을 다하게 하는 것이다.

이처럼 정치가 국민의 뜻을 따라 국가의 역할을 바로 세우고, 모든
국민이 행복하게 살아갈 수 있는 사회로 나아가게 하는 것이 민주정치
의 궁극적인 목표다. 정치가 얼마나 사회 문제를 잘 해결하고, 모두가
행복한 사회로 가까이 가기 위해 노력하고 있는지를 보면 그 사회의 민
주주의 수준을 알 수 있다.

지금 우리 사회 곳곳에서 나타나고 있는 민주주의 퇴행의 신호를 그
냥 무시하고 넘어가서는 안 된다. 김대중 전 대통령의 말씀을 빌리자면,

---

161 김대중, 『김대중 옥중서신』, 1984, 靑史, p.26.

지금 우리 사회의 문제들을 심화하는 것은 어쩌면 지나치게 자유와 빵에만 집착하여 사회에 인간 소외와 정신적 타락이 만연하게 한 정치의 문제 때문일지도 모른다. 이제는 시민이 직접 나서서 정치를 바로 세우고, 자유·빵·참여·도덕이 균형을 이루면서 모두가 행복하게 살아갈 수 있는 사회로 나아가야 한다. 아마도 완성형의 민주주의 사회에서는 개인의 자유와 경제적 풍요로움을 넘어 최소한의 삶의 조건을 보장하는 생활권 확립으로 모든 시민에게 실질적인 참여의 기반을 제공하고 정신적으로 성숙한 시민의식을 바탕으로 인류 보편의 도덕 법칙을 실현할 수 있을 것이다.

2. 모두가 공존할 수 있는 사회 지향

인간은 욕망의 동물인 동시에 사회적 동물이다. 정치는 인간의 사회적 본성을 살려 공동의 이익을 추구하게 하는 수단이다. 공동의 이익은 서로 협력하여 더 가치 있는 활동을 하는 것일 수도 있고, 개인의 사적인 자유를 최대한 보장하기 위해 모든 사람의 자유를 조화롭게 하는 것일 수도 있다. 그것이 무엇이 되었건, 정치는 사람들의 사적인 이해관계 속에서 공익을 찾아 실현할 수 있게 한다. 행복을 추구하는 개인은 끝없이 재생산되는 욕망을 추구하는 경제성의 원리를 따르지만, 행복할 만한 값어치가 있는 삶을 추구하는 도덕성의 원리에 구속되기도 한다. 그러나 개인의 도덕성에만 의존해서는 모두가 평화롭게 공존하는 사회를 만들 수 없다. 그래서 정치가 필요하다.

칸트는 "국가의 헌법이 가장 위대한 자유를 달성하는 길은 개인의 자유가 모든 사람의 자유와 함께 공존할 수 있게 하는 것"이라고 했다.[162] 이기적인 욕망과 사적인 자유를 도덕 법칙이라는 보편적 기준의 통제 아래 둠으로써 사익과 공익, 개인과 모두의 자유를 조화롭게 하는 것은 행복을 추구하는 개인의 내면에서 일어나는 일이기도 하지만, 그것만으로는 모든 사람이 사회 안에서 공존할 수 없다. 정치가 사회 전체적

---

162 Immanuel Kant, *Kritik der reinen Vernunft*, 1781(최재희 역, 『순수이성비판』, 박영사, 2021).

으로 국민적 합의를 이끌어내 최소한의 보편적인 규칙이 지켜지도록 보장해야 진정으로 모두가 공존할 수 있는 사회를 만들어 갈 수 있다.

최근 우리 사회는 지나친 경쟁에 찌들어 가고 있다. 경쟁에서 살아남아야만 실존할 수 있고, 내가 살기 위해 남을 밟고 올라서야 하는 사회가 향하는 곳은 '초저출생'이라는 사회 소멸의 길이다. 소수의 승자는 존재의 주체성을 인정받으며 살아남겠지만, 다수의 패자는 소수의 승자에게 짓밟혀 자신의 주체성을 상실한 채 그야말로 생존 투쟁에 자신의 인생을 갈아넣어야 하고, 종국에는 결혼과 출산을 포기할 수밖에 없는 상황으로 내몰리고 있다.

극단적인 경쟁 사회에서의 선택은 둘 중 하나다. 내가 살고 다른 사람이 죽거나, 다른 사람이 살고 내가 죽는 것이다. 남보다 더 많이 가져야 하고, 그러려면 우리의 몫이 될 수 있는 것도 나만의 것으로 만들어야 한다. 극단적인 경쟁 사회에서는 우리가 함께 살아가야 한다는 공동체 정신이 설 자리가 없다. 소유와 욕망을 향한 치열한 경쟁에서 인간의 공감 능력은 퇴행하고 있다. 남을 생각하며 배려하고 공존을 지향하는 사람은 도태되고, 개인주의와 이기주의로 중무장해 치열한 경쟁에서 이긴 소수의 승자만이 살아남을 수 있기 때문이다.

국가는 이처럼 극단적인 경쟁 사회의 폐해를 막기 위해 노력해야 한다. 이는 경쟁 자체를 부정하자는 것이 아니다. 자본주의 시장경제에서 모든 사람은 자유롭게 자신의 역량을 발휘하고, 그 성과를 오롯이 자신의 것으로 인정받을 권리가 있다. 국민이 자신의 노력으로 얻은 성과물을 모두 국가가 거두어 다시 똑같이 나누겠다는 극단적인 재분배 정책에 동의할 사람은 많지 않을 것이다. 그러나 경쟁에서 패배하고 낙오한 사람이 생존의 위협을 느껴야 할 정도로 극단적인 상황에 내몰리는 것에도 동의하기 어렵다. 경쟁에서 한번 패한 것이 전체 인생의 실패로 간주되어 자존감에 상처를 입고 상대적 박탈감과 사회적 소외감에 고통을 받아야만 하는 것은 바람직하지 않다. 국가는 이러한 일이 일어나지 않도록 공정하게 기회를 주고, 경쟁에서 낙오되어 어려움에 빠진 이들이 기본적인 생활 수준을 유지하며 재도전 기회를 가질 수 있도록 지원해야 한다. 그 방법은 국가가 상대적으로 여유가 있는 국민에게 세금을 더 걷어 사회적 약자를 지원하는 것이다.

문제는 어느 정도의 재분배가 개인의 자유를 보장하면서도 극단적인 경쟁 사회의 폐해를 예방하기에 적정한 수준인가이다. 국가가 재분배를 위해 강제로 걷는 세금의 액수를 늘리는 것은 국민 개개인이 자기 노력의 성과물을 획득할 수 있는 자유를 제약하는 것이다. 비단 세금 문제뿐만 아니라 기회의 공정성을 강화하기 위해 누군가의 활동 기회를 제약하는 규제를 강화한다면, 그 역시 개인의 자유를 억압하는 결과를 낳을 수 있다. 그러나 상대적으로 더 많은 기회와 자유를 누리는 소수의 사람들을 위해 극단적인 경쟁 상태를 유지하는 것이, 그렇지 못한 다수의 기회와 자유를 억압하는 결과를 낳는다면 그 역시 바람직하지 않다. 그와 같은 극단적 불평등은 분열을 조장하고 사회의 존립을 위태롭게 함으로써 사회에서 가장 많은 기회와 자유를 누리는 사람들에게도 바람직하지 않은 결과를 가져올 것이다.

그렇다면 어느 정도의 수준에서 개인의 자유를 제약하고 형평성을 강화하는 것이 사회적으로 정의롭다고 할 수 있을 것인가? 그것을 결정하는 것이 바로 정치다. 정치적 과정을 통해 사회정의에 대한 국민 개개인의 다양한 생각과 요구를 통합하여 사회의 일반의지를 형성하고, 그것을 실현하는 것이기 때문이다.

존 스튜어트 밀과 같은 공리주의적 자유주의자는 개인의 최고선은 행복하게 살아가는 것이고, 행복은 자신이 가진 역량을 최대한 발휘하여 이루고자 하는 인생의 목표를 달성하는 것이므로, 그렇게 살아갈 수 있는 자유를 보장하는 것이 가장 중요하다고 했다. 각 개인은 자기 개성의 발전에 비례하여 그 자신에게 더 가치 있는 존재가 되는 것은 물론, 타인들에게도 더 가치 있는 존재가 될 수 있다.[163] 개인의 자유가 보장되는 사회에서는 구성원 각자가 자신의 역량을 자유롭게 키우고 발휘하여 자신이 원하는 일에 최선을 다함으로써 사회의 후생 역시 극대화된다. 따라서 모든 사람이 자유롭게 살아가며, 자기 역량을 최대한 발휘할 수 있도록 하는 것이 사회가 지향해야 할 최고의 선이라는 것이 자유주의자들의 일반적인 입장이다.

그러나 자유주의자들도 모든 구성원이 자유를 무한하게 누릴 수 있는 사회는 존재하지 않는다는 것을 잘 알고 있다. 누구나 자유를 무한히 누릴 수 있다면, 나의 자유를 위해 다른 누군가의 자유가 희생될 수밖에 없기 때문이다. 따라서 개인의 자유에도 한계가 있을 수 있다고 했고, 개인의 자유가 멈춰져야 할 때는 그것이 다른 사람의 자유를 침해할 때라고 했다. 나의 능력을 키우고 그것을 발휘하는 것이 다른 사람을 다치게 하거나 죽음에 이를 수 있게 한다면, 그러한 능력을 함부로 쓸 수 없게 통제하는 것이 당연하다.

자유주의자들은 이러한 자유의 한계를 인정하더라도, 타인의 자유를 침해하지 않는 범위에서 개인의 자유를 최대한 보장하는 것이 바람직하다고 생각한다. 그 이상으로 국가가 세금을 부과하고 재분배를 강화

---

163 John Stuart Mill, *On Liberty*, 1859 (권기돈 역, 『자유론』, 펭귄클래식, 2015), p.160.

하는 것은 개인의 자유를 침해하는 것이기 때문에 타당하지 않다는 것이다. 치열한 경쟁으로 인해 사회적으로 소외되는 사람이 생긴다고 하더라도, 그것은 그 개인이 열심히 노력하지 않은 결과이기 때문에 스스로 책임지도록 하는 것이 자유의 원칙에 부합한다고 본다. 그렇지 않고 그 책임을 사회적으로 나누기 위해 열심히 노력하여 경쟁에서 승리한 사람들의 성과물을 국가가 인위적으로 걷어 패자들에게 나눠 주겠다는 것은 개인의 자유를 침해하는 위험한 생각이라는 것이다.

반면 최소극대화의 원칙을 담은 롤스의 정의론에 따르면, 차등의 원칙은 사회에서 가장 열악한 위치에 있는 사람의 처우를 개선하는 방향으로 작용하게끔 적용해야 한다. 롤스가 말하는 공정으로서의 정의는 한 사회가 얼마나 잘사는 사회인지, 즉 사회의 후생 수준이 어느 정도인지에 대한 평가 기준은 그 사회에서 가장 열악한 처지에 있는 사람이 어떠한 처우를 받고 있는지에 달렸다고 한다. 따라서 사회의 후생 수준을 개선하고 싶다면, 최약자의 처우를 끌어올려야 한다. 결과적으로 롤스의 원칙을 따르면, 한 사회가 가진 부의 총량이 정해져 있을 때 그것을 모든 사람이 똑같이 나눠 갖도록 배분하는 것이 그 사회의 후생 수준을 극대화하는 방법이 된다.

이러한 사고는 겉으로 보면 매우 극단적인 평등주의를 담고 있지만, 실질적으로는 극단적인 자유주의에 가깝다. 즉, 사회에 대한 기여나 성실함 등과 같은 노력과 무관하게 동등한 결과를 배분받을 수 있도록 함으로써 자신의 능력을 열심히 발휘하지 않고 살아갈 수 있는 완전한 자유를 인정하는 것이라고 할 수 있기 때문이다.[164] 어떻게 해석하든지 간

---

[164] 마이클 샌델(Michael J. Sandel)은 자신이 선택할 수 없는 신체적 장애와 같은 한계로

에 개인이 노력해 얻은 성과물에 대한 소유권을 인정하지 않고, 사회의 부를 모든 사람이 똑같이 나눠 가져야 한다는 극단적인 사고는 아무도 노력할 필요가 없는 사회를 만들어 사회를 궁핍하게 할 위험이 크다.

도덕적으로 보면, 진정한 자유는 내가 하고 싶은 것을 행하더라도 그것이 곧 사회적으로 아무런 문제를 일으키지 않고 공익에 부합하는 긍정적인 효과를 창출하는 상태를 의미한다. 헤겔은 진정한 자유를 계속되는 반성과 성찰로 개인의 특수(사적 이익, 개인의 생각)와 보편(공적 가치, 보편적사고)의 통합이라는 변증법적 진보가 완성된 정신 상태라고 했다.[165] 즉, 개인이 하고 싶은 일을 아무런 방해도 받지 않고 할 수 있는 것을 자유라고 한다면, 진정한 자유는 높은 수준의 정신적 성숙을 이뤄 자유롭게 행하는 것이 보편적 도덕 기준을 위배하지 않는 상태에 이른 것을 뜻한다. 사적인 이익과 보편적 도덕 법칙이 통합을 이뤄 내어 서로 같아진 상태라고 하는 개념이 비현실적이기는 하지만, 정신적 수양을 통해 도덕적으로 높은 경지에 이르게 된 사람은 도덕적으로 선한 행위가 진정으로 자신의 이익에 부합하는 것으로 사고할 수도 있을 것이다.

인해 어려움에 빠진 사람을 사회가 돕고 책임지는 것은 이해할 수 있으나, 자신의 선택으로 놀이에 빠져 일하지 않고 사회에 대한 기여도 없이 경제적으로 궁핍해진 사람까지 사회가 도와주는 것은 공동체주의적 관점에서 타당하지 않다고 지적했다(Francis Fukuyama, *Liberalism and Its Discontents*, New York: FSG, 2022, pp.54~57). 일례로 한 사람은 열심히 공부해서 좋은 대학을 나와 금융기관에서 일하며 많은 소득을 얻고 사회적 이슈에 많은 관심을 두고 사회 활동에도 적극적으로 참여하며 살아가고 있는 반면, 다른 한 사람은 일하기를 싫어하고 해변에서 서핑을 즐기며 사회적 이슈에도 관심이 없고 사회 활동에도 전혀 참여하지 않는다고 하자. 과연 이 경우 전자의 사람이 벌어들인 소득을 후자의 사람에게 나눠주는 것이 타당한가에 대해 의문을 갖지 않을 수 없다. 공동체에서의 존중은 각자의 서로에 대한 기여를 전제로 한다. 아무런 기여도 하지 않고 존중받기를 바라는 것은 타당하지 않을 수 있다.

165 Georg Wilhelm Hegel, *Phänomenologie des Geistes*, 1807(김양순 역, 『정신현상학』, 동서문화사, 2016).

내가 하고자 하는 일이 다른 사람의 자유를 전혀 침해하지 않는 것, 남에게 해를 끼칠 수 있는 일이 나의 자유로운 선택 대상에 전혀 포함되지 않는 것, 남을 돕고 다른 사람들을 배려하며 살아가는 것만이 정말로 자신이 하고 싶은 자유의 선택 대상에 남아 있을 때가 진정 자유로운 것이다. 사람들은 대체로 자신만의 생각이 아니라, 모든 사람이 동의할 수 있는 보편적인 생각을 염두에 두고 생각을 정리하는 경향이 있다. 인간이 끊임없는 반성과 성찰로 정신적 발전을 완성한다면, 인륜적 가치와 도덕 법칙이 체화되는 진정한 자유의 경지에 이를 수 있을지도 모른다. 만약 모든 사회 구성원이 인류의 보편적 가치를 도덕적으로 승인하고, 자신의 이익과 일치시켜 진정한 자유에 이를 수 있다면 국가와 법, 제도, 정치는 완전히 달라질 것이다. 칸트도 가장 선행해야 할 법의 원리는 "너의 원칙이 보편적 법칙이 되도록 네가 원하는 대로 행동하라"는 형식적 원리라고 했다.[166] 이러한 법의 형식적 원리도 잘 생각해 보면 자유를 보편적 법칙에 일치시키는 진정한 자유의 개념에서 나온 것이라고 할 수 있다.

정치철학자 윌리엄 고드윈은 자유에는 언제나 의무와 책임이 뒤따르는데, 인간의 본성은 선하기 때문에 자유에 뒤따르는 의무와 책임을 충실히 이행할 수 있다고 했다. 또한 인간이 선한 본성을 잘 따르면 정부와 법, 제도 등과 같은 인위적 질서는 필요치 않다고 했다. 지식과 덕성은 끝없이 발전하고 진보하기 때문에, 우리는 정부의 권력Authority이 아니라 사회적 합의Consensus에 기초하여 관리되는 더 위대한 사회와

---

166 Immanuel Kant, *Zum ewigen Frieden. Ein philosophischer Entwurf*, 1795 (박환덕 역, 『영구평화론』, 범우사, 2015), p.112.

정치적 삶의 영역을 기대할 수 있는 것이다.[167]

이처럼 고드윈은 정부가 행사하는 강제성을 동반한 권력 기반 행위보다, 정치 과정에 따라 사회정의에 이르도록 하는 사회적 합의를 훨씬 더 중요하게 생각했다. 모든 사람을 법의 노예가 되게 하는 것보다, 정치적 합의를 통해 도덕 원칙을 사회에 뿌리내리도록 하는 것이 훨씬 더 자유의 개념에 합치된다.

사회정의에 대해 어떤 견해를 갖든 가장 중요한 공통점은 사회적으로 지향해야 할 최상의 가치가 사회 구성원 모두가 함께 살아가야 한다는 것을 인정하고 서로를 존중하는, '공존'에 대한 관념이다. 자유와 평등, 정의와 같은 가치들도 공존을 지향하는 관념 안에서 정의되고 조화를 이룰 수 있다. 자유주의와 평등주의가 양극단에서 서로 대립하는 것 같지만, 공존을 지향하는 사회는 그 사이 어딘가에서 합의를 이루기 마련이다.

양자의 조화와 통일의 지점을 결정하는 것이 민주주의 정치다. 정치적 합의를 통해 보편성을 갖춘 공적 가치는 어느 한 극단으로 나타나지 않을 것이다. 민주주의는 국민의 다양한 견해가 만나 대화와 타협의 과정을 거쳐 조화를 이룸으로써, 사회의 일반의지를 따를 수 있게 한다. 따라서 모든 국민의 적극적인 정치 참여로 다양한 생각과 이해관계가 정치 안에서 용해되어 일반의지를 찾아갈 수 있도록 민주주의가 제대로 작동한다면, 우리는 모든 사회 구성원이 공존할 수 있는 가장 적절한 결론에 이를 수 있을 것이다.

---

167 William Godwin, *An Enquiry Concerning Political Justice*, OXFORD University Press, 1793.

나아가 공존의 개념은 사람과 사람 사이에만 머물지 않는다. 공존에 대한 사회적 지향이 강화될수록 공감의 본성이 되살아나고, 이는 동물과 식물을 포함한 자연에서 살아가는 모든 생명체와의 공존으로 나아갈 수 있게 한다. 이처럼 장기적으로 지속가능한 사회와 전 지구적 환경을 위해서도 민주주의 정치가 중요하다.

3. 이성과 양심에 따른 입법

입법의 도덕 법칙 종속성

국민이 자신의 일부 권리를 양도하여 국가를 형성하고 국가가 만든 법을 따르기로 한 것은 시민이 맺은 자발적 사회계약에 따른 것이다. 따라서 적법한 절차에 따라 만들어진 법을 준수하는 것은 모든 시민의 권리인 동시에 의무라고 할 수 있다. 더욱이 사법질서가 확립된 민주주의 국가에서 입법부의 고유한 권한을 토대로 만들어진, 절차적으로 타당한 법을 국민이 얼마나 잘 준수하는지는 성숙한 시민의식을 나타내는 지표이기도 하다. 그러나 아무리 시민이 법을 지키도록 강제하는 사법질서가 확립되어 있다고 하더라도, 시민의 마음에서 우러나오는 진정한 준법 정신은 입법의 결과물이 그 상위의 사회질서에 비추어 얼마나 타당한가에 달렸다.

만약 국민의 기본권을 억압하고 인권과 도덕 등 상위의 보편적 질서를 위배하는 법을 제정하여 시민의 건강한 상식으로는 그것을 도저히 받아들이기 어려운 상태에 이르게 된다면, 시민에게 그러한 법의 준수를 강제할 수는 없다. 그러한 입법은 사회계약의 본질을 위배한 것이기 때문이다. 사회계약은 시민이 자발적으로 자신의 권리를 국가에 양도하겠다는 약속이지만, 그것은 국가권력의 행사가 국민의 일반의지, 즉 모든 시민에게 공통으로 이익이 되는 보편적 가치에 종속되어 있음을 전제로 한다. 따라서 아무리 입법이 헌법과 법률에 따라 절차적으로 보장된 권한에 따른 것이라고 하더라도, 그것의 실질적인 내용이 상위의 보편적 사회질서를 위배하는 것이라면, 시민에게 법을 지키도록 강제할 수 없다.

비록 법과 규칙이 사회적 합의의 결과물이라고는 하지만, 실제로는 소수의 대표자가 만들어낸 인위적인 산물일 뿐이다. 국민을 대표하는 소수의 정치인은 신이 아니므로 완전할 수 없고, 입법 과정의 산물인 법규도 한계가 있을 수밖에 없다. 따라서 법을 만들 때는 철저하게 법보다 상위에 있는 보편적 질서를 따르도록 노력해야 한다.[168] 하이에크가 소수의 인간이 만든 인위적인 법이나 규칙보다, 오랜 세월 사회 구성원의 보편적 삶의 과정에서 만들어진 시장질서라는 자생적인 질서가 우위에 있다고 주장하면서 정부의 인위적 시장개입에 반대한 것도 입법의 한계를 명확하게 간파했기 때문이다.[169]

---

[168] 선스타인(Cass Robert Sunstein)은 경제학이 표의 극대화를 추구하는 정치인의 단일 목표를 내세워 입법 행위를 오직 유권자의 압력만으로 설명하는 것은 비판받을 수 있다고 했다. 그에 따르면, 입법은 이익집단의 영향을 받는 한 극단과 이익집단의 영향을 받지 않는 토론이라는 다른 한쪽의 극단 사이에서 결정되는 것으로, 입법 결과는 유권자의 압력과 정치인의 토론, 그리고 여타 다양한 요인들의 합성 요인에 의존하게 된다. 만약 입법이 전적으로 이익집단의 영향을 받는 극단에서 이뤄진다면, 입법은 경합하는 이익들의 거래로 간주될 수 있을 것이다. 반면 이익집단의 영향을 받지 않는 다른 쪽 극단에서 입법이 이뤄진다면, 정치인의 양심과 신념에 따라 보편적 도덕 법칙과 다양한 가치를 반영한 토론을 통해 법이 만들어진다. 법률의 제정은 이 두 극단의 연속선상에 위치하게 되는데, 개별 사례들이 어느 위치에 놓여 있는지를 구분할 수는 없다(Jürgen Harbermas, *Faktizität und Geltung*, Berlin: Suhrkamp Verlag, 1992 (한상진·박영도 역, 『사실성과 타당성』, 나남, 2017), p.483). 따라서 입법이 단순히 경합하는 이익의 거래에만 의존하는 것이 아니라고 한다면, 토론 과정에서 보편적 도덕 법칙이 입법에 영향을 미칠 수밖에 없다.

[169] Friedrich A. Hayek, *Law, Legislation and Liberty: Volume 1, Rules and Order*, Chicago: The University of Chicago Press, 1978.

그렇다면 인간이 법을 제정할 때 반드시 따라야 할 최상위 원리는 무엇인가? 그것은 인간의 양심이 내리는 명령, 즉 도덕 법칙이다. 헤겔은 양심을 "보편적 진리(도덕 법칙)에 대한 확신"이라 했고,[170] 칸트는 도덕 법칙을 따르는 것을 실천이성의 차원에서 검토한 정언명령에 순응하는 삶을 위한 노력이라고 했다.[171] 우리 헌법에서도 법의 제정과 해석을 직무로 하는 국회의원과 법관은 직무 수행에서 양심을 따라야 한다고 규정하고 있다. 헌법 제46조 제2항은 "국회의원은 국가 이익을 우선하여 양심에 따라 직무를 행한다"라고 규정하고 있고, 헌법 제103조에서는 "법관은 헌법과 법률에 의하여 그 양심에 따라 독립하여 심판한다"고 규정하고 있다.[172]

따라서 국회의원은 입법 과정에서 양심에서 나오는 보편적 진리인 도덕 법칙을 위배하지 않도록 노력해야 한다. 만약 도덕 법칙을 위배하는 법이 만들어진다면 법관의 사법적 판단을 통해 그 적용에 주의를 기울여야 하고, 헌법재판소와 입법부가 정하고 있는 절차를 통해 잘못된 법을 바로잡아야 한다. 이러한 기능이 제대로 작동하지 않는다면 그 사회는 권위주의적 권력의 지배를 받는 독재 국가이거나, 소수 기득권

---

170 Georg Wilhelm Friedrich Hegel, *Phänomenologie des Geistes*, 1807 (김양순 역, 『정신현상학』, 동서문화사, 2016), p.431.

171 Immanuel Kant, *Kritik der praktischen Vernunft*, 1788 (최재희 역, 『실천이성비판』, 박영사, 2018).

172 이에 따라 「국회법」 제24조는 국회의원이 취임과 함께 "나는 헌법을 준수하고 국민의 자유와 복리의 증진 및 조국의 평화적 통일을 위하여 노력하며, 국가 이익을 우선으로 하여 국회의원의 직무를 양심에 따라 성실히 수행할 것을 국민 앞에 엄숙히 선서합니다"라고 선서하도록 규정하고 있다. 또 법원공무원규칙 제69조에서는 법관이 취임할 때 "본인은 법관으로서, 헌법과 법률에 의하여 양심에 따라 공정하게 심판하고, 법관 윤리 강령을 준수하며, 국민에게 봉사하는 마음가짐으로 직무를 성실히 수행할 것을 엄숙히 선서합니다"라고 선서하게 하고 있다.

세력의 이해관계가 우선하는 왜곡된 사회라고 할 수 있다. 설령 그렇지 않더라도 최소한 민주주의가 제대로 작동하지 않는 고장 난 사회라고 할 수 있을 것이다.

정치인이 절차적으로 정당한 권력을 가졌다고 해서 모든 입법의 정당성이 곧바로 확보되는 것은 아니다. 도덕 법칙 같은 상위 질서를 위배하는 입법은 그 효력을 기대할 수 없고, 사회의 지속가능성을 위태롭게 할 뿐이다. 우리가 입법에 기대하는 것 중 하나는 법을 통해 사회를 결속시키는 것이다.

"정직과 도덕은 모든 정치를 능가한다"는 이론적인 명제는 반론의 여지 없이 실제 정치에서 필수불가결한 조건이다. 권력의 수호신 역시 운명의 지배를 받을 뿐이므로, 도덕의 수호신은 권력의 수호신에게 그 어떤 것도 절대로 양보하지 않는다.[173] 즉, 제아무리 강력한 권력이라도 도덕 법칙을 넘어설 수는 없고, 모든 법은 도덕 법칙 아래 머물러야 한다. 또 법이 국가의 권력을 제약하는 법치주의를 민주주의 원칙으로 받아들인 이상, 도덕적인 정치가는 입법을 포함한 국가 정략의 모든 원리를 도덕과 양립시키기 위해 노력하는 것이 당연하다.[174]

토마스 아퀴나스는 법이 지닌 본연의 효과에 대해 사람들을 선한 본성으로 이끄는 덕을 갖추도록 하는 것이라고 했다. 법은 인간이 선한 삶을 살아갈 수 있게 도와줄 수 있어야만 그 의미가 있다는 뜻이다. 결국 법이라는 것도 공동체의 구성원이 공동체를 위해 도덕 법칙을 따르고자 하는 마음을 갖고 논의한 결과를 공포한 것이다. 그것은 권력 행사

---

173 Immanuel Kant, *Zum ewigen Frieden. Ein philosophischer Entwurf*, 1795 (박환덕 역, 『영구평화론』, 범우사, 2015), p.95.

174 앞의 책, p.99.

의 결과물이라기보다는 이성에 의해 길들여진 공동선을 지향하는 힘을 따른 결과물이라고 할 수 있다

따라서 좋은 법은 올바른 법적 담론에서 나온 것이어야 한다. 법적 담론이 옳다는 것은 입법 과정 자체가 도덕 법칙에 비추어 옳다는 것을 전제로 한다. 한 사람의 입법자가 무질서한 군중의 뜻을 하나로 합일시킨 후, 공통의 의지에 따라 법적 체계를 만들 수 있을 정도로 높은 수준의 도덕성을 가졌을 것으로 기대할 수는 없다.[175] 또한 모든 사람의 개별적 판단이 칸트가 말한 정언명령과 같은 도덕 법칙을 따를 것으로 기대하는 것 역시 불가능하다. 따라서 신이 아닌 인간이 도덕적으로 옳은 입법에 대한 의사결정에 도달하기 위해서는 다수의 판단과 동의에 의존할 수밖에 없다. 최대한 많은 시민의 의견을 입법 과정에서 모아 공통된 부분을 찾는다면 도덕적 옳음에 가까워질 가능성이 크다. 모든 사람이 동의하는 보편적 합의에 도달할 때 그것은 도덕 법칙과 유사할 것이기 때문이다.

올바른 입법적 결론은 법에 관한 사회적 담론에 최대한 많은 보편적 사회 구성원이 참여하여 의견을 제시할 수 있는 공론의 장을 통해 도출하는 것이 바람직하다.[176] 누구도 혼자서 사회의 공통된 의지를 찾아

---

175 앞의 책, p.97.

176 하버마스는 다음과 같이 공론의 장을 통해 도출된 입법의 정당성을 주장한 바 있다. "탈형이상학적 조건에서는, 평등한 권리를 가진 시민들의 담론적 의견 형성 및 의지 형성 과정에서 나온 법만이 정당한 것으로 간주된다. … 왜냐하면 정당한 법은 법치국가의 원리에 의해 규제된 권력 순환, 다시 말해서 시민사회적 제도를 매개로 생활세계의 사적 핵심 영역에 뿌리내리고 있는, 권력에 침윤되지 않은 정치적 공론장의 의사소통으로 살아가는 권력 순환의 형식 속에서만 재생산될 수 있기 때문이다"(Jürgen Harbermas, *Faktizität und Geltung*, Berlin: Suhrkamp Verlag, 1992(한상진·박영도 역, 『사실성과 타당성』, 나남, 2017), pp.538~539).

실현하는 것은 불가능하므로, 최대한 많은 사람의 특수한 의지의 차이를 초월하여 그것을 합일시키는 공통분모를 찾아내는 수밖에 없다.[177]

이처럼 특수한 의지의 차이를 합일시키는 과정이 민주주의이고, 그래서 민주주의가 입법의 상위 사회질서 종속성을 확립할 수 있는 것이다. 최대한 많은 시민의 의견을 공론의 장에 녹여 내고 통합적 결론을 도출할 수 있는 정치 시스템은 정상적으로 작동하는 민주주의뿐이다.

노무현 전 대통령의 다음과 같은 연설은 입법의 상위 사회질서 종속성과 함께, 민주주의의 가장 중요한 원칙인 국민주권의 원리에 대한 중요한 시사점을 제공한다.

> 법률상 방위산업체 노동자 파업은 금지되어 있습니다. 현대중공업은 방위산업체입니다. 따라서 여러분의 파업은 위법입니다. (…)
> 여러분! 법이 먼접니까, 사람이 먼접니까? 사람을 위해 법이 있는 것이지 법을 위해 사람이 있는 것은 아닙니다. 따라서 사람을 잘살게 하는 법이라야 법이지 사람을 못살게 하는 법은 법이 아닙니다. 그것도 우리 모두가 다 함께 잘살게 하는 것이라야지, 권력 있고 돈 있는 사람 몇 사람만 잘 먹고 잘살도록 만들어 놓은 법은 법이 아닙니다.[178]

민주주의는 국민이 주인이 되는 정치 체제다. 민주주의 사회에서의 입법이 다수의 사람이 함께 잘살 수 있도록 하는 것이어야 한다는 것은, 이와 같은 국민주권의 원리에 비추어 보더라도 자명한 이치다. 그리고 다수의 사람이 어우러져 함께 살아갈 수 있도록 하는 기반은 도덕 법칙

177 Immanuel Kant, *Zum ewigen Frieden. Ein philosophischer Entwurf*, 1795 (박환덕 역, 『영구평화론』, 범우사, 2015), pp.96~97.

178 노무현, 『그리하여 노무현이라는 사람은: 노무현의 말과 글』, 돌베개, 2019, pp.37~38.

이다. 따라서 입법이 도덕 법칙을 위배해서는 안 된다는 지침은 민주주의의 가장 기본적인 원리 중 하나라고 할 수 있다.

한편 국가권력이 사회의 일반의지General Will를 따르도록 하는 것이 사회계약의 요체라고 한 루소는 입법이 지향해야 할 원칙으로 다음과 같이 평등을 강조했다.

> 힘은 불균형의 원천이다. 힘을 가진 자를 사회적으로 정당하게 통제할 수 있는 유일한 수단은 오직 입법이다. 따라서 입법은 절대적으로 평등을 지향해야 한다. … 힘은 그것이 어떤 것이 되었든 폭력이 되어서는 안 되고 오로지 지위와 법에 의해서만 행사되어야 하며, 어떠한 시민도 다른 시민을 살 수 있을 만큼 부유하지 않으며 어느 누구도 자신을 팔아야 할 만큼 가난해서는 안 된다. … 힘은 항상 평등을 깨뜨리는 경향이 있다는 바로 그 이유 때문에, 입법의 힘은 항상 그것의 유지를 지향해야 하는 것이다. [179]

우리의 양심이 살아 있다면, 평등을 지향하는 이와 같은 입법 원칙을 전적으로 부정하기는 어려울 것이다. 사회는 수많은 사람이 관계하며 살아가는 곳으로, 그 관계의 기반이 되는 최상위 원칙은 도덕 법칙이다. 그러나 사회적 관계에서 힘의 원리는 힘을 가진 소수가 다수의 희생 위에 군림하면서 그 힘을 계속해서 키워 가도록 허락한다. 힘과 권력, 부를 가진 집단은 힘을 더 키우기 위해 그 힘을 이용한다. 이러한 힘의 원리를 도덕 법칙 아래 머물도록 강제하는 것이 법이다. 따라서 입법은 힘의 원리를 통제할 수 있도록 평등을 지향해야 한다는 것이

---

[179] Jean Jacque Rousseau, *The Social Contract*, 1762(김중현 역, 『사회계약론』, 펭귄 클래식, 2010), p66.

루소의 생각이다.

도덕 법칙과 사회 결속력

입법에 기대하는 것 중 하나는 법을 통한 사회의 결속이다. 우리는 법이라는 최소한의 기준이 있기에 불특정 다수의 사람들과 함께 어우러져 살아갈 수 있다. 그러나 입법이 사회 결속력을 높여 줄 것으로 기대할 수 있는 것도 그것이 상위 질서인 도덕 법칙을 위배하지 않을 때 가능하다. 도덕 법칙을 위배하는 입법은 그 효력을 기대할 수 없을 뿐만 아니라, 입법에 대한 신뢰를 떨어뜨리고 사회의 결속력을 오히려 약화시킬 수 있다.

가장 중요한 사회의 결속력은 도덕적 옳음에 기반한 보편적 가치 추구에서 나온다. 인간이 지닌 사회성이라는 본성의 근원은 '함께 이익을 추구함'이다. 여기서 이익이란 원초적인 생존의 문제부터 물질적 이익, 금전적 이익, 정신적 평안에 이르기까지 다양할 수 있다. 자기애를 가진 모든 사람은 자신의 이익을 추구하지만, 다른 본성 중 하나인 공감 능력이 있기에 사회적 관계를 형성하며 함께 살아갈 수 있다. 인간이 모여 사회를 이루고, 함께 살아가는 과정에서 다른 사회 구성원과 함께 공동의 이익을 추구할 수 있게 된 것이다.

가족에서부터 동호회, 기업, 사회단체, 국가, 전 세계에 이르기까지 우리가 생각할 수 있는 모든 형태의 집단은 구성원 공동의 이익을 추구하는 것을 전제로 한다. 우리는 가족의 구성원이면서 동시에 친구 또는 동료와 특수한 사회적 결합 관계를 맺고 있으며, 나아가 국가를 기반으로 하는 사회의 구성원이자 세계시민이기도 하다. 각 집단이 추구하는 공동의 이익은 더 큰 사회 집단으로 확장해 갈수록 인류 공통의 보편적 도덕 법칙으로 수렴해 간다. 사람들은 각자의 도덕적 판단 기준을 갖고 살아가는데, 세계의 일원으로서 각자의 판단 기준은 근본적으로 보편적인 도덕 법칙에 구속되기 마련이다. 어떠한 일을 행함에 있어 정신적 평안을 추구하고 진정한 행복에 이르고자 노력하는 것은 보편적 행위 기준으로서 도덕 법칙을 따르는 양심이 있다는 증거다.

사회적으로 형성된 어떤 집단이 얼마나 오랫동안 안정적으로 지속할 수 있는가는 그 집단이 추구하는 공동의 이익이 도덕 법칙이라는 보편적 기준에 비춰 얼마나 용인될 수 있는가에 달렸다. 기득권을 가진 집단이 특권을 유지하기 위해 아무리 용을 쓰더라도 사회가 용인할 수 있는 보편적 도덕 법칙의 한계를 벗어나는 순간, 그 집단은 지속되기 어렵다. 사회도 마찬가지다. 사회 구성원이 동의하는 보편적 가치가 제대로 확립되지 못하는 상황이 지속될 경우, 사회의 불안정성은 커질 수밖에 없다. 이렇게 사회가 불안정하여 해체될 위기에 처하게 되면, 가장 큰 피해를 보는 사람은 그 사회에서 가장 많은 부와 권력을 가진 사람들이다. 따라서 어떤 기득권 세력도 사회 불안정이 임계치에 이르면 자기 이익을 위해서라도 특권을 포기해야 하는 선택을 피할 수 없다. 이처럼 도덕 법칙은 사회를 유지하는 일종의 자동 안정화 장치로써 기능한다.

역사적으로 보더라도 특권층은 자유와 평등, 인권 등 인류 보편의 가치를 확립하기 위한 시민혁명을 맞아 자의든 타의든 특권을 내려놓아야만 했다. 우리나라에서도 서슬 퍼런 칼날을 앞세웠던 군부독재가 민주주의를 원하는 시민의 외침 앞에 무릎을 꿇었다. 재벌, 검사, 언론, 정치세력 등 온갖 유형의 기득권 집단도 그들이 누리는 특권이 도덕 법칙이 허락하는 임계치를 넘어서게 되면, 언젠가는 그것을 내려놓아야 할 때가 찾아오게 될 것이다.

이처럼 도덕 법칙이라는 사회적 결속력의 본질을 생각할 때 소수의 기득권 세력을 형성하는 방향으로 특수한 이해관계를 앞세우는 것은 사회적으로 용인되기 어렵다. 자본주의 경제에서 이윤을 극대화하기 위해 만든 기업이라는 특수한 형태의 사회 집단도 점점 더 강력한 사회적 책임을 요구받고 있다. 이제는 자본주의가 과거와 같이 사회로부터 분리되어 그들만의 리그를 형성하는 것이 용납되지 않는다. 자본주의적 경제 집단이 사회 안으로 다시 녹아들어 와야 하는 사이클에 접어들었다. 이윤도 사회적으로 용인되는 기업 활동을 통해 창출된 것이어야만 지속 가능할 수 있다. 토크빌이 말한 계몽된 자기 이익Enlightened Self-interest이란 바로 이런 것이다.[180] 자본주의 사회에서 경제 주체가 이기적인 목적을 추구하는 자유방임을 주장할 수 있는 것은, 아무리 사익이라고 할지라도 사회적으로 용인 가능한 범위 안에 있음을 전제로 하기 때문이다. 나아가 장기적으로는 공익이 곧 사익과 일치함을 깨닫는 순간, 사회 파괴적 사익 추구 행위를 통제할 수 있게 된다. 나의 자유도 타인의 자유를 침해하지 않는 범위 안에서만 자유로 인정받을 수 있는 것처럼, 공동체에 대한 책임을 무시하는 자유는 진정한 자유가 아니다.[181]

---

180 토크빌은 "동료들을 돕는 한에서만 그들의 도움을 얻을 수 있다는 것을 알기 때문에, 각 개인은 자신의 개인적 이익이 전체 공동체의 이익과 일치한다는 것을 깨닫게 될 것"이라며, 사회의 지속가능성을 위한 책임 이행과 공익적 태도가 결국엔 자기 이익과 일치할 수 있음을 말했다(Alexis de Tocqueville, *De la démocratie en Amérique*, 1835 (임효선·박지동 역, 『미국의 민주주의』, 한길사, 2014), p.67).

181 존 스튜어트 밀은 정의에 대한 감각(Sense of justice)도 모두에 대한 동정심과 계몽된 자기 이익의 확장을 통해 이기심을 일반화함으로써 얻을 수 있다고 했다. 이러한 관점에서는 공리주의가 말하는 효용의 원리도 정의에 대한 감각과 대립하지 않고, 오히려 효용의 원리로부터 정의에 대한 감각을 도출할 수 있다(Mike Berry, *Morality and Power: On Ethics, Economics, and Public Policy*, Massachusetts: Elgar, 2017, p.42).

그러나 근시안적 사고의 한계를 갖고 있는 인간은 이것을 학습하지 않고서는 알 수 없다. 따라서 사회는 사적 자유의 한계, 자기 이익의 한계를 배우는 학습의 장이기도 하다. 인간은 사회 안에서 다른 사람과 공존하는 방법을 체득하며 살아간다. 사회계약은 타인과 공존하며 살아가기 위한 약속이다. 사회계약의 이행을 보장하기 위해 만들어낸 제도가 국가지만, 국가권력에만 의존해서는 공존을 보장받을 수 없다. 수많은 사람이 관계를 맺으며 살아가는 사회는 유기체와 같은 자생성을 갖고 있지만, 국가는 인간의 인위적인 개입 없이는 스스로 작동할 수 없기 때문이다. 사회 안에서 사람들은 도덕 법칙을 학습하고 실천하면서 살아가지만, 국가는 인간이 인위적으로 입법·행정·사법 절차에 개입하여 어떤 압력을 행사해야만 법규와 제도를 만들고 적용할 수 있다.

따라서 민주주의를 제대로 확립해 국가가 사회 구성원 모두의 공존을 보장할 수 있게 해야 한다. 사회의 최상위 질서는 사회에서 실시간으로 학습하고 실천해 나가는 보편적인 도덕 법칙이다. 사회는 국가보다 크고 빠르게 변화한다. 사회의 보편적 도덕 법칙에 비춰 잘못된 부분이 있다면 정치가 그것을 바로잡아야 하고, 정치가 잘못된 부분이 있다면 국민이 바로잡아야 한다.

> 인간의 내면에 있는 도덕적 원리는 결코 소멸되는 일이 없다. … 진정한 정치란 처음부터 도덕에 복종하지 않고서는 일보도 전진할 수 없다. 정치는 그 나름대로 어려운 기술이지만, 그러나 정치와 도덕을 일치시키는 일은 아무런 기술도 아니다. 왜냐하면 양자가 서로 충돌하게 되면, 정치가 풀지 못한 매듭을, 도덕은 일도양단할 수 있기 때문이다. [182]

---

182 Immanuel Kant, *Zum ewigen Frieden. Ein philosophischer Entwurf*, 1795 (박환덕 역, 『영구평화론』, 범우사, 2015), pp.120~122.

입법자의 행위가 정당화되는 것은 헌법에 명시된 절차적 지침의 준수와 입법 행위에 선행하는 국민의 의지를 따르기 때문이지, 단순히 자신이 제정한 법률 그 자체에 의해 정당화되는 것은 아니다.[183] 입법자가 스스로 자신의 권력을 정당화하는 법을 만들어 놓고, 그것에 근거하여 자신의 정당성을 주장할 수는 없는 일이다. 입법자의 행위를 정당화할 수 있는 것은 국민이 그것을 인정해 줄 때뿐이다. 사회의 최상위 질서인 보편적 가치와 도덕 법칙에 반하는 입법과 정치 활동, 국가권력 행사는 국민에게 절대로 인정받을 수 없다.

일례로 정당한 노동자 집회를 불법으로 몰고 경찰력을 동원하여 결사와 집회의 자유를 제약하는 일이 벌어진다면, 법을 어긴 국민을 때려잡는 것이 법치주의라면서 검찰권을 정치적으로 오남용한다면, 얼마나 많은 국민이 그것에 동의할 수 있겠는가? 법치주의는 강력한 힘을 가진 국가가 그 힘을 행사할 때 국민의 대표가 만든 법을 한계로 삼아야 한다는, 권력 행사에 대한 통제 원리다. 국가가 권력을 오남용하여 국민을 때려잡고, 국민을 권력에 길들이기 위한 법을 만들고, 해석하고, 집행하는 등의 행위는 국민 모두를 위한 보편적 가치와 질서의 원리에서 완전히 벗어난 것이다.

노무현 전 대통령의 말처럼, 사람이 아닌 법 그 자체가 목적인 그런 정치와 국가권력 행사라면, 국민은 그것을 지키고 따를 필요가 없다. 만약 지금 우리 사회가 비틀어져 있다면, 그것을 바로잡아 이성과 양심에 따라 법을 만들고, 해석하고, 집행하는 정상적인 사회로 만들어 갈 수

---

183 Jürgen Harbermas, *Faktizität und Geltung, Berlin: Suhrkamp Verlag*, 1992 (한상진·박영도 역, 『사실성과 타당성』, 나남, 2017), p.354.

있는 유일한 방안은 민주주의를 정상화하는 것뿐이다. 그리고 민주주의를 정상화할 수 있는 유일한 주체는 바로 국민이다.

4. 자본주의를 위한 자본주의 규제

　　자본주의는 시장을 중심으로 한 인간사회 특유의 경제 제도다. 자본주의 시장경제가 인간의 이기심과 합리성을 바탕으로 가격기구의 조정을 통해 사회 후생을 극대화한다고 말할 때 내세우는 가장 중요한 가치는 효율성이다. 그러나 인간과 사회가 추구하는 가치가 효율성만 있는 것은 아니다. 사회의 바탕을 이루는 가치들은 인권부터 자유와 평등, 정의에 이르기까지 다양하다. 다만, 그 경중이나 우선순위에 대한 생각은 사람마다 다를 수 있다.

　　생명을 가진 생명체로서 인간은 본원적으로 생존을 추구하는 존재다. 살아남는 것보다 더 중요한 가치는 없다. 자본주의 시장경제를 설명하려면 인간의 생존에 가장 적합한 경제질서를 확립하는 과정에서부터 시작해야 한다. 애초에 경제 활동은 생존에 필요한 자원을 자연으로부터 획득하는 수단이고, 자본주의 경제는 생활에 필요한 자원을 얻는 방식이 진화하는 과정에서 나타난 경제질서라고 할 수 있다.

　　원시 경제에서 생존을 위한 인간의 본성은 투쟁으로 나타날 수도 있고, 공존을 위한 협력으로 나타날 수도 있다. 투쟁의 본성이 활발한 시기에는 전쟁을 통해 생존의 문제를 해결하는 방식이 빈번하게 나타나지만, 곧 살아남기 위한 전쟁이 얼마나 모순적인지를 깨닫게 된다. 살아남기 위해 생명을 걸어야 하는 전쟁만큼 모순적인 것은 없기 때문이다. 함께 살아가는 것이 훨씬 더 생존에 적합하다는 것을 알게 되면서 투쟁의 본성이 억제되고 협력적 본성이 주류를 이룬다. 그래서 사회가 형성되고, 사회계약을 맺어 공존이라는 더 적합한 생존 방식을 찾게 된 것이다.

인간사회 안에서의 공존Coexistence은 동물 세계에서의 기계적 공생 Symbiosis과 다르다. 꿀벌이 수분을 통해 꽃이 열매를 맺도록 돕는 것은 자연 법칙에 따른 본능일 뿐이다. 반면 인간은 스스로 법과 질서를 만들어 다수가 함께 살아갈 수 있는 토대 자체를 만들어낼 수 있다. 인간은 공감 능력을 바탕으로 자기 규율을 실천할 수도 있고, 제도적으로 타인의 생존을 위협하는 행위를 하지 않기로 합의하고 강제로 규율할 수도 있다.

자본주의라는 경제질서가 인간사회의 주류가 될 수 있었던 것은 사회의 근간이 되는 상위 질서가 있었기 때문이다. 애덤 스미스가 시장의 원리를 토대로 인간사회의 경제질서에 대한 통찰력을 보여 줄 수 있었던 것도 도덕철학이 그 바탕을 형성했기 때문이다. 그는 인간의 공감 능력에서 도덕 감성을 찾았다. 공감할 수 있는 인간은 다른 사람의 감정을 자신에게 대입하여 그 감정을 어느 정도 읽어 내고 느낄 수 있다. 공감 능력 때문에 인간은 자신이 직접 경험하지 않더라도 어떤 행위에 앞서 그것이 미칠 영향을 예상하고 평가할 수 있다. 몸과 마음이 고통스러운 것은 나쁘지만, 몸과 마음이 편안한 것은 좋다. 그것은 나뿐만 아니라, 모든 사람이 마찬가지다. 나쁜 것을 유발하는 행동은 악이지만, 좋은 것을 유발하는 행동은 선이다. 악을 행하면 비난을 받고 처벌을 받지만, 선을 행하면 칭찬받고 보상을 받는다. 따라서 욕먹을 짓을 하지 않고 칭찬받을 만한 일을 하고자 노력하는 것이다. 이러한 감정적 논리가 도덕 감성을 형성하는 것이다.

이처럼 도덕 감성을 토대로 인간은 옳고 그름을 판단할 수 있다.

인간이 모여 살아가는 사회는 도덕 감성을 기반으로 다양한 사회적 보상과 처벌을 만들고 학습하며 발전시켜 나간다. 이와 같은 도덕 감성을 가진 인간이 사회의 질서를 확립했기 때문에, 인간의 이기적 본성을 전제로 효율성을 추구하는 자본주의 시장질서가 사회적으로 최선의 결과를 낳을 수 있다고 믿게 된 것이다. 이기적 행동을 통제할 수 있는 사회질서가 확립되지 않으면, 이기주의는 사회를 투쟁과 전쟁의 원시적 상태로 이끌어갈 수밖에 없다.

도덕 감성이 발달한 사회에서는 이기심도 계몽된 형태로 표출될 수 있다. 타인을 배려하는 행동이 결국 자신에게도 이익이 된다는 것을 깨달으면, 이기적으로 행동하더라도 공존이 가능할 수 있다. 도덕 감성을 토대로 사회가 확립한 질서를 따르는 범위 안에서 자본주의 시장 질서가 작동하기 때문에, 각자가 자신에게 가장 유리한 행동을 선택하더라도 시장 기능이 작동하여 사회적으로 최선의 결과를 도출할 수 있는 것이다. 결국 사회질서를 따르기 때문에 장기적으로 사회가 안정을 유지하는 가운데 이기적인 행위가 용인되는 것은 물론, 시장 질서에 의한 조화를 이룰 수 있다.

인간이 만드는 모든 제도는 사회 안에서 작동한다. 자본주의 시장경제가 사회를 벗어나 독자적인 제도로 존재하거나, 사회 자체를 지배하는 제도가 되어 버리면, 도덕 법칙 같은 상위 질서를 시장 질서가 잠식함으로써 사회의 안정성을 해칠 수 있다. 만약 사회 안에 머물러야 할 자본주의 경제질서가 사회를 파괴하는 결과를 가져온다면, 자본주의가 자신의 존재 기반을 사라지게 하는 것이므로 그 자체가 모순이다. 일례로 자본주의 시장경제가 작동할 수 있는 가장 중요한 근간은 사회 안에서 국가가 제도적으로 보장하는 재산권이다. 그러나 무분별한 재산권 행사가 사회 안에서의 계층화를 심화하고, 지나친 불평등과 양극화로 사회 존립 자체를 위태롭게 한다면, 자본주의도 재산권에 대한 제도적 규율을 용인하지 않을 수 없을 것이다.

자본주의 시장 질서가 인간에게 풍요로운 삶을 가져다준 중요한 제도라는 사실을 부정하려는 것은 아니다. 그러나 그것이 소수에게만 유용하게 활용되어 다수가 소수를 위해 희생해야만 하는 심각한 부작용을 낳고 있다면, 적절한 사회적 규제가 필요하다는 점을 말하는 것이다. 근대 부르주아 중심의 시민혁명이 자유와 평등, 인권, 그리고 민주주의를 확립해 자본주의가 확산할 수 있는 계기를 마련했지만, 그 이후 민주주의는 자본주의가 사회의 상위 질서 안에서 본연의 기능을 수행할 수 있도록 끊임없는 변화와 수정을 요구했다. 같은 맥락에서 칼 폴라니는 역사적으로 시장이 규제와 함께 성장했음을 지적했다.

> 우리 시대 이전에는 시장이 경제 생활에서 부속품에 지나지 않음을 알 수 있다. … 시장들은 중상주의 체제에서처럼 고도로 발전해 있는 경우에도 중앙집권화된 행정 체제의 통제 아래에서만 번성했으며, 이 행정 체제는 농민들의 가정 경제에 대해서도, 국가 차원의 생존에 대해서도 자급자족을 장려했다. 규제와 시장은 함께 자라난 셈이다.[184]

고삐 풀린 자본주의 시장경제로 인해 소수 자본가의 탐욕이 도를 넘어 사회 안정을 해치는 상태에 이르게 되면, 자본주의는 얼마든지 사회

---

184 Karl Polanyi, *The Great Transformation*, 1944(홍기빈 역, 『거대한 전환』, 길, 2009), p.237.

구성원의 합의에 기반한 규율과 통제의 대상이 될 수 있다. 과거부터 지금까지 그러한 국가의 통제와 개입이 있었기에 자본주의가 주류 경제 질서로 살아남을 수 있었던 것이다. 앞으로도 자본주의가 얼마나 더 많은 수정 과정을 거치게 될지 모른다. 그러나 자본가들의 탐욕이 근시안적 행태를 벗어나지 못해 그러한 사회의 통제를 무작정 거부하고 저항하기만 한다면, 장기적 관점에서 자본주의는 더 급격한 변화를 한꺼번에 맞이하거나, 다른 경제 제도로 대체되는 운명을 맞게 될지도 모른다.

자본주의를 제도적으로 규율하고, 부분적 수정을 가하는 것 역시 정치 과정을 통해 이뤄져야 한다. 민주주의는 수많은 시민의 다양한 생각과 이해관계를 반영하여 사회적 합의점을 찾고, 그에 따라 법과 제도를 만들어 모든 시민이 그것을 따르도록 요구한다. 민주주의가 정상적으로 작동하는 사회에서 만들어진 자본주의에 대한 규제는 자본주의 그 자체의 존립을 위해서도 꼭 필요한 것이다. 만성적 실업, 부와 소득의 심각한 불평등, 환경오염과 기후변화 등 자본주의 스스로 해결하지 못하는 문제들이 심화하는 것을 그대로 내버려두는 것은 민주정치가 제대로 작동하지 못하고 있다는 증거다. 자본주의를 적절히 규제하는 것은 인간사회의 유용한 경제 제도로서 자본주의가 제대로 기능할 수 있도록 하는 것이고, 민주주의 정치가 당연히 해야 할 본연의 역할이라고 할 수 있다.

우리는 온전히 애덤 스미스에게만 의존하여 살아갈 수도 없고, 그렇다고 마르크스에게만 기대어 살아갈 수도 없다. 시장을 맹신하는 자유방임주의나, 사유재산권을 부정하는 공산주의는 모두 극단적인 경제질서다. 민주주의는 집단적 반성과 성찰의 정치 시스템이다. 반성과 성찰은 극단적인 생각의 변화를 이끌어 협상과 협력을 가능케 함으로써 맹목적 대결과 갈등을 끝낼 수 있다. 이러한 민주주의가 정상적으로 작동한다면, 사회에 가장 적합한 경제 체제를 찾는 일도 충분히 가능하다. 민주주의를 통해 애덤 스미스와 마르크스 사이에 있는 어느 중간 지점에서 자본주의가 적절히 규제되는 가운데 생명력을 유지하기 때문에, 모두가 행복하게 살아갈 수 있는 방안을 찾을 수 있는 것이다. 결국 자본주의에 대한 규제는 그 자체가 자본주의를 위한 것이라고 해도 과언이 아니다.

5. 진정한 민주주의를 통한 모순 시대의 극복

모순 시대

최근 우리는 모순적인 시대를 살아가고 있다. 모순矛盾이란 말은 세상의 모든 방패를 다 뚫을 수 있는 창과 세상의 모든 창을 다 막아낼 수 있는 방패가 동시에 있다고 주장하는 것처럼, 이치상으로나 논리적으로 양립할 수 없는 것들이 양립할 수 있다고 하는 논리적 오류를 일컫는 말이다.

일례로 시장의 규제를 완화하면 개인은 더 자유롭게 경제 활동을 할 수 있지만, 불평등이 확산할 우려가 있다. 반대로 부유층에 대한 세금을 늘리고 복지를 확대하는 등 재분배 정책을 강화하면 불평등을 완화할 수 있지만, 개인의 자유가 위축될 우려가 있다. 따라서 일반적으로 자유와 평등은 서로 상충하는 가치이므로 둘 중 하나를 나아지게 하려면 어쩔 수 없이 다른 하나가 일정 부분 희생하지 않을 수 없는 관계가 있다고 한다.[185] 이처럼 서로 상충하는 가치 사이에서 조화를 찾지 않고 양

---

185 물론 자유와 평등을 무조건 상충하는 가치로 볼 수는 없다. 일례로 부자에게 세금을 더 걷는 것이 부자의 자유를 침해하는 측면이 있지만, 돈을 받는 가난한 사람은 삶이 더 자유로워질 수 있기 때문에 재분배가 반드시 자유의 가치를 떨어뜨린다고만 볼 수는 없다. 따라서 부자에게 세금을 더 많이 걷어 가난한 사람에게 나누어주는 재분배 정책은 자유와 평등을 모두 확대하는 것이라 할 수 있다. 누구라도 언젠가는 가난한 삶을 살게 될 처지에 놓일 수 있다는 점에서 재분배는 일종의 사회안전망 또는 사회보험의 성격을 갖기 때문에 전반적으로 자유의 가치를 올리는 일이 될 수 있다.

극단의 가치를 동시에 추구하는 것은 논리적으로 모순이 될 수밖에 없다. 만약 이러한 모순을 수정하지 않고 계속해서 주장한다면 그로 인해 두 가지 가치를 모두 상실하는 우를 범할 수도 있다.

그런데 우리는 모순이라는 말을 꼭 이와 같은 논리적 오류에 대해서만 사용하지는 않는다. 오히려 일상생활에서 사용하는 모순이라는 단어는 사람의 말과 행동이 다르거나, 겉과 속이 다른 모순적 태도에 대해 갖는 비판적 감정의 표현일 때가 더 많다. 앞에서는 자유를 외치면서 실제로는 국민의 기본권과 자유를 억압하는 정치인이나, 평등을 앞세워 소득불평등을 완화하겠다고 하지만 경제성장을 핑계로 대기업 재벌과 부자들의 편의를 봐주는 정치인을 볼 때면 그 모순적 태도에 자연스럽게 부정적 감정을 갖게 된다.

때로는 모순이라는 말이 급격한 환경 변화 등으로 인해 기존의 고정관념, 세상의 원리에 대한 믿음이 더는 통하지 않게 상황에서 느끼는 실망감을 표현할 때 사용되기도 한다. 그 대표적인 것이 노력과 성과가 비례한다는 능력주의Meritocarcy에 대한 믿음이 깨진 것이다. 부의 불평등이 심화하고, 부의 대물림으로 인해 사회 이동성이 현저히 떨어진 상황에서는 열심히 노력한다고 해서 사회·경제적 성공과 계층 상승을 기대하기 어렵다. 이처럼 당연하게 생각했던 원리 또는 이치에 대한 믿음이 현실과 부합하지 않는 상황에서 느끼는 부정적 감정 역시 모순이라는 단어로 표현될 때가 있다.

이와 같은 의미에서 지금의 시대를 모순 시대라고 부른다면, 과거에는 일반적으로 통용되었던 '열심히 노력하면 목표하는 결실을 맺을 수 있을 것'이라는 믿음, '오늘의 내가 열심히 일하면 내일의 나와 내 자식은 더 잘살 수 있을 것'이란 보편적인 희망과 같았던 신념을 이제는 기대하기 어려운 현실에 대한 탄식이라고 봐도 무방할 것이다.

모순 시대의 정치 문제

이런 시대에 우리가 정치에 기대하는 것은 모순 시대의 문제를 완화하고 더 나은 사회로 나아가는 방안을 찾는 일일 것이다. 정치는 사회 구성원 모두가 함께 살아갈 수 있는 길을 찾는 수단이기 때문이다. 그러나 모순 시대의 정치 역시 그러한 기대를 충족시키기 어려운 모순에 빠져 있다. 민주주의의 기본 원리가 힘의 원리에 의해 지배당하고, 본질적 목적 달성을 위한 수단적 가치가 스스로 목적이 되어 본질적 가치로부터 멀어지는 모순이 나타나고 있다.

힘과 기득권에 의한 민주주의 원칙 왜곡

모든 생명체는 자연의 법칙에 귀속된다. 그러나 오직 인간만이 사회를 형성하고 인위적인 규칙을 만들어 자연의 법칙을 극복할 수 있다.[186] 약육강식이라는 자연의 법칙에 따르면, 신체적으로 강하게 태어난 사람이 약한 사람을 지배하는 것이 일반적이다. 강자에 의한 약자의 착취, 그에 대한 투쟁과 전쟁은 자연의 법칙을 따를 때 나타날 것으로 예상되는 현상이다. 그러나 인간은 이처럼 투쟁과 전쟁으로 얼룩질 수 있는 자연 상태를 극복하는 방안을 찾아냈다. 약육강식이 아니라, 타고난

---

[186] 자연의 법칙을 극복하는 인간의 능력도 신에게 부여받은 것이라고 하면, 인간이 자연의 법칙을 극복할 수 있다는 표현은 잘못된 것일 수도 있다. 그러나 인간이 환경에 적응하면서 동시에 환경을 변화시킬 수 있는 존재라는 의미로 생각하더라도 논리적 전개는 크게 달라지지 않는다.

신체 능력과 무관하게 모든 사람이 동등하게 태어났고 똑같이 귀하다는 기본적인 인권의 개념을 새로운 자연법으로 확립한 것이다.

인간이 만든 인위적인 규칙으로 자연의 법칙에 수정을 가하는 것은 긍정적일 수도, 부정적일 수도 있다. 자연의 법칙에 따르면, 같은 출발선에서 같은 속도로 걷는 사람들이 동시에 출발하면 반드시 함께 도착하게 되어 있다. 오로지 걷는 속도의 차이가 목적지에 도착하는 시간의 차이를 낳는 요인일 뿐이다. 똑같이 출발해도 빠르게 걸을 수 있는 신체 능력을 가진 사람과 그렇지 못한 사람의 도착 시간이 다른 것은 어쩔 수 없는 자연의 법칙이다.

그러나 인간은 정치를 통해 자연의 법칙과는 다른 사회의 질서를 만들어낼 수 있다. 인간은 사회질서를 통해 사람마다 부여받은 능력의 차이를 극복하고, 목적지에 도착하는 시간이 지나치게 큰 차이가 나지 않도록 출발선을 조정하는 사회적 합의를 이끌어낼 수 있다. 약자를 배려하고 보호하는 규칙을 정하는 방향으로 합의가 이뤄지면, 이러한 일이 충분히 가능하다.

그러나 정반대의 경우도 가능하다. 힘을 가진 강한 사람들이 그 힘을 바탕으로 사회적 합의 과정에서 더 큰 목소리를 내고 영향력을 행사하면, 걷는 속도가 빠른 사람들의 출발선을 앞으로 당겨 도착하는 시간의 차이를 더 키울 수도 있다. 지금 우리 사회가 모순적으로 느껴지는 것은 약자를 위한 배려의 방향이 아니라, 강자에 의해, 강자를 위한 게임의 규칙이 무분별하게 설정되고 있기 때문일지도 모른다. 함께 살아가는 것이 사회의 근본적인 목적임에도 불구하고, 함께 살아가는 방향이 아니라 소수만이 더 잘살기 위해 더 많은 힘을 축적하고 사회적 합의 결과에 영향력을 행사하는 것은 사회의 본래 목적에 배치되는 모순적인 현상이다.

사람이 만드는 인위적인 규칙과 제도들은 알게 모르게 힘을 가진 사람들에게 유리한 방향으로 바뀌어 가고 있다. 힘을 가진 사람들은 자신의 힘을 지키기 위해서, 또 더 강한 힘을 얻기 위해서 가지고 있는 힘을 최대한 이용한다. 그들은 여론을 형성하는 단계에서, 법을 만드는 국민의 대표를 뽑는 과정에서, 그리고 입법 과정에서 더 큰 힘을 행사하려고 한다. 정치인들은 자신도 모르는 사이 그들이 가진 힘의 영향을 받게 되고, 그로 인해 우리 사회의 모순은 더욱 심해져 간다.

정치적 영향력을 행사하는 힘의 원천 중 하나인 경제력은 돈에서 온다. 경제적 의사결정에서는 1원이 1표다. 기업의 주주총회에서 주주는 자신이 가진 주식 수만큼 의사결정권을 행사한다. 그러나 민주주의는 선거권을 1인당 1표로 모든 국민에게 동등하게 부여한다. 민주주의는 힘을 가진 사람이건, 그렇지 않은 사람이건 똑같이 의사를 표출할 수 있게 하는 제도다. 그래야만 국민 공통의 보편적 이해관계에 대한 합의를 이루고, 사회의 일반의지에 부합하는 의사결정을 내릴 수 있기 때문이다.

그러나 경제력과 힘의 논리가 민주주의 원리를 왜곡하게 되면, 정치적 의사결정 결과는 사회의 일반의지로부터 멀어질 가능성이 크다. 모든 권력은 국민에게서 나오고 국민이 주인이라는 국민주권의 원리를 근본으로 하는 민주주의 사회에서, 특정 인물이나 세력이 정치적으로 더 많은 힘과 영향력을 행사하는 것은 민주정치 체제의 심각한 모순이다. 겉으로는 정치권력이 다수 국민을 위해 행사되어야 한다는 당연한 명제를 표방하지만, 속을 들여다보면 기득권 세력의 논리가 정치권력을 장악하고 있다. 이것은 우리 사회의 수많은 모순 중에서도 가장 심각한 모순이라고 할 수 있다. 보편적 국민의 희생 위에 군림하고 있는 기득권 세력의 이해관계는 절대로 다수 국민의 보편적 이익과 양립할 수 없기 때문이다.

정권 획득이 국민 행복에 앞서는, 목적과 수단의 주객 전도

모든 국민이 자유롭고 평등하게 살아가는 가운데, 각자의 행복을 위해 자신의 역량을 최대한 발휘함으로써 번영을 누리는 사회를 지향하는 것은 민주주의 정치의 본질적인 목표다. 각 정당이 저마다의 정책적 지향점을 제시하면서 정권 획득을 놓고 경쟁을 벌이는 것은 이러한 민주주의 사회의 본질적인 목표를 달성하기 위한 것이다.

그러나 어느 순간부터인가 목적과 수단이 전도되어 권력을 획득하는 것 자체가 목적이 되고, 더 나은 사회를 향한 비전이나 지향점은 사실상 표를 얻기 위한 수단으로 전락해 버렸다.[187] 권력 획득을 놓고 벌이는 소수 기득권 세력의 이해관계 대결의 장이 되어 버린 정치는 보편적 다수를 위해 더 나은 사회로 나아가는 목적을 달성할 수 없다.

양당제 구조에서 선거에서 승리한 정당은 경쟁의 상대방인 정당을 정치 파트너로 생각할 필요가 있다. 양당은 서로 죽고 죽이는 전쟁을 치

---

[187] 이와 관련하여 홍기빈 글로벌정치경제연구소장이 한 언론사와 인터뷰에서 했던 다음의 말은 지금의 정치 현실에 대해 중요한 시사점을 제공한다. "지난 30년 동안 '이 사회의 모든 문제를 풀기 위해서는 정치가 중요하다'는 담론이 우리 사회를 지배했다. … 정치적·사회적 에너지를 모으는 방식이 잘못된 건데, '정권을 잡으면 세상이 바뀐다. 세상을 바꾸려면 정권을 잡아야 한다'는 지난 30년 동안 한국 정치를 지배한 하나의 신화다. 그러다 보니, 선거가 무슨 패싸움이 되어 버렸다. 정권을 잡는 게 먼저가 아니라 지금 우리에게 필요한 어젠다가 무엇이고, 그 어젠다를 실현하기 위해서 어떻게 힘을 모으고 조직할 것인가 하는 고민이 선행되어야 한다. 그리고 난 다음에 정치로 나가야 한다"(프레시안, "23년 세계 경제는 '해도에 없는 바다'… 윤석열 '감세' 위험", 2023.2.13).

르는 것이 아니라, 선거에서 더 많은 유권자의 표를 얻어 정권을 잡기 위해 경쟁하는 관계일 뿐이다. 함께 달리면서 근소하게라도 앞서기 위해 노력함으로써 여야 양측의 거대 정치세력 관계를 유지하는 것이 서로에게 이득이다. 양당제라는 현상을 유지해야 향후 정권 획득 경쟁의 주요 세력으로 계속해서 남을 수 있기 때문이다. 단기적으로 상대방을 죽이겠다고 무리한 정략을 구사하는 것은 양당제 구조 자체를 위협하는 것이므로 서로의 이해관계에 배치된다. 경쟁자와 함께 다양한 국민적 요구를 소화할 수 있는 암묵적 역할 분담을 통해 대화와 타협으로 각자가 대표하는 이해관계가 반영될 수 있도록 통합의 길을 찾아야 한다.

그러나 정치권력을 중심으로 또 하나의 기득권 세력을 형성하고 있는 정치 현실에서 정당 간의 치열한 대결은 책임정치를 사라지게 하고 있다. 정치가 점점 더 사적 이해관계 쟁취의 수단으로 전락해 가고 있는 것은 아닌지 심각하게 우려된다.

과거 우리나라는 국가의 최우선 목표가 빈곤 탈출이었고, 이를 위해 다른 모든 것을 뒤로한 채 경제성장만을 바라보며 달렸다. 그 하나의 일관된 목표를 달성하기 위해 수단과 방법을 가리지 않았다. 그 결과 절대적 빈곤에서 빠르게 벗어날 수 있었고, 일정 부분 목표를 달성했다. 그러나 우리 사회는 더 큰 대가를 치러야만 했다. 민주주의가 있어야 할 자리에 군부독재가 똬리를 틀었다. 이러한 상황에 대한 문제의식은 사회의 지향점을 달라지게 했다. 극단적 빈곤에서 벗어나 가난의 공포는 줄었지만, 국민의 자유와 기본권을 억압하는 독재정권의 횡포가 빈곤보다 더 심각한 문제라는 사회적 합의가 이루어졌다. 군부독재 정권의 탄압에서 벗어나 민주주의를 회복하는 것이 우리 사회의 최우선 목표가 된 것이다. 이를 위해 국민의 일부는 자기 삶의 희생을 무릅쓰고 민주화 운동에 적극적으로 나섰다. 그러한 분들의 희생을 대가로 우리 사회는 민주주의 절차와 형식을 확립할 수 있었다.

민주주의가 확립된 후 정당들은 경제성장, 복지와 분배 등 각자의 정책 브랜드를 앞세우며 더 나은 사회를 향한 목표와 비전을 제시했다. 보수정당은 고도성장 이후에도 여전히 경제성장에 무게중심을 더 두었고, 진보정당은 분배와 복지 등 사회적 기본권 강화를 앞세웠다. 정치권은 더 나은 사회를 향해 각자의 목표를 제시하면서 그것의 달성을 위한 수단적 차원으로 정권 획득 경쟁에 나섰고, 저마다의 정치적 리더십을 선보였다.

그러나 최근에는 정당 간의 극단적인 갈등으로 인해 감정적 대립이 극심해지면서 정치 경쟁이 비정상적인 상황으로 치닫고 있다. 정권을 빼앗으려는 측과 뺏기지 않으려는 측 사이의 치열한 다툼을 보고 있노라면, 각 정당이 제시하는 사회가 나아가야 할 지향점이나 목표, 비전이라고 하는 것도 그저 정치적 수사Rhetoric로만 여겨질 뿐이다.

물론 정치적 수사는 마치 양날의 칼과 같아 선용善用될 수도 있고 악용惡用될 수도 있다.[188] 정치적 수사가 지닌 전달력과 설득력을 바탕으로 사회의 난제를 해결하는 훌륭한 정책을 대중이 받아들이도록 유도할 수도 있지만, 자기 자신과 주변 사람들의 이익을 관철하기 위해 권력을 남용하는 결과를 끌어낼 수도 있다. 겉으로는 그럴듯한 비전을

---

188 정치적 수사의 악용이 극단적으로 나타날 수 있음을 보여 주는 사례로 그리스 소피스트를 들 수 있다. 소피스트는 무엇이든 반대할 수 있다는 극단적 회의주의로 악명이 높았다. 물론 그들이 어떠한 주제든 반대 입장에서 훌륭한 논지를 전개할 수 있음을 보여 줬다는 점에서는 분명히 긍정적인 부분이 있다. 그러나 지식의 상대주의를 넘어 진리의 존재에 대해서까지 회의적인 태도를 보였다는 점에서 많은 비난을 받았다. 그들은 절대적 삶의 지표라고 할 수 있는 도덕 법칙마저도 상대적인 것으로 취급하고, 도덕적으로 선함이라는 개념을 왜곡하기까지 이르렀다.

제시하지만, 실제로는 권력 획득 그 자체를 목적으로 하는 정치 양태는 후자와 같이 정치적 수사를 악용할 의도를 가진 것으로 의심하기에 충분하다.

> 정치적 지략을 가진 사람들은 실천을 내세우면서 사실은 오로지 책략만을 염두에 두고 있을 뿐이다. 그들이 염원하는 것은 단지 현재 지배하고 있는 권력에 의지하여 국민이나, 가능하면 전 세계를 희생시키는 일만을 생각하고 있다. 말하자면 그들은 열심히 정치에 종사하고 있다고 주장해도, 그들은 단지 비난받을 법률가에 지나지 않는다.[189]

이들에게는 주객이 전도되어 더 나은 사회라는 목표와 비전마저도 권력을 얻기 위한 수단일 뿐, 진정한 목적은 오로지 권력을 잡는 것이다. 일단 권력을 쥔 다음부터는 아집에 빠져 국민의 목소리에 귀기울이지 않고, 오로지 정권을 사수하며 자신이 속한 집단의 이해관계를 챙기기 바쁘다. 중산층과 서민 등 보편적 국민을 위한 정책들은 어느새 기득권 세력을 위한 정책들로 탈바꿈하고, 그것이 더 나은 사회를 위해 꼭 필요한 것이라며 온갖 논리를 다 동원한다. 손에는 기득권 세력의 이해관계를 위한 정책을 들고 있으면서, 입으로는 중산층과 서민을 위한 것이라 주장하는 모순적 태도는 국민이 정치에 환멸을 느끼게 한다. 서민의 주거 안정을 위해 노력하겠다고 하면서도, 실제로는 부동산 시장의 과열을 심화시켜 서울에 집이 있는 부유한 사람들의 재산만 늘려 대다수 국민의 상대적 박탈감을 더 키운다. 또 노동자를 위한 정책이라면서

---

189 Immanuel Kant, *Zum ewigen Frieden. Ein philosophischer Entwurf*, 1795 (박환덕 역, 『영구평화론』, 범우사, 2015), p.103.

근로시간을 늘리고 노동기본권을 억압하는 노동시장 유연화 조치로 기업의 인건비 부담만 줄여 주려고 노력한다. 국민을 위해 법치주의를 강화하겠다고 외치면서 기득권 세력의 이해관계를 부정하는 사람들을 법으로 때려잡는다.

아무리 민주주의가 정치적 대결의 장이라고는 하지만, 상호 간의 치열한 다툼 끝에 남는 것은 권력에 대한 욕심뿐이라는 것이 지금 우리가 직면하고 있는 현실이다. 기본적으로 보수정당이든 진보정당이든 권력을 중심으로 이합집산하는 정치인들이 스스로 또 하나의 기득권 세력을 형성하고, 그것을 지키기 위해 암투를 벌인다. 자신은 순수한 선을 지향하는 반면, 상대는 그렇지 않다는 비판과 설전이 민생을 위한 실질적인 정책들을 뒷전으로 밀어내고 있다. 서로 헐뜯기 바쁜 혐오의 정치가 국민의 정치 혐오로 되돌아오고 있다.

프레임 전쟁

지나친 대결 구도가 정책에 대한 대중의 시선을 제대로 통찰하지 못하고, 정책이나 사안의 본질에서 벗어나 갈등을 심화시키는 프레임 경쟁에만 몰두하는 것도 문제다. 처음에는 국민의 시선에서 국민을 위한 정책으로 출발하지만, 결국 남는 것은 프레임 싸움이다.

일례로 '소득주도성장'의 경우, 그 본질적 의미는 경제성장도 보편적 시민의 삶을 풍요롭게 할 때만 의미가 있는 것이고, 지나친 양극화와 불평등이 장기적으로는 오히려 성장의 독이 될 수 있다는 것이다. 이에 대해서는 상당히 많은 국민이 동의할 것으로 보인다. 그러나 소득주도성장이 성장 정책이냐 아니냐, 경제학 교과서에 있다 없다 등 정책의 본질에서 벗어난 프레임 싸움에 빠져들면서 정책의 본질이 왜곡되었다. 성장이 낮은 자본주의의 폐해를 완화하고 다수 국민이 행복하게 살아갈 수 있도록 하는 포용적 경제정책이라는 본질은 사라지고, 최저임금 인상을 둘러싼 노동자와 자영업자 사이의 갈등이 프레임의 전면으로 등장하면서 곤욕을 치러야 했다. 프레임은 정치적 메시지 전달 과정에서 유용하게 활용할 수 있는 정치공학적 기술의 하나지만, 그것이 국민의 눈과 귀를 가리는 수단으로 쓰이면 민주주의를 훼손하는 독이 될 수도 있다.

종합부동산세(이하 종부세)도 마찬가지다. 종부세 확대의 본질은 과세 형평성과 납세자의 책임을 강화하는 것에 있다. 부동산 가치는 부동산의 생산성 또는 부동산의 사회적 이용에 따른 내재가치를 따르는 것이 본질이다. 사회적으로 부동산에서 얻는 편익이 높게 평가받고 있다면, 그것은 해당 부동산을 중심으로 사람들의 편의성을 높여 줄 인프라가 구축되고 유동인구가 늘어나는 등의 다양한 요인에 기인한 것이다. 이는 특정 개인의 노력만으로 되는 것이 아니고, 전체 사회의 기여를 통해 만들어진 것이기 때문에, 그로 인해 편익을 얻는 부동산 소유자에게 그에 합당하는 사회적 책임을 요구하는 것이 타당할 수 있다. 사회 공동의 노력으로 부동산의 이용 가치가 상승한 것이니, 그런 부동산을 소유하는 사람에게 그것을 소유하는 동안 사회가 제공하는 편익에 대해 사회적 책임을 일정 부분 부담하게 할 필요가 있다는 것이 종부세의 본질이다.[190] 또 부동산 보유세인 종부세는 부동산 활용의 최소 수익률을

---

190 일찍이 헨리 조지라는 사회개혁가는 부의 분배가 불평등한 가장 중요한 원인으로 토지 소유의 불평등을 지적한 바 있다. 토지 소유가 소수에게 집중되면 물질적 진보가 이뤄지더라도 임금이 오르지 않으며, 노동밖에 가진 것이 없는 계층의 생활은 나아지지 않는다. 진보에도 불구하고 빈곤이 사라지지 않는 것은 물질적 진보가 토지 가치를 상승시키고 토지 소유의 힘을 강하게 해줄 뿐이기 때문이다(Henry George, *Progress*

설정함으로써 단순히 부동산 자산의 가격 상승에 따른 시세차익만을 목적으로 부동산을 보유하지 못하게 하고, 부동산의 효율적인 활용을 촉진할 수도 있다. 이처럼 종부세의 본질이 부동산 경기 조절용 정책이 아님에도 불구하고, 부동산 가격 하락을 위한 정책 도구라는 프레임에 빠졌다.

서울을 중심으로 한 수도권 지역 부동산 경기 과열은 부동산 금융 규제 완화와 저금리 장기화에 따라 주택 매입 자금 부담이 낮아진 상황에서 특정 지역에 대한 선호와 부동산 가격 상승에 대한 기대가 뒤섞여 실수요 및 투기 수요를 자극한 것과 함께, 수도권 지역을 중심으로 신규 주택 공급 제약으로 충분한 공급이 이뤄지지 못한 것이 주요 원인이라고 할 수 있다. 그러나 종부세가 본질과 다르게 부동산 가격 안정을 목적으로 하는 정책적 수단이라는 프레임이 씌워짐에 따라, 사람들은 부동산 시장이 더욱 과열될 것이라는 신호로 해석했다. 이에 따라 부동산의 내재가치와 무관하게 부동산 가격 상승에 대한 기대와 시세차익을 노리는 시장의 투기적 수요를 자극하면서 부동산 가격이 더 크게 상승하는 결과를 낳았다. 종부세가 본연의 목적과 달리 부동산 시장 냉각을 위한 정책 수단으로 프레임이 만들어짐에 따라 의도하지 않은 결과

---

and Poverty: An Inquiry into the Cause of Industrial Depressions and of Increase of Want with Increase of Wealth: The Remedy, 1879(김윤상 역, 『진보와 빈곤』, 비봉출판사, 2017), p.304). 그는 이러한 문제의 해결책으로 토지에서 발생하는 지대를 조세로 환수하는 방법을 주장했다(앞의 책, p.409). 토지 소유권이 사용권과 수익권, 처분권으로 구성된다고 할 때 지대에 따른 수익권만을 조세로 일부 제약한다면, 시장 친화적인 토지 공개념을 확립할 수 있다는 것이다. 생산 활동을 왜곡하는 다른 조세를 없애고, 투기성 지대를 없애는 조세를 부과하게 되면 부의 생산을 촉진하고 경제적 효율성이 오히려 높아질 수 있다(앞의 책, p.418). 이러한 헨리 조지의 시장친화적 토지 공개념을 생각하면, 종부세는 단순한 부동산 경기 조절용 대책이 아니라 그 자체로 조세의 효율성과 형평성을 높이는 양질의 조세 정책이라 할 수 있다.

가 나타난 것이다.

이처럼 정책의 본질에서 벗어난 왜곡된 프레임에 빠져들게 된 것을 두고 왜곡된 프레임을 씌우는 외부세력만 탓할 수는 없다. 정책을 주도하는 측이 국민적 시선에서 정책의 본질을 찾는 일에 소홀한 탓일 수도 있고, 외부세력의 프레임에 자신도 모르는 사이 익숙해져 버린 것일 수도 있다. 이처럼 아무리 옳은 정책이라도 치열한 정쟁 과정에서 갈등이 극에 달하면 정책의 본질을 왜곡하는 프레임의 덫에 빠질 가능성이 크다.

따라서 사회의 일반의지가 무엇인지 늘 확인하고, 그 본질에서 벗어나지 않도록 중심을 잡고 정책을 추진해 나갈 필요가 있다. 아무리 올바른 신념에 기반한 정책이라도 보편적 국민의 지지를 확보하기 전에 섣불리 실행에 옮겨서는 안 된다. 국민의 다양한 뜻을 정치 과정의 용광로 안에서 녹여내 사회의 일반의지를 확인하고, 그에 따라 조화로운 정책을 찾아내기 위해 노력해야 한다. 정치적 반대세력의 비판에 지나치게 예민하게 반응하여 무조건 방어해야 한다는 조급증에 사로잡혀 프레임 논쟁에 휘말리다 보면 정책의 본질에서 벗어나기 십상이다.

미약한 대표성과 권력의 오만함

프레임 경쟁에만 몰두하는 정치는 정치의 근본 목표를 상실하고, 정쟁의 소용돌이에 빠져들게 된다. 정치가 종합예술이라고 한 아리스토텔레스의 말처럼, 프레임 같은 선동의 기술이 정치를 구성하는 한 부분일 수는 있다. 그러나 프레임과 선동의 기술이 정치의 본질은 아니다. 정당이 정권 창출을 목표로 경쟁하는 것은 모든 국민이 행복하게 살 수 있는 더 나은 세상, 더 좋은 사회를 만들어 가는 정치의 본래 목적을 달성하기 위한 수단일 뿐이다. 정권 창출 경쟁은 누가 그런 목적을 더 잘 달성할 의지와 능력이 있는지 국민에게 평가받는 과정이다. 따라서 경쟁에서 승리하여 정권을 창출하는 일은 단순히 프레임과 같은 정치 기술만으로는 되지 않는다. 그에 합당한 신념 윤리와 책임 윤리를 갖춘 진짜 정치적 리더십을 갖추고, 진정성 있는 자세와 능력으로 다수 국민에게 인정받는 정당이 되어야 정권을 창출할 수 있다.[191]

올바른 정치적 리더십 없이 단순히 프레임과 선동의 기술만으로 이뤄지는 정권 창출 경쟁은 유권자에게 최선이 아닌, 차악의 선택을 강요할 수밖에 없다. 가장 적합한 사람과 정당을 찾지 못하고, 모두 싫은데 그나마 덜 싫은 사람을 찾아야 하는 선거의 결과는 실질적 정당성이 뒷받침되지 않는 정권 창출로 이어질 가능성이 크고, 이는 필연적으로 권력의 오남용을 낳게 될 것이다. 국민을 위해서만 사용해야 할 권력이 소수의 이익과 권력자의 안위를 위해 사용되는 것은 명백한 권력의 오용이고 남용이다. 아무리 선거라는 절차를 통해 얻은 정당한 권력이

---

191 막스 베버는 『소명으로서의 정치』에서 정치인의 덕목으로 신념 윤리와 책임 윤리를 언급한 바 있다(Max Weber, *Politik als Beruf*, 1919(최장집 엮음, 박상훈 역, 『소명으로서의 정치』, 후마니타스, 2013)). 신념 윤리는 정치인으로서 소명이자, 내면의 신념이다. 투박하게 말해 정치를 통해 이루고자 하는 사회의 이상적인 모습에 대한 지향, 비전, 목표와 같은 것이다. 그러나 이런 신념 윤리만으로 정치인의 덕목이 모두 갖춰졌다고 말할 수 없다. 그것을 실현해 낼 수 있는 능력을 갖추고 실제로 이뤄 내는 것이 책임 윤리다. 신념 윤리와 책임 윤리는 모든 시민의 도덕적인 삶을 이뤄 내는 비현실적이고 이상적인 사회정의를 실현하려는 것이 아니다. 정치인 혹은 정치적 리더 자신이 시민 요구에 맞는 도덕성과 윤리의식을 갖추고 정의로운 사회를 지향해야 하는 것은 지극히 당연하겠지만, 모든 시민을 그렇게 만들 수는 없다. 정치적 리더십은 시민이 각자의 도덕적·윤리적·사회적 신념에 따라 자신만의 행복을 추구할 수 있도록 하면서, 동시에 사회를 정의롭게 만들 수 있는 제도적 실현 방안을 제시할 수 있어야 한다. 또 정치적 리더십이 도덕과 윤리, 정의의 영역에만 머물러서도 안 된다. 생활세계의 현실, 사회 문제 해결을 위한 정책적 대안 제시를 통해 정치의 실용성을 높이는 것도 정치적 리더십이 중요하게 고려해야 할 부분이다.

라도 그것을 오남용하는 경우에는 정치적 정당성을 인정받을 수 없다.

특히 대통령제를 택하고 있는 나라에서, 특히 대통령의 권한이 너무도 막강해 제왕적 대통령Imperial President제라고 불리는 나라에서, 정권을 창출한 여당과 대통령은 절대적으로 겸손해야 한다. 흔히 민주주의 사회에서 가장 경계해야 할 것 중 하나로 다수의 횡포Tyranny of Majority를 든다.[192] 다수의 의지가 나머지 소수 구성원의 자유를 억압해서는 안 되기 때문이다. 다수의 횡포는 권력의 남용과 함께 민주주의 사회에서 반드시 막아야 할 대상이다.[193] 그래서 정치적 의사결정 과정에서 소수가 배제되어서는 안 되며, 소수의 의견을 배려해야 한다는 것이 민주주의 사회의 상식으로 통하는 것이다.

특히 양당제가 정착한 정치 환경에서는 거대 양당의 후보 중 한 사람이 대통령으로 선출되는 경우가 대부분이다. 이 경우 통상적으로 두 사람의 득표율 차이가 크지 않다.[194] 이는 선거를 통해 어느 쪽도 절대적 다수의 지지층을 확보하기 어렵다는 뜻이다. 이처럼 근소한 차이로 다수의 지위를 확보한 작은 다수Small Majority가 만들어낸, 대표성이 약한 정권이 나머지 절반에 가까운 국민을 존중하지 않고 오만하게 작은 다수의 횡포를 일삼게 되면 사회는 극단적인 분열과 갈등으로 치닫게 된다. 따라서 선거에서 근소한 차이로 승리한 정권의 권력자는 절대적으로 겸손해야 하고, 권력의 사용에 더더욱 신중해야 한다.

---

192 John Stuart Mill, *On Liberty*, 1859(권기돈 역, 『자유론』, 펭귄클래식, 2015), p.74.

193 앞의 책, p.73.

194 1987년 개헌 이후 직선제 대통령의 당선 득표율은 다음과 같다. 결선 투표제 없이 한 번의 선거로 대통령 당선인을 결정하는 선거 제도 하에서 과반을 넘은 득표율을 기록한 경우는 18대 대선이 유일했고, 당선인과 2위와의 득표율 차이도 17대와 19대 대선을 제외하면 모두 10% 이내의 박빙 승부가 펼쳐졌다.

그렇지 않고 권력의 오남용을 일삼는다면, 시민이 적극적으로 앞장서서 권력을 회수하는 것이 맞다. 누군가는 정치적 안정성을 내세우며 그것의 부당함을 주장할지 모르겠으나, 정치적 안정성이라는 것도 국민주권의 원리를 본질로 하는 민주주의 원칙의 하위 가치일 뿐이다. 또 정치적 안정성을 지키겠다며, 국민의 뜻을 거스르면서까지 더 극한의 갈등과 정쟁을 키우는 것은 정치적 안정성을 더 심각하게 저해할 수 있다. 우리는 이미 시민의 민주화 운동으로 장기집권을 노리던 독재자를 하야시켰고, 대통령 직선제 개헌을 이끌어 군부독재 정권을 물러나게 했으며, 촛불혁명으로 국정을 농단한 대통령을 탄핵한 경험이 있다.

민주주의 국가에서 시민의 힘으로 정권을 교체하는 것은 너무도 당연한 일이다. 두려워해야 할 대상이 아니다. 오히려 권력자는 언제든 시민의 뜻에 따라 정권을 잃을 수 있다는 것을 알아야 하고, 또 그렇게 할 수 있는 주체인 시민을 두려워하는 것이 마땅하다. 국민이 선택한 정권이라도 권력을 오남용하여 국민이 용납할 수 없는 지경에 이른다면, 국민의 뜻에 따라 얼마든지 권력을 회수할 수 있어야 한다. 그래야 정치가

구분	13대	14대	15대	16대	17대	18대	19대	20대
당선	노태우 36.6%	김영삼 42.0%	김대중 40.3%	노무현 48.9%	이명박 48.7%	박근혜 51.5%	문재인 41.1%	윤석열 48.6%
2위	김영삼 28.0%	김대중 33.8%	이회창 38.7%	이회창 46.6%	정동영 26.1%	문재인 48.0%	홍준표 24.0%	이재명 47.8%
3위	김대중 27.0%	정주영 16.3%	이인제 19.2%	권영길 3.9%	문국현 5.8%	-	안철수 21.4%	심상정 2.4%
4위	김종필 8.1%	박찬종 6.4%	권영길 1.2%	-	권영길 3.0%	-	유승민 6.7%	-
5위	-	-	-	-	-	-	심상정 6.2%	-

주 : 대선후보 중 1% 미만 득표율을 얻은 후보는 표시하지 않음
자료 : 중앙선거관리위원회, 선거통계시스템

보편적 다수 국민의 일반의지를 실현하는 본래 목적에서 벗어나지 않는다. 그것이 민주주의의 건강성을 지키는 길이고, 정치적 리더십의 본질을 회복하는 길이다. 정쟁과 갈등에 익숙해진 모순 시대 정치의 관성을 이겨내려면, 국민이 민주주의의 건강성 회복과 정치적 리더십 확립을 위해 적극적으로 나서야 한다.

모순 시대의 사회 문제

빈곤 탈출을 위한 경제성장 시기, 우리 사회는 여전히 순수했다. 빈곤에서 벗어나고 싶은 강한 욕망과 열정의 이면에는 나눔의 정情이란 것이 있었고, 부도덕한 일을 부끄러워할 줄 알았다. 농촌에서 도시의 공장으로 노동력이 이동하면서 노동 착취와 도시빈민 등과 같은 소외 문제가 대두되고, 자본주의의 전형적인 폐해가 나타나기도 했지만, 시민들이 앞장선 민주화 운동과 노동운동으로 독재정권과 기득권 계층의 결탁에 맞서 싸우며 사회의 건강성을 지켜냈다. 비록 경제성장의 과실이 공평하게 배분된 것은 아니지만 심각한 빈곤은 점차 완화되었고, 이는 대다수 국민의 삶의 질 향상으로 이어졌다. 시민들은 주어진 여건에서 선하게 살아가는 것이 행복한 삶이라는 존재 양식을 잃지 않았고, 가난해도 부끄럽지 않게 살기 위해 노력했다.

불평등과 격차 확대

그러나 1997년 외환위기 이후 신자유주의가 확산하며 상황은 급격히 달라졌다. 기업은 부도의 공포를, 노동자는 실업의 공포를 경험했다. 금융기관과 기업의 투자 여력은 급격히 줄었고, 사람에 대한 투자를 대폭 축소하기 시작했다. 노동은 사람에 대한 투자라기보다는 비용 절감의 대상이 되었다. 기업은 인건비를 절감하기 위해 정규직을 비정규직과 파견직으로 대체했다. 정경유착, 관치금융 등으로 기업의 투자를 지원했던 정부와 정치권은 이제 노동시장을 유연화하여 기업의 인건비를 줄여 주는 것으로 지원 방식을 바꿨다. 자유로운 노조 설립의 분위기는 사라지고, 노조 활동을 억압하는 편법이 만연하게 되었다. 선진국 수준의 노동기본권 보장은 가보지도 못한 채로, 노동기본권 강화를 위한 정치권의 논의도 수박 겉핥기 수준에 머물면서 여전히 미완의 과제로 남아 있다.

대마불사大馬不死의 신화도 깨질 수 있다는 것을 경험한 대기업은 마른 수건도 쥐어짠다는 심정으로 비용 절감에 나섰다. 인건비 절감과 함께, 가장 쉽게 비용을 절감하는 방법으로 하청 기업에 대한 납품단가를 줄이는 방식을 택했다. 다수의 중소기업이 하나의 대기업을 상대로 납품 경쟁을 벌이는 상황에서 대기업은 슈퍼 갑이다. 중소기업의 납품단가를 후려치고, 필요하면 중소기업의 기술 인력을 빼가는 것은 물론, 기술 자체를 빼앗기도 했다. 그렇게 해서 대기업과 중소기업의 격차는 벌어질 수밖에 없는 구조를 갖게 되었다.[195]

---

195 2010년부터 2022년까지 대기업과 중소기업의 연도별 매출액 순이익률(=당기순이익/매출액)을 단순 평균하면, 각각 4.1%와 2.3%로 대기업이 훨씬 더 높은 수치를 기록하고 있다. 연도별 변화 추이를 보더라도 해당 기간 중소기업의 수익성이 대기업보다 높았던 해는 단 한 차례도 없었다.

구분	2010	2011	2012	2013	2014	2015	2016	2017	2018	2019	2020	2021	2022	단순 평균
대기업	5.4	3.5	3.1	2.1	2.8	4.0	4.5	6.1	5.0	3.1	3.0	6.2	4.1	4.1
중소기업	1.6	1.5	1.6	1.8	2.0	2.3	2.6	2.8	2.3	2.2	2.6	3.4	2.7	2.3

주 : 대기업과 중소기업 분류 기준은 「중소기업기본법」의 분류 기준(자산총액, 평균 매출액 등)을 따름
자료 : ECOS 한국은행 경제통계시스템, 기업경영분석 지표-수익성 지표

이에 따라 대기업은 노동자의 급여를 올려 줄 여력이 있었지만, 중소기업은 그렇지 못했다. 더욱이 대기업의 노동자들은 노동조합을 결성하고 매년 급여 인상을 요구할 수 있지만, 노동조합 조직률이 낮은 중소기업의 노동자들은 그럴 수 없는 경우가 많다.[196] 노동자에 대한 착취

196 전체 노동자의 노조 가입률은 2006년 13.7%에서 2023년 9.9%로 감소세를 나타내고 있다. 2023년을 기준으로 기업 규모와 고용 형태별 노조 가입률을 보면, 대기업 정규직이 37.4%로 가장 높고, 중소기업 정규직이 8.7%, 대기업 비정규직이 1.8%, 중소기업 비정규직이 0.8% 순으로 나타났다. 대기업이 중소기업보다 노조 가입률이 훨씬 높았고, 대기업과 중소기업 모두 비정규직의 노조 가입은 미미한 수준인 것을 확인할 수 있다.

규모	전체 노동자	대기업		중소기업	
		정규직	비정규직	정규직	비정규직
2006	13.7	44.4	6.1	11.1	2.0
2007	12.3	38.2	4.7	10.6	2.3
2008	12.9	40.5	10.1	11.0	2.2
2010	11.6	34.1	3.5	11.0	1.3
2011	11.1	38.5	10.4	9.7	0.7
2012	11.0	35.7	8.3	9.7	1.1
2013	11.0	36.9	5.0	9.8	1.1
2014	9.7	29.9	3.5	9.2	1.2
2015	9.5	31.9	4.1	8.8	1.3
2016	9.8	31.3	4.3	9.2	1.4
2017	10.1	33.8	5.3	9.0	1.6
2018	10.0	31.2	6.1	9.2	1.6
2019	9.9	33.2	2.0	9.1	0.6
2020	10.0	36.4	1.6	9.0	0.6
2021	10.0	37.0	2.2	9.1	0.6
2022	10.3	36.9	1.7	9.3	0.6
2023	9.9	37.4	1.8	8.7	0.8

주 : 종사자 수를 기준으로 중소기업은 300인 미만, 대기업은 300인 이상
자료 : 고용노동부, 고용형태별 근로실태조사

가 기업 규모에 따라 내림차순으로 이루어진 결과, 대기업과 중소기업 노동자 사이의 소득 격차는 구조적으로 벌어질 수밖에 없게 되었다.

인건비를 절감하기 위한 수단으로 비정규직 고용이 늘어남에 따라 정규직과 비정규직 사이의 격차도 벌어졌다. 기업이 비정규직 노동자와 2년 이상 계약할 수 없도록 금지하면서 정규직 고용을 의무화하기 위해 만들어진 비정규직법은 비정규직을 보호하겠다는 본래의 의도와 달리, 파견직 등 더 열악한 비정규직 고용 형태를 만들어냈다. 그러는 사이 비정규직 노동자들의 처우는 더 나빠졌다. 정규직의 임금 수준이 높아지고 비정규직과의 처우 격차가 커지면서, 정규직보다 비정규직 고용 비중이 늘었다. 기술이 진보함에 따라 자본이 노동을 대체하고, 일자리를 구하기 어려워진 상황에서 노동자는 먹고살기 위해 비정규직이라도 어쩔 수 없이 취업해야 한다. 취업이 어려워지고 실업자가 늘어나면, 정규직과 비정규직 사이의 임금 격차는 더 벌어진다. 정규직 고용을 향한 노동시장에서의 경쟁은 더 치열해지고, 노동시장의 구조적인 문제가 계속될 수밖에 없는 상황이 만들어진 것이다.

다음 그림은 사업체 규모와 고용 형태별 시간당 평균임금 수준을 나타낸 그래프다. 2023년을 기준으로 대기업 정규직의 근로 시간당 평균임금은 38,214원이고, 대기업 비정규직은 25,668원, 중소기업 정규직은 22,005원, 중소기업 비정규직은 16,843원 수준이다. 그동안 꾸준한 최저임금 인상 등 노력에 힘입어 격차가 많이 줄어들기는 했다. 2007년에는 중소기업 비정규직의 시간당 임금이 대기업 정규직의 31.4%에 불과했다. 2023년 기준 중소기업 비정규직의 시간당 임금은 대기업 정규직의 44.1% 수준으로 상승하기는 했지만, 여전히 임금 격차는 심각한 수준이라고 할 수 있다.

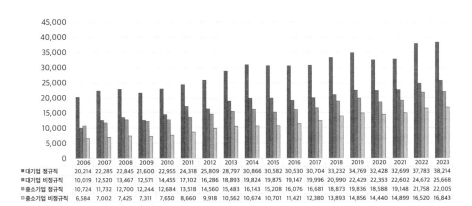

사업체 규모 및 고용 형태별 노동자의 시간당 임금 총액(원)

	2006	2007	2008	2009	2010	2011	2012	2013	2014	2015	2016	2017	2018	2019	2020	2021	2022	2023
■ 대기업 정규직	20,214	22,285	22,845	21,600	22,955	24,318	25,809	28,797	30,866	30,582	30,530	30,704	33,232	34,769	32,428	32,699	37,783	38,214
■ 대기업 비정규직	10,019	12,520	13,467	12,571	14,455	17,102	16,286	18,893	19,824	19,875	19,147	19,996	20,990	22,429	22,353	22,602	24,672	25,668
■ 중소기업 정규직	10,724	11,732	12,700	12,244	12,684	13,518	14,560	15,483	16,143	15,208	16,076	16,681	18,873	19,836	18,588	19,148	21,758	22,005
■ 중소기업 비정규직	6,584	7,002	7,425	7,311	7,650	8,660	9,918	10,562	10,674	10,701	11,421	12,380	13,893	14,856	14,440	14,899	16,520	16,843

주 : 기업 규모는 상시근로자 수를 기준으로 300인 이상은 대기업, 300인 미만은 중소기업으로 분류함.
자료 : 고용노동부, 고용형태별 근로실태조사

상용근로자Full-time workers 중 소득이 상용근로자 중위소득의 3분의 2에 미치지 못하는 저임금근로자 비중을 보면, 우리나라는 2010년 24.7%에서 2023년 16.2%로 감소한 것으로 나타난다. 이는 2014~2017년 동안 최저임금 인상률이 7~8%대를 유지했고, 특히 2018년과 2019년에는 10% 이상 대폭 인상한 효과가 반영되었기 때문이다.[197] 이에 따라 저임금근로자 비중은 2018년 19.0%, 2017년 17.0%로 크게 감소했다. 그러나 여전히 OECD 평균에 비해서는 높은 수준이고, 2022년을 기준으로 국가별 비교를 해보더라도 우리나라는

---

197 2010년부터 연도별 최저임금 수준과 인상률을 보면, 2017년 시급 6,470원에서 2018년 7,530원으로 16.4% 인상했고, 2019년에는 8,350원으로 10.9% 인상한 것을 확인할 수 있다. 이는 저임금근로자 비중을 떨어뜨리는 중요한 요인으로 작용했다. 그러나 최저임금 인상에 따른 중소기업과 자영업자 등 사업주들의 어려움 호소 등으로 최저임금 인상률은 다시 낮아졌다.

37개 OECD 국가 중 27번째로 저임금근로자가 여전히 많은 것을 알
수 있다.

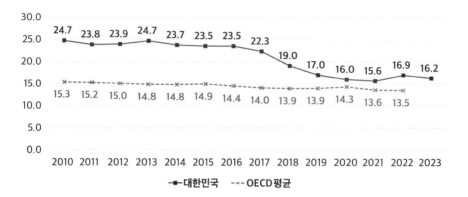

저임금근로자 비중, 우리나라와 OECD 평균 비교(%)

주 : 1. 저임금근로자 비중은 상용근로자 중 소득이 상용근로자 중위소득의 2/3에 미치지 못하는
       저임금근로자의 비중을 나타냄.
    2. OECD 평균은 국가별 저임금근로자 비중의 단순평균(Unweighted average)이며, 2022년까지
       만 자료를 제공하여 2023년 자료는 표기하지 못함.
자료 : OECD, Low Pay Incidence, Percentage of full-time employment

연도	2010	2011	2012	2013	2014	2015	2016	2017
최저시급(원)	32,880	34,560	36,640	38,880	41,680	44,640	48,240	51,760
인상률(%)	2.75	5.10	6.00	6.10	7.20	7.10	8.10	7.30
연도	2018	2019	2020	2021	2022	2023	2024	2025
최저시급(원)	60,240	66,800	68,720	69,760	73,280	76,960	78,880	80,240
인상률(%)	16.40	10.90	2.87	1.50	5.05	5.00	2.50	1.70

자료 : 최저임금위원회, 연도별 최저임금 결정 현황

2022년 기준 OECD 국가들의 저임금근로자 비중 비교(%)

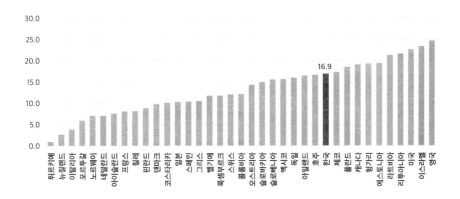

주 : 1. 저임금근로자 비중은 상용근로자 중 소득이 상용근로자 중위소득의 3분의 2에 미치지 못하는
　　 저임금근로자의 비중을 나타냄.
　　2. 튀르키예와 아이슬란드는 2022년 자료가 제공되지 않아, 가장 최근의 수치인 2018년 데이터
　　 를 활용하였음.
자료 : OECD, Low Pay Incidence, Percentage of full-time employment

　이 같은 노동시장 이중구조화 문제는 사회 전반의 소득불평등 문제
를 키웠다. 비록 우리 사회가 절대적 빈곤에서는 탈출했지만, 저소득층
의 상대적 박탈감은 더 커졌다. 남보다 덜 가졌다는 것이 부끄러운 일
이 되면서 남보다 더 갖기 위한 몸부림은 더 처절해졌다. 물질에 대한
소유욕과 남들의 부러움을 사고 싶은 우월 욕망이 겹치면서, 갈수록 경
쟁이 더 치열해지고 있다. 승자가 모든 것을 얻는 극단적인 경쟁 사회
는 사교육비 경쟁을 부추기고 대학의 서열화를 심화하며, 새로운 형태
의 부의 대물림을 만들어 사회이동성을 떨어뜨리고 있다. 유복한 가정
환경에서 엄청난 사교육비로 뒷받침받은 사람이 일류 대학을 가고, 좋
은 직장을 얻어 다시 유복한 가정을 꾸리는 사이클이 고착화하고 있다.
"개천에서 용 난다"는 속담은 이제 언어 박물관에서나 찾아볼 법한 유물이 되어 가고 있다.

실제로 정부의 사교육비 조사 자료를 보면, 심각한 저출생 현상으로 학생 수가 감소하고 있음에도 불구하고 가계의 사교육비 지출 금액은 오히려 빠른 속도로 증가하고 있음을 알 수 있다. 2020년 19.4조 원 수준이던 사교육비 지출액은 2023년 27.1조 원으로 증가해 4년 사이 1.4배가 되었다. 가계의 사교육비 지출 부담도 빠르게 늘고 있다. 월 50만 원 이상의 사교육비를 지출하는 가계의 비중은 2010년 12.1%였으나, 2023년에는 37.0%로 급격하게 늘었다.

이러한 사교육비 경쟁은 부모의 경제력에 따라 큰 차이를 보인다. 자녀 한 명에게 쓰는 사교육비 지출액은 소득이 높은 집일수록 훨씬 더 많다. 2023년 조사를 기준으로 월평균 소득이 200만 원 미만인 가계는 자녀 한 명에게 월평균 13만 6천 원의 사교육비를 지출하는 반면, 800만 원 이상인 가계는 67만 1천 원을 지출해 그 차이가 5배에 가까운 것으로 나타났다. 이러한 수치는 사교육비 경쟁이 얼마나 치열한지를 보여 준다. 자녀를 사랑하고 잘 되기를 바라는 부모의 마음은 모두 같겠지만, 경제력 격차로 인해 나타나는 또 다른 차이가 서민·중산층 부모의 마음에 상처를 주고 있다.

전체 가구 사교육비 지출 총액(조 원)과 월평균 50만 원 이상 사교육비를 지출하는 가계 비중(%)의 변화 추이

주 : 초·중·고등학교 학생에 대한 사교육비 조사로, 미취학 아동에 대한 사교육비 지출은 포함되지 않음.
자료 : 통계청, 초·중·고 사교육비 조사

가계의 월평균 소득 규모별 학생 1인당 월평균 사교육비 지출액
(만 원, 2023년)

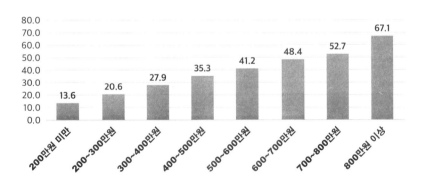

주 : 초·중·고등학교 학생에 대한 사교육비 조사로, 미취학 아동에 대한 사교육비 지출은 포함되지 않음.
자료 : 통계청, 초·중·고 사교육비 조사

시장에서 효율성의 근간이 되는 것이 경쟁이지만, 경쟁에서 이기기 위해 가장 효과적인 방법은 독점적 시장 구조를 만들고 시장지배력을 장악하는 것이다. 그렇게 경쟁에서 승리하기 위해 다른 사람의 참여 기회를 빼앗는 것이 경쟁이라는 시장의 효율성이 만들어내고 있는 모순적 결과물이다. 마찬가지로 힘 있는 사람들은 이 사회의 경쟁에서 승자가 되기 위해 높은 사교육비 장벽을 쌓아 올리고 있다. 서민과 중산층 가계의 부모들은 자녀의 경쟁 참여 기회와 미래의 성공 가능성이 줄어들고 있는 상황에 심각한 박탈감을 느끼고 있다. 부유한 집안의 자녀들은 부모의 권력을 이용해 상류사회로 진입하기 위한 스펙 쌓기를 주저하지 않는다. 이른바 '아빠 찬스', '엄마 찬스'가 청년들의 내일에 대한 희망을 절망감으로 바꿔 놓고 있다. 공정한 경쟁을 바탕으로 하는 능력주의를 앞세우면서 능력과 기회를 독점하려는 모순이, 경쟁을 지향하면서 경쟁을 훼손하는 시장의 모순과 함께, 지금의 모순 시대를 이끌어가고 있다.

극단적 경쟁 심화와 저출생 위기

모순 시대의 가장 심각한 폐해는 저출생 문제다. 사회 구성원 모두가 함께 오래도록 살아가기 위해 만든 것이 사회임에도 불구하고, 사회 스스로가 존폐 위기에 놓일 정도로 심각한 저출생 문제를 해결하지 못하고 있는 것은 사회의 가장 큰 모순이다. 저출생은 희망보다 좌절이 지배하는 사회에서 나타나는 당연한 현상이다. 삶의 행복, 미래에 대한 희망 없이, 기쁨과 책임의 조화로 이루어지는 가족 구성의 원리가 제대로 작동하기를 기대할 수는 없는 일이다. 내가 행복하지 않고 자녀의 미래가 행복할 가능성이 없는데, 어떻게 아이를 낳을 수 있겠는가?

극단적 경쟁 사회에서 소수의 부유층을 제외한 대다수 소시민은 기회상실에 따른 상대적 박탈감과 함께 소외감을 느끼며 살아가고 있다. 양질의 일자리 경쟁에서 밀려난 다수는 이미 높아질 대로 높아진 표준적인 생활 수준을 따라가기 어렵다. 그나마 평균적인 생활 수준을 따라가려면 추가 부담을 안기는 결혼과 출산은 사치다. 노동시장 양극화로 소득불평등이 계속 커지는 상황에서, 어떻게든 기대 생활 수준을 유지하려면 혼자 살아갈 수밖에 없다. 책임질 부양가족이 늘어나는 것은 모두 함께 상대적 빈곤의 소굴로 들어가는 지름길일 뿐이다. 천정부지로 치솟는 부동산 가격에 멀쩡한 집 한 채 가져 보려면 버는 돈을 한 푼도 쓰지 않고 수십 년을 모아야 한다.[198]

---

198 다음 표는 가계소득 대비 주택 가격 비율인 PIR(Price to Income Ratio=주택 가격/가구 연소득)을 보여 주고 있다. 이는 서울에 있는 중위 가격 수준의 아파트(3분위)를 매입하기 위해 소득분위별로 가계의 연간 총소득을 한 푼도 쓰지 않고 몇 년이나 모아야 주택을 장만할 수 있는지를 보여 준다. 서울 주택 가격이 한창 최고점을 찍었던 2022년 3월을 기준으로 하면, 1분위(하위 20%) 가구는 무려 51.0년을, 3분위(상위 40~60%) 중위소득 가구라고 해도 무려 18.4년을 한 푼도 쓰지 않고 버는 돈을 모두 모아야 서울에 중간 정도 되는 집을 장만할 수 있는 것으로 나타났다.

가계소득 분위	2020년 3월	2021년 3월	2022년 3월	2023년 3월	2024년 3월
5분위(상위 20%)	5.9	7.7	7.5	4.4	4.4
4분위(20~40%)	10.4	12.8	13.7	7.9	7.6
3분위(40~60%)	14.2	17.8	18.4	10.8	10.2
2분위(60~80%)	20.6	25.4	26.1	15.4	14.4
1분위(80~100%)	42.7	50.7	51.0	30.3	28.0

주 : 1. PIR(=주택가격/가구소득)은 소득분위별로 특정 지역의 평균 가격 주택을 매입하기 위해 걸리는 기간을 의미함.
  2. 통계 산출 시 사용한 가구소득은 통계청 가계동향조사의 평균 소득을 연간으로 환산한 것임.
자료 : KB부동산 데이터 허브, 주택가격동향조사, PIR

그나마 운이 좋아 서울에 집을 장만한 사람들은 부동산 가격 상승에 부가 쌓여 가는 것을 기대할 수 있지만, 그걸 지켜봐야만 하는 대다수 서민은 씁쓸하기만 하다. 이처럼 어려운 현실을 극복하고 결혼해서 자녀를 낳는다고 하더라도, 극단적인 경쟁에 내몰릴 아이의 미래를 생각하면 천문학적인 사교육비를 부담할 수 있어야 하는데, 그걸 감당할 수 있는 사람이 얼마나 되겠는가? 이렇게 우리의 모순 시대는 사회의 집단적 자살을 향해 달려가고 있다.

물질만능주의와 삶의 불행

모순 시대를 살아가는 개인들도 각종 삶의 모순에 직면해 있다. 대다수 사람은 인생이라는 여정의 최종 종착역에서 뒤를 돌아봤을 때 '행복했다', '잘 살았다'라고 말할 수 있게 잘 살아야겠다고 생각한다. 좋은 사람이 되어 나름대로 훌륭한 인생을 살고 싶다는 마음속 깊은 곳의 외침이 들려오기 때문이다. 그러나 현실에서 우리는 그런 생각들이 옳고 그름에 대한 과거의 기준일 뿐이라며 애써 외면한다. 지금 당장은 물질적 풍요로움이나 편리함, 남보다 조금 더 나아 보인다는 착각과 그로부터 얻는 우월감이 행복의 원천이라고 믿어 의심치 않는다. 설사 그것이 가짜 행복이고, 진짜 행복은 양심에 거리낌 없이 도덕적으로 선한 삶을 살아감으로써 얻게 되는 정신적 평안에서 온다는 것을 알아도 어쩔 수 없다. 극한의 경쟁이 난무하는 사회에서 나만 뒤질 수는 없는 일 아닌가?

모순 시대에서 아주 작은 기득권이라도 가진 사람들은 경쟁이 경제와 사회의 발전을 가져오는 원동력이기 때문에 어쩔 수 없다고들 말한다. 그러나 사람들이 그렇게 말할 수 있는 것은, 경제와 사회의 발전

정도를 평균적인 소비 규모로만 정의하고 판단하기 때문이다. "신은 죽었다"고 한 니체의 말처럼 전통적인 도덕 기준 자체가 무너진 사회에서 남은 것은 힘과 권력에 대한 의존뿐이다. 모순 시대에서 이기적인 욕망을 제어하는 이성의 기능은 설자리를 잃어 가고 있다. 존재의 가치와 도덕적으로 선한 삶의 중요성을 알면서도, 물질적 풍요를 갈망하는 소유욕으로 뒤덮인 사회에서 존재와 도덕을 무시하는 모순적인 자기 합리화에 빠져들고 있다.[199] 겉으로는 도덕적 옳음을 내세우지만, 실제로는 물질을 향한 탐욕만이 옳음의 유일한 기준이 되어 가고 있다. 도덕적 가치와 법칙은 자기 정당화의 수단으로만 **활용될 뿐**, 진짜 목적은 더 많은 물질을 소유하고 그것을 위한 힘과 권력을 갖는 것이다.

그러나 진짜 행복은 얼마나 많은 양의 물질을 소유하고 있는가가 아니라, 어떻게 살아가는가에 달려 있다. 이것은 굳이 대단한 철학적 사유를 동반하지 않더라도, 모든 사람이 직관적으로 알고 있는 사실이다. 그러나 모순 시대의 경쟁 과열은 사람들이 진정한 행복에 이를 수 있도록 그냥 내버려두지 않는다. 그렇게 모순 시대를 살아가는 개인의 삶은 '행복해지려고 발버둥치지만, 결코 행복해질 수 없는' 모순의 늪에 빠져들고 있다.

---

199 에리히 프롬은 이와 같은 소유 양식으로 점철된 사회의 모순을 다음과 같이 묘사했다. "나는 모든 일이 내 뜻대로 되기를 바란다. 나누어 갖는 것이 아니라 소유하는 것이 내게 쾌락을 준다. 내 목표가 소유라면 나는 더욱 많이 '소유할수록' 더욱 그 '존재'가 확실해지므로 나는 탐욕스러워질 수밖에 없다. …그러나 나는 이 모든 감정을 억눌러야 한다. 그것은 모든 사람들이 그렇게 가장하듯이 나 자신이 미소를 띤, 이성적이고 성실하고 친절한 인간으로 보이게 하기 위해서이다"(Erich Fromm, *To Have or To Be*, US: Harper & Row, 1976(최혁순 역, 『소유냐 존재냐』, 범우사, 2021), pp.24~25).

모순 시대 극복을 위한 정치 개혁

많은 국민은 모순 시대의 문제들을 인식하고, 또 걱정하고 있다. 또 이러한 사회의 구조적인 문제를 해결하는 본질적인 대책을 찾아야 할 핵심적인 사회 기능이 정치라는 것도 알고 있다. 복잡하고 다양하게 발생하고 있는 사회 문제에 대한 국민의 우려가 무엇이고, 어떤 해결책이 가장 바람직한지에 대한 사회적 합의를 찾아 실행하는 것이 우리가 잘 알고 있는 정치의 역할이기 때문이다. 그러나 지금의 정치는 문제의 심각성을 알면서도 그것을 해결하려는 노력을 제대로 하지 못하고 있다. 정쟁에 빠져 갈등을 키우는 정치는 모두가 행복하게 살아갈 수 있는 사회를 만들어야 하는 본질적 목표에서 멀어지고 있다. 따라서 모순 시대 극복을 위한 첫걸음은 정치 개혁이 되어야 한다.

사회 문제 해결을 위한 정책 의사결정에 앞장서야 할 정치가 정쟁에만 몰두하고 있는 것을 시민들은 긍정적으로 바라볼 수 없다. 정치 본연의 역할은 보편적 시민의 다양한 의견을 조정하고, 사회의 구조적 문제와 민생 문제를 해결함으로써 더 나은 사회로 나아가도록 하는 것이다. 그런데도 권력 장악을 둘러싼 정쟁에만 몰두하며 혐오의 정치를 심화하고 있는 것은 정치 본연의 목적이 아닌 정권 획득 그 자체를 목적으로 하는, 모순 시대의 정치 문법을 따른 결과라고 할 수 있다.

정치인이 속으로는 자신과 자기 세력의 이익을 최우선으로 하면서, 겉으로는 사회 공통의 이익·신념·가치 등 온갖 공익적 요소를 끌어와 유권자에게 거짓 정보를 제공하는 상황에서는 민주주의가 바로 설 수 없다. 이런 상황에서는 유권자가 조금만 긴장을 늦춰도 정치가 잘못된 길로 빠질 가능성이 크다. 거짓 선동을 잘하는 사람이 선거에서 승리하는 유인 체계가 자리 잡으면, 선거는 역선택의 함정에 빠져들게 된다. 이 경우 국민이 행복하게 살 수 있는 더 나은 사회로 나아가도록 하기 위해 노력하려는 좋은 정치인은 정치권을 떠나게 되고, 소수 기득권 또는 자기 세력의 이해관계만을 중시하며 정쟁을 일삼는 나쁜 정치인만 정치권에 남게 될 것이다. 그 결과는 일부 강성 지지층에 기대어 상대 방에 대한 강도 높은 비난으로 일관하면서 갈등을 키우는 혐오의 정치로 이어질 것이 분명하다.

이러한 역선택의 문제를 막으려면 유권자가 자신의 정치적 선호에 따라 옳은 선택을 할 수 있도록 정보를 제대로 식별하고, 신중하게 투표하는 노력을 기울여야 한다. 이를 위해 투입하는 시간과 귀찮음이라는 정보 탐색 비용을 단순히 선거에서 얻는 편익과 비교하는 경제학의 비용편익 분석 논리에서 벗어나, 건전한 시민의 정치적 책임 의식 영역에서 정치를 제대로 바라보고 평가해야 한다. 높은 시민의식만이 정보의 비대칭성을 악용하여 기득권 세력의 이익을 취하려는 정치적 시도를 막아낼 수 있다. 선거라는 정치적 선택의 과정이 속고 속이는 게임이 되도록 내버려두면 모순 시대의 문제는 해결될 수 없는 것은 물론, 점점 더 심화하게 될 것이다.

선거에서 잘못된 선택을 하는 문제를 방지하기 위한 시민의 노력도 중요하지만, 그것만으로는 정치 개혁을 완성할 수 없다. 민주주의는 다양한 시민의 의견을 받아들여 대화와 타협으로 사회적 합의를 이끌어내고 민의를 받드는 과정이다. 중요한 정치적 사안에 대한 시민의 다양한 의견이 여과 없이 반영되어 참된 여론을 형성하고, 정치권으로 전달될 수 있어야 민주주의가 본래의 자리를 찾아갈 수 있다. 다수의 시민이 정치에 무관심한 상황에서 소수의 이해관계만이 정치권으로 흘러들면,

진정한 민의가 왜곡되어 민주주의가 제대로 작동할 수 없다.

그런데 여기서 또 하나의 모순점이 드러난다. 시민이 정치에 관심을 갖고 정보를 획득하는 데 주저하지 않아야 하고, 적극적으로 자기 의견을 개진하는 공론의 장에 참여해야 정치 개혁을 이루고 정치 본연의 역할을 바로잡을 수 있는데, 지금은 혐오의 정치가 확산함에 따라 시민이 정치를 혐오하는 악순환이 되풀이되고 있기 때문이다.

따라서 모순 시대의 문제를 해결하기 위해서는 민주주의가 정상적으로 작동할 수 있도록 정치권에서는 정치적 리더십을 재확립해 혐오의 정치를 끝내기 위해 노력하고, 시민은 적극적인 정치 참여로 정치 개혁을 이끌어야 한다. 정치가 최대한 많은 사람이 동의하는 보편적 합의 결과를 도출하도록 끊임없이 노력할 때 진리에 가까운 해결책을 찾아갈 수 있다.

사회와 역사가 변증법적 과정을 통해 발전해 간다고 하면, 모순 시대의 문제를 극복하는 것은 진리를 향해 나아가는 사회 발전의 원리와 깊은 관련성이 있다. 모든 현상에는 그와 상반되는 반대의 현상이 내포되어 있기 마련이다. 반성과 성찰을 통한 양자의 합리적 통일로 사회와 역사는 보편성을 획득하여 진리를 향해 나아갈 수 있다. 비록 모순은 양립할 수 없는 주장이 양립하는 상황을 뜻하지만, 그러한 모순도 반성과 성찰의 과정을 거침으로써 현실적인 타협점을 찾아낼 수 있다.

그런 면에서 시민의 다양한 생각과 이해관계를 수렴하여 대화와 타협을 통해 합의점을 찾아가는 민주주의 본연의 기능이 제대로 작동한다면, 민주주의는 변증법적 원리에 따라 정표과 반反의 합을 이뤄 가는 사회의 집단적 반성과 성찰의 정치 시스템이 되어 국민의 일반의지와 사회 전반의 보편적 이익에 부합하는 사회 발전을 이뤄 갈 수 있을 것이다.

이러한 민주주의 기능을 되살리는 것은 성숙한 시민의식을 가진 시민들의 몫이다. 모두를 위한 실질적인 민주주의는 그냥 주어지지 않는다. 정치가 실망을 안겨 줄수록 더더욱 시민의 활발한 정치 참여가 필요하다. 실망한 시민의 마음이 정치로부터 멀어지면 멀어질수록, 정쟁을 유발하여 손쉽게 정권을 창출하고자 하는 기득권 세력과 그에 편승하는 정치세력이 활개를 칠 수 있는 환경이 만들어진다. 이로 인해 정치에서 멀어지는 시민이 더 많아지는 악순환이 되풀이된다. 이 악순환의 고리를 끊어내는 것이 정치 개혁의 요체라고 할 수 있다. 국민 모두를 위해 있어야 할 정치를 기득권 세력의 전유물로 전락시키는 모순 시대의 정치 문법을 퇴출할 수 있는 유일한 방법은 시민이 정치를 다시 틀어쥐는 것이다.

국민이 정치를 중요하게 생각하고, 정치가 국민을 두려워할 때, 민주주의가 제대로 돌아갈 수 있다. 시민의 관심과 정치 참여는 나와 우리 모두를 위해 회피해서도 안 되고, 피할 수도 없는 시민의 당연한 의무이자 책임이다.

민주국가에 있어 언론과 사법부는 민주주의의 존폐를 좌우하는 관건이다. 어떠한 독재나 부패도 언론이 살아 있는 한 영속될 수 없고, 어떠한 부조리나 인권 침해도 법관이 건재하는 한 구제받지 못할 수가 없다. … 그런데 언론과 법관보다 더 중요한 것이 있다. 그것은 권리와 책임의 의식에 무장되어 자기와 그 사회의 운명의 주인이고자 하는 결의에 넘친, 그리고 필요하면 희생을 무릅쓰고 행동하는 시민 계급의 존재이다. 이러한 시민 계급의 존재야말로 민주주의의 알파이자 오메가이며, 공산주의를 극복해 낼 수 있는 유일한 원동력이기도 하다.[200]

200   김대중, 『김대중 옥중서신』, 1984, 靑史. pp.287~288.

시민의 실질적인 정치 참여 기반은 공론의 장이다. 공론의 장을 정상적으로 확립해 공적 담론을 정치에 담아내는 것이 실질적인 민주주의를 확립하는 데 가장 기본적인 요소다. 사회 구성원 모두의 의견이 반영된 보편적인 공통의 이익이 곧 사회의 일반의지고, 그것을 따르는 것이 사회계약론에 기초한 민주주의의 목적을 이루는 길이다. 공론의 장은 민주주의의 본질적 목적을 달성하는 출발점이라 할 수 있다.

로버트 달Robert A. Dahl은 공론의 장에서 모든 사람의 동등한 이익을 도모하는 결속력 있는 결정에 도달하도록 하는 요건으로 ① 관련된 모든 사람에 대한 포용, ② 정치 과정에 참여할 수 있는 실질적 기회의 평등한 분배, ③ 투표로 결정에 참여할 수 있는 평등한 권리, ④ 주제 Agenda를 통제할 수 있는 평등한 권리, ⑤ 모든 참여자가 규제를 필요로 하는 경쟁적 이익과 문제들에 대해 충분한 정보와 좋은 근거들에 비추어 명료한 이해를 형성할 수 있는 상황, 이상의 다섯 가지를 제시한 바 있다.[201]

이를 종합하면 올바른 공론의 장의 핵심적인 요건은 '실질적인 정치 참여 기회의 평등'이라고 할 수 있다. 시민은 여러 선택 대안을 평가하여 자신의 이익에 가장 잘 부합하는 것을 찾아낼 수 있도록 평등한 참여 기회를 가질 권리가 있다. 이러한 권리를 제대로 보장하려면, 시민이 문제를 충분히 이해하고 자신이 생각하는 선과 이익을 바탕으로 공공선과 일반 이익에 대한 견해를 가질 수 있도록 기회를 제공해야 한다.[202]

하버마스는 권리의 평등한 분배는 서로를 자유롭고 평등한 시민으

201 Jürgen Harbermas, *Faktizität und Geltung*, Berlin: Suhrkamp Verlag, 1992(한상진·박영도 역, 『사실성과 타당성』, 나남, 2017), p.424~425.

202 앞의 책, p.425.

로 인정하는 '상호성'으로부터 나오며, 상호성을 인정하는 시민이 공론의 장에 던지는 공적 의견이 곧 잠재적인 정치적 영향력이라고 했다.[203] 상대의 자유와 권리를 나의 것과 같은 것으로 인정하고 배려하는 상호성을 정치 참여로 확장하면, 당연히 모든 시민에게 실질적인 정치 참여 기회가 공평하게 주어져야 한다는 결론을 도출할 수 있다. 그래야 민주주의 원리에 따른 실질적인 정치적 영향력의 평등을 확립할 수 있다.

이러한 민주적 평등을 확립하는 초석은 모든 시민이 정치 참여가 가능할 정도로 최소한의 생활 수준을 누릴 수 있게 하는 것이다. 힘이 있고 부유한 시민이든, 힘이 없고 가난한 시민이든, 모두 똑같은 정치적 권리를 가진 시민으로서 동등한 정치적 영향력을 행사할 수 있어야 한다. 누군가는 자신이 가진 힘과 권력을 바탕으로 수십만 명의 정치적 권리를 모두 합친 것보다도 강한 정치적 영향력을 행사하는 데 반해, 대다수 평범한 시민은 실질적으로 정치 참여 기회를 얻지 못한다면, 그것은 진짜 민주주의가 아니다. 만약 시민 중 어느 누군가가 너무도 열악한 생활 환경에 처해 정치 참여가 도저히 불가능하다면, 실질적인 민주주의를 기대할 수 없다. 그러므로 어느 사회의 민주주의 수준을 평가할 때에는 정치적 권리를 포함하여 사회·경제적 권리와 기회가 국민에게 얼마나 균등하게 배분되고 보장되어 있는가를 모두 고려해야 한다. 이러한 측면에서 모든 시민이 정치 참여의 실질적인 기회를 공정하고 평등하게 가질 수 있도록 최소한의 생활 수준을 보장하는 것은 정치가 해야 할 가장 기본적인 역할이라고 할 수 있다.

---

203 "'영향력'은 상호 이해라는 자원으로 살아간다. … 이러한 의미에서 공적 의견은 시민의 투표 행위에 영향을 미치거나 의회, 정부, 사업부의 의지 형성에 영향력을 행사하기 위해 사용할 수 있는 잠재적 정치적 영향력이다"(앞의 책, p.482).

모든 시민의 공평한 정치적 권리 행사 보장이라는 너무도 당연한 국가의 책무를 두고, 국가가 국민에게 제공하는 시혜적 복지나 단순한 소득과 부의 재분배 정책 정도로 취급하는 것은 타당하지 않다. 이는 단순한 복지 정책의 문제가 아니라, 민주주의 사회를 살아가는 모든 시민의 당연한 정치 참여 권리에 대한 것이다. 마찬가지로 행정서비스를 받는 국민은 단순한 서비스의 수혜자가 아니라, 그것을 당당하게 요구할 권리를 가진 시민이다. 나아가 법 앞의 평등을 진짜로 확립하기 위해서도 모든 시민이 정치 참여 기회를 실질적으로 보장받아야 한다. 국민 모두에게 적용되는 법의 제정·적용·해석에 관계된 일을 결정하는 일에 소수만이 관계하고 그들의 이익이 우선한다면, 법 앞의 평등을 기대할 수 있겠는가? 나에게 적용되는 법을 만드는 일에 내가 관여할 수 있을 때 비로소 진정한 정치 참여의 사적 자율성과 법 앞의 평등이 확립될 수 있다. 따라서 정치 참여 권리에 대한 보장은 인권과 사상·표현·언론의 자유 등 국민의 가장 기본적인 불가침의 권리를 실질적이고 보편적으로 보장하는 것과 동등하게 보는 것이 타당하다.

　공론의 장이 특정 권력의 지배를 받지 않고 시민에게 보장된 참여의 권리를 실현하는 기제가 되도록 하려면, 정치적 의사결정 과정 곳곳에 직접민주주의 요소를 도입하는 것이 중요하다. 주민 발안, 국민청원, 주민참여예산 등과 같은 형식적인 참여를 넘어, 중요한 의사결정 사안에 대한 공론화와 숙의민주주의Deliberative Democracy, 공정한 여론 형성과 정치적 논의 과정 반영 등 실질적인 정치 참여 절차와 기능을 강화할 필요가 있다. 또 언론이 여론을 조장하거나 왜곡할 수 없도록 미디어의 권력화를 막고, 언론의 본래 기능을 정상화하는 것은 물론, 시민사회와 정치를 매개하는 정당의 기능도 정상화해야 한다.

이와 같은 실질적인 민주주의 여건이 조성되었음에도 누군가가 정치 참여에 소홀하다면, 그것은 다른 시민의 책무 이행에 무임승차하려는 것으로, 일종의 도덕적 해이라고 할 수 있다. 누군가가 정치 참여에 소홀하면 공론의 장에 반드시 포함되어야 할 국민의 견해 중 일부가 누락됨으로써 사회의 일반의지가 왜곡될 수 있기 때문이다. 토크빌은 "사회가 위험에 처하는 것은 소수의 커다란 방탕에 의해서가 아니라, 모든 사람의 도덕적 해이(무관심) 때문일 수 있다"고 했다.[204] 사회의 거악은 법질서를 통해 바로잡을 수 있지만, 다수의 무관심으로 인해 망가지는 민주주의는 모든 시민의 정치 참여 노력이 아니면 해결할 수 없다. 우리 사회를 위협하는 민주주의의 퇴행을 막을 수 있는 유일한 길은 정치 참여에 적극적인 시민의식을 확립하는 것이다.

높은 시민의식으로 정치 개혁을 완수할 주체는 정치 소비자인 시민이다. 가격이 아닌, 가치의 시대를 이끌어 가는 것이 소비자의 몫인 것처럼, 진정한 민주주의를 완성하여 모두가 행복한 사회로 나아가는 새로운 시대를 열어 가는 것은 시민의 몫이다. 마르크스가 노동자의 계급 혁명을 통한 사회 변화를 꿈꿨다면, 정치 개혁을 통한 사회 변화를 실현하는 것은 정치 소비자인 시민의 손에 달렸다. '소비자의 힘'을 보여 줄 수 있는 효과적인 방법은 소비자운동을 조직하여 소비자가 가진 권리를 위협의 무기로 사용하는 일이다.[205] 공급자가 시장지배력이라는 우월적 지위를 남용하여 소비자 후생을 착취하는 것을 그냥 두고 봐서는

---

204 Alexis de Tocqueville, *De la démocratie en Amérique*, 1835(임효선·박지동 역, 『미국의 민주주의』, 한길사, 2014), p.776.

205 Erich Fromm, *To Have or To Be*, US: Harper & Row, 1976(최혁순 역, 『소유냐 존재냐』, 범우사, 2021), p.238.

안 된다. 소비자들이 연대하여 공급자들의 횡포에 맞서야 한다. 마찬가지로 기득권을 손에 쥔 소수 정치 공급자의 거짓 선동으로 인해 선한 정치 공급자가 뒤로 밀려나는 일을 막으려면 정치 소비자들이 연대하여 진짜 민주주의의 힘을 보여 주어야 한다. 정치 개혁을 위한 시민의 연대는 권력을 갖기 위해서가 아니라, 더 나은 사회를 만들기 위해 노력하는 정치 문화를 만들어내는 첩경이다. 권력을 갖기 위한 소유 양식이 아닌 더 나은 사회에서 살아가고자 하는 존재 양식을 지향하는 건전한 정치 소비자 운동이 정치와 사회를 변화시킬 수 있다.[206]

지금과 같이 권력의 목적과 수단이 전도되어 버린 모순 시대의 문법을 가진 정치에게 모순 시대의 복잡하고 다양한 사회 문제 해결을 맡기자는 것, 그 자체가 가장 큰 모순일 수 있다. 시민이 직접 나서서 문제가 있는 정치를 개혁해서 정치가 제 역할을 할 수 있도록 하는 것이 가장 시급한 과제다. 우리 사회를 우리 손으로 바로잡아야 한다. 충족될 수 없는 끝없는 소유에 집착하는 모순을 극복하고, 존재에 바탕을 둔 사회를 건설하기 위해서는 모든 시민이 그들의 경제적 기능에 능동적으로 참여해야 한다.[207] 마찬가지로 권력의 소유에 집착하는 모순 시대의 정치 문법을 극복하고, 민주정치 본연의 기능을 살려 낼 수 있는 유일한 길은 시민의 정치 참여.

---

206 앞의 책, p.237.
207 앞의 책, p.239.

에필로그

진정한 자유민주주의

대한민국이 자유민주주의 국가라는 것에, 적어도 자유민주주의를 지향해야 한다는 것에 이의를 제기하는 사람은 아마 아무도 없을 것이다. 자유민주주의는 우리 사회가 지향하는 기본적인 질서이자 정치 체제로서 이미 견고하게 자리 잡았다. 자유민주주의라는 말에서 자유는 우리 사회가 지향하는 소중한 가치를 의미하고, 민주주의는 모든 사람이 진정한 자유를 누릴 수 있도록 하는 국가 통치 원리를 나타낸다.

그러나 자유민주주의라는 거부할 수 없는 원리를 앞세워 반대세력을 비판하는 수단으로 삼는 일이 심심치 않게 벌어지고 있다. 일각에서는 자유민주주의를 고전적 자유방임주의나 신자유주의와 같은 것으로 착각하기도 한다. 그러나 누군가의 생각을 제거와 배제의 대상으로 삼는 것은 자유민주주의의 본질적인 개념에서 벗어난 것이다. 자유민주주의라는 개방적이고 폭넓은 개념을 특정 이념과 같은 것으로 협소하게 이해하는 것 역시 잘못된 것이다.

자유의 본질적인 개념은 '사회에서 나의 자유를 보장받을 수 있는 것은 타인의 자유가 나의 자유만큼이나 중요하다'는 상호 존중의 원리에서 출발한다. 민주주의 역시 사람들의 다양한 생각을 똑같이 존중하는 정치 체제다. 따라서 자유민주주의라는 말을 이용해 타인의 생각을 원천적으로 배제하고 극단적으로 대립하는 것은 자유민주주의를 존중하는 것이 아니라, 오히려 파괴하는 모순된 행위다.

자유민주주의의 본질은 평등과도 배치되지 않는다. 비록 사회가 자유와 평등이라는 가치 대결의 이분법적 구도에 사로잡혀 있지만, 원리적으로 보면 양자는 상호보완적 관계를 갖고 있다. 개인이 자유를 누릴 수 있는 것은 모두가 똑같이 자유롭기 때문이다. 따라서 본원적 평등은 자유와 충돌하는 것이 아니라, 오히려 모두가 자유로울 수 있는 조건을 형성한다. 민주주의는 다양한 생각들의 공통점을 찾아 합의점을 도출하는 과정으로, 민주주의를 통해 자유와 평등의 적절한 조화를 추구할 수 있다.

사람은 저마다 서로 다른 능력과 개성을 갖고 태어나는 데다, 각자가 다른 부모에게서 태어나 서로 다른 가정환경에서 자라기 때문에 자신의 노력으로 어찌할 수 없는 격차라는 것이 분명히 존재할 수밖에 없다. 자기 노력과 선택의 결과로 발생하는 차이는 인정할 수 있지만, 자기 힘으로는 어찌할 수 없는 환경 때문에 발생하는 차이는 받아들이기 쉽지 않다. 만약 자신의 노력과 상관없는 요인으로 인해 남들이 누리는 만큼의 자유를 누리지 못하게 된다면, 진정으로 모두가 자유로운 사회라고 할 수 있을까? 모든 시민이 공정하고 평등한 정치 참여 기회를 누리는 것을 전제로 하는 민주주의 사회에서, 시민 중 일부가 정치 참여 기회를 얻을 수 없을 정도로 열악한 환경에 처해 있다면, 그것을 진정한 민주주의라고 할 수 있을까? 이처럼 자유민주주의는 자유와 평등, 어느 한쪽에 경도된 이념이 아니다. 민주주의는 원리적으로 극단적 대립과 갈등보다 대화와 타협, 조화와 통일을 지향하는 체제다.

인간의 삶은 이러한 자유민주주의와 많이 닮았다. 행복을 지향하는 인간은 순수하게 자기 욕심만 내세우지 않는다. 끝없이 재생산되는 욕심을 이성과 양심의 통제 아래 두고, 도덕 법칙이라는 보편적 기준에 부합하도록 노력함으로써 마음의 불편함을 해소하면서 정신적 평안을 얻고 진정한 행복에 이른다. 인간은 반복된 경험과 행위에 대한 반성과 성찰의 과정을 통해 이기심과 이타심의 조화를 추구하며 살아간다. 또 자신의 입장만을 내세우지 않고, 타자의 관점에서 자기 자신을 객관화하는 대자적 사고를 통해 보편적 진리에 다가가려 노력한다.

사회성을 가진 인간은 내가 아니라 모두가 함께 살아가는 공존을 지향한다. 사회성을 구성하고 있는 경제성의 원리는 이기적으로 자기 이익을 실현할 수 있도록 시장질서를 확립했지만, 도덕성의 원리는 보편적 행위 기준으로서 더 큰 사회질서를 확립하고 이를 자발적으로 따르게 한다. 이처럼 인간은 사회 안에서 경제성의 원리와 도덕성의 원리를 조화롭게 실현하며 함께 살아갈 수 있는 기반을 만들어 간다.

어쩌면 정치는 인간 삶의 본원적인 원리가 고스란히 투영된 결과물인지도 모른다. 인간은 욕망의 동물이라는 점에서, 현실적으로 개인의 자발성만으로 사회질서가 완전하게 유지될 수 없다는 한계가 있다. 이러한 현실을 보완하는 것이 정치다. 정치를 통해 시민의 다양한 생각이 조화를 이루고, 사회적 합의를 통해 확립된 법의 지배를 토대로 사회질서 안에서의 공존을 도모할 수 있다. 모든 시민의 보편적인 참여가 보장된 완벽한 민주주의 정치가 가능하다면, 그것이 실현하는 사회의 일반의지는 진리에 가까이 다가갈 수 있다. 오직 신만이 아는 진리에 따라 최선의 결과물을 도출할 수 있다면, 그 사회는 가장 이상적인 모습으로 나타날 것이다. 만약 모든 인간이 각자의 생각을 투영할 수 있는 민주주의가 있고, 모두가 동의할 수 있는 진짜 보편적인 결론을 도출할 수 있다면, 그것은 진리와 같은 것일지도 모른다.

우리가 민주주의를 계속해서 발전시켜야 하는 이유는 바로 여기에 있다. 비록 인간의 한계로 인해 진리에 이를 수 없다고는 하나, 최대한 많은 사람이 동의할 수 있는 가장 보편적인 결정을 내릴 수 있다면 그것이 최선의 결과에 가장 가까운 것일 수 있기 때문이다. 이를 위해 가장 먼저 할 일은 소수 기득권 세력이 전체 국민의 뜻을 왜곡하여 자신들의 이해관계를 반영하는 왜곡된 정치적 영향력을 바로잡고, 모든 시민이 공정하고 평등하게 정치에 참여할 수 있는 실질적인 민주주의를 확립하는 것이다.

민주정치와 공공경제

이 책은 다양한 관점에서 시민의 정치 참여 중요성을 말하고자 했다. 시민이 정치에 관심을 기울이고 적극적으로 참여해야 하는 가장 중요한 이유는 대의민주제 하에서 정보의 비대칭성에 따른 주인과 대리인의 문제를 극복하고, 국민주권의 원리를 실현하기 위해서다. 우리는 언제나 국민주권의 원리를 말하지만, 실제로 선거 때 정치인을 뽑는 것 말고는 실질적인 정치 참여 기회는 매우 제한적이고, 정치에 관심을 기울이는 시민도 많지 않다. 그렇게 유권자가 모르는 사이에 국민을 대표하는 사람들은 자기 정치에 몰두한다. 정치인이 정말로 국민을 위해 열심히 일하는지, 주인인 국민을 대신하여 공익을 잘 대변하고 있는지에 대한 정보는 비대칭적이다. 정치인 본인은 얼마나 국민을 위해 열심히 하는지 정확히 알겠지만, 국민은 알 수가 없다. 이러한 정보의 비대칭 상황에서 역선택의 함정에 빠지지 않고 정말로 좋은 정치인을 선출하려면, 적극적으로 정보를 탐색하고 식별하려는 노력이 필요하다.

정보의 비대칭 문제를 극복하려면 국민의 뜻을 받들어 사회의 일반의지를 확인하고, 그 실현을 위해서만 정치권력을 행사하는 올바른 권력의지를 가진 정치인을 선택해야 한다. 아울러 선출된 정치인이 도덕적 해이에 빠져 자신과 측근, 기득권 세력을 위해 정치권력을 사적으로 오남용하지 않고, 실질적인 정치적 정당성 개념에 기초해 정치권력을 정당하게 사용하도록 만들어야 한다. 나아가 정당이 올바른 가치 정립과 개방적인 토론으로 내부의 민주주의를 확립하고, 정당 간의 협상으로 국민의 다양한 생각과 이해가 조화롭게 반영된 사회적 합의를 찾아갈 수 있게 해야 한다. 이를 위해 가장 필요한 것은 시민의 정치 참여다. 시민이 활발하게 정치에 참여할 때 정치 활동과 관련한 정보가 대칭을 이루고, 역선택과 도덕적 해이가 나타나는 문제를 막을 수 있다.

시민의 정치 참여가 중요한 두 번째 이유는 기득권 세력의 지나친 정치적 영향력으로 국민주권의 원리가 왜곡되는 문제를 해결하기 위해서다. 보편적 시민의 공정하고 평등한 정치 참여가 가능해야 정치적 영향력의 평등성을 확립하고, 진정한 국민주권의 원리를 실현할 수 있다. 기득권 세력이 힘과 권력, 전문성을 바탕으로 언론과 정치를 장악하면서 민주주의가 병들고 있다. 기득권 세력을 견제하고, 정치 과정에서 정상적인 공론의 장이 형성될 수 있도록 시민의 정치 참여가 활성화되어야 한다. 시민의 실질적인 정치 참여 기회를 공평하게 보장하기 위한 여건을 마련하는 것은 시혜적인 복지 정책의 문제가 아니라, 민주시민의 당연한 권리를 보장해 국민주권의 원리를 실현하기 위해서다.

시장도 사회 안에서만 존립할 수 있다. 경제 논리가 정치를 지배하여 성장만능주의에 빠져들고, 자본가와 사업주, 부자와 대기업의 이해관계가 나머지 보편적 시민의 희생 위에 군림하게 해서는 안 된다. 사회질서 안에서 확립된 재산권이 없었으면 자본주의는 시작조차 할 수 없었다. 자본주의 시장질서도 보편성을 갖춘 사회질서 아래 머물 때 그 기능이 정상적으로 작동할 수 있는 것이다. 지금까지 자본주의가 살아남은 것도 적절한 규제가 함께했기 때문이다. 앞으로도 그럴 것이다. 사회의 지속가능성 없이 시장의 지속가능성은 담보되지 않는다. 자유로운 경쟁에 근간을 둔 시장의 효율성이 경쟁이 아닌, 독점을 지향하는 자본의 탐욕으로 인해 훼손되어 가는 것을 막기 위해서도 규제가 필요하다. 자본주의를 앞세운 기득권 세력의 과도한 정치적 영향력 행사를 막고, 자본주의가 타락하지 않도록 하는 적절한 규제를 사회질서로 확립하려면 시민의 정치 참여가 절실히 필요하다.

세 번째로 시민의 정치 참여는 인간의 본성을 살리는 길이기도 하다. 인간은 시장에서 물질적 욕구를 충족하려는 이기심과 사회에서 타인과 관계를 맺으며 공존하려는 사회성을 발현하며 살아가고 있다. 인간의 본성인 이기심을 조화롭게 실현하는 것은 시장질서가 원활하게 작동하기 때문이다. 그리고 시장질서가 원활하게 작동할 수 있는 것은 정치가 시장을 위해 적절한 사회질서를 확립해 주었기 때문이다. 인간이 타인과 원만한 관계를 맺으며 공존하는 사회성을 발현할 수 있는 것은 모든 사람이 지켜야 할, 합의된 공통의 규칙이 사회질서로 확립되어 있기 때문이다. 이처럼 이기심과 사회성이라는 인간의 본성을 조화롭게 발현할 수 있는 환경을 만들어 가는 것이 정치다.

민주주의 정치는 국민의 다양한 생각과 이해관계를 조정하고, 사회의 보편적인 공익이 실현될 수 있도록 사회질서를 확립한다. 정치 과정에 반영되는 국민 개개인의 이해관계와 가치 판단은 각자의 이기심과 사회성이 내면에서 조화를 이뤄 만들어진 정치적 선호 형태로 나타난다. 개별 시민의 다양한 정치적 선호가 정치를 통해 통합의 길을 찾는 것은 사회 전체적으로 나타나는 집합적 이기심과 사회성의 본성이 조화를 이루는 길을 찾는 것과 같다. 결국 사회 안에서 종합적으로 조화를 이룬 최적의 인간 본성 통합의 길을 찾아 인간의 본성을 가장 잘 실현해 낼 수 있도록 하는 것이 민주주의 정치다. 그리고 그런 민주주의 정치를 실현할 수 있는 유일한 길은 다양한 시민의 정치적 선호가 정치 안으로 모여들 수 있도록 모든 시민이 적극적으로 정치에 참여하는 것이다.

마지막으로 지금의 정치가 모순 시대의 문제를 극복하지 못하고 문제를 더 키우는 방향으로 나아가고 있는 것도 시민의 정치 참여가 절실히 필요한 이유다. 내일에 대한 희망을 절망으로 덮어 가고 있는 극단적인 경쟁 사회에서 부의 대물림이 고착화하고 있다. 모두가 행복해지기를 원하지만, 아무도 행복하지 못한 모순 시대의 구조적인 문제들을 해결해야 할 주체는 정치다. 그런데 정치 스스로 모순 시대의 함정에 빠졌다.

사회가 소유 욕망에 사로잡혀 극단적인 경쟁이 벌어지고 존재의 본질을 잃어 가고 있는 모순 시대의 문제들을 정치가 나서서 해결해 주기를 간절히 원하지만, 안타깝게도 현실의 정치는 모순 시대의 정치 문법을 따르면서 모순 시대의 문제를 오히려 더 키우고 있다. 모든 국민이 행복한 사회를 근본적으로 지향해야 할 정치가 권력을 둘러싼 정쟁에만 빠져 있다. 본질적 목적을 달성하기 위한 수단에 불과한 정권 창출 경쟁이 정치의 최종 목적으로 전도되어 갈등과 대립을 키우고 있는 것이다. 대화와 타협으로 국민의 다양한 이해관계를 조정하고 공익을 확보해야 할 정치가 자신들의 이해관계조차 조율하지 못하고 있다.

이런 정치가 실망스러운 것은 사실이지만, 그래도 실망만 해서는 문제를 해결할 수 없다. 모순 시대를 극복해야 할 정치 자체가 모순 시대의 문제를 심화시키는 모순을 해결할 수 있는 유일한 주체는 시민이다. 시민 스스로 정치에 더 많은 관심을 기울이고, 적극적으로 참여해야 한다. 시민의 정치 참여가 아니면 정치 개혁은 불가능하다.

현재 우리 사회는 저출생과 고령화, 저성장 고착화, 양극화와 불평등, 노동시장의 이중 구조, 높은 자살률, 기후변화 위기 등 복잡하고 다양한 문제들에 직면해 있다. 모두 명확한 해결책을 찾기 어려운 것들이다. 그 해결책을 찾도록 기댈 수 있는 유일한 길 역시 올바른 정치다. 시민의 정치 참여를 통해 사회적 합의를 찾는다면, 아무리 복잡하고 어려운 사회 문제라도 해결 방안을 만들어낼 수 있다.

문제는 정치다. 시민이 주도하는 진정한 민주주의를 확립해야 한다. 시민이 먼저 정치 참여에 적극적으로 나서 정치가 실질적인 시민 참여 기반을 강화하고, 그에 따라 더 많은 시민 참여가 가능해지는 민주주의 발전의 선순환 구조를 만들어야 한다. 시민 참여로 확립한 진짜 민주주의는 그 어떤 사회 문제도 해결할 수 있게 할 것이다. 서로 다르게 생각하는 시민의 다양한 견해 안에서 찾아낸 공통분모는 오직 신만이 알고 있는 해답에 가장 가까이 다가갈 수 있게 할 것이기 때문이다.

인간의 경제 활동은 이기심에 기초하여 자기 목적을 달성하는 것이기 때문에 매우 사적인 것으로 생각하는 경향이 있다. 그래서 경제에 공공성을 가미하는 것은 경제 활동을 제약하는 심각한 문제라고 여기는 경우가 많다. 그러나 경제는 기본적으로 강한 공공성을 탑재하고 있다. 경제는 세상을 다스려 백성을 구하는 경세제민經世濟民을 위한 것이다. 시장의 가격 기구가 효율적이라고 하는 것은 인간의 이기심을 조화롭게 조정하여 사회 전체의 후생을 극대화할 수 있다고 생각하기 때문이다. 결과적으로 경제는 사익으로 시작하여 공익에 이르는 길을 제시하는 것이라 할 수 있다. 이러한 공공성을 살려 경제의 본질적 목적을 이루게 하는 것이 바로 민주정치다. 민주정치를 통해 시장가격 중심의 자원 배분이 이루지 못한 효율성과 형평성을 완성할 수 있다.

반대로 민주정치 역시 공공경제 없이는 제 기능을 할 수 없다. 민주주의는 모든 국민이 행복하게 살아갈 수 있는 사회를 지향하는데, 공공경제가 국민 행복의 한 축을 담당하고 있기 때문이다. 진정한 민주주의는 모든 사람이 동등한 정치적 권리를 가질 때 가능하다. 모든 시민의 정치 참여라는 공정하고 평등한 정치적 권리 행사의 기반은 생활권의 보장에서 나온다. 시민의 생활권을 보장하는 것이 공공경제다.

이처럼 민주정치와 공공경제는 상호보완적인 관계를 갖는다. 그리고 양자가 원만한 관계를 형성하도록 가교 역할을 하는 것이 시민의 정치 참여다. 경제 활동에 참여하지 않고 살 수 있는 사람이 없는 것처럼, 모든 시민이 정치 활동에 참여해야 모두가 함께 잘 살 수 있는 세상을 만들 수 있다. 시민의 정치 참여를 매개로 민주정치가 제대로 된 공공경제를 만들고, 공공경제가 제대로 된 민주정치를 만들어낼 수 있다. 정치 참여는 모든 시민의 권리이자 의무다.

> 나의 목소리가 국가의 일에 미칠 수 있는 영향력이 아무리 약하다 할지라도, 자유 국가의 시민이자 주권자의 한 사람으로 태어나 투표권을 가진 것만으로도 정치에 관해 알아야 할 의무를 나 자신에게 부과하기에 충분하다.[208]

---

208 Jean Jacque Rousseau, *The Social Contract*, 1762 (김중현 역, 「사회계약론」, 펭귄 클래식, 2010), pp.11~12.

Adam Smith, *The Theory of Moral Sentiment*, 1759 (Introduction by Amartya Sen, 2009, London: Penguin books).

_____, 1776, *The Wealth of Nations* (Intruduction by Alan B. Krueger, 2003), New York: Bantam

Alexis de Tocqueville, *De la democratie en Amerique*, 1835 (임효선·박지동 역, 『미국의 민주주의』, 한길사, 2014).

Arnold Joseph Toynbee, *A Story of History*, 1934-1961 (홍사중 역, 『역사의 연구』, 동서문화사, 2016).

Bernard Crick, *In Defence of Politics*, London: Weidenfeld & Nicolson, 1992 (이관후 역, 『정치를 옹호함』, 후마니타스, 2021).

Burten A. Weisbrod, *The Nonprofit Economy*, Cambridge, MA: Harvard University Press, 1988.

Deborah A. Brautigam, "The people's budget? Politics, power, popular participation and pro-poor economic policy", *Citizen Participation and Pro-poor Budgeting*, 2004.

Edmund Burke, *Reflections on the Revolution in France*, 1790 (이태숙 역, 『프랑스 혁명에 관한 성찰』, 한길사, 2008).

E. H. Carr, *What is History?*, 1961 (Introduction by R. J. Evans, 2001, Penguin Random House UK).

Erich Fromm, *To Have or To Be*, US: Harper & Row, 1976 (최혁순 역, 『소유냐 존재냐』, 범우사, 2021).

_____, *Escape from Freedom*, US: Farrar & Rinehart, 1941 (이상두 역, 『자유에서의 도피』, 범우사, 2022).

Estelle James, 1987. "The Nonprofit Sector in Comparative Perspective." In W. W. Powell (eds). *The Nonprofit Sector: A Research Handbook* (pp.397~415), New Haven, CT: Yale University Press.

Franck Thilly, *A History of Philosophy*, 1914 (김기찬 역, 『틸리 서양철학사』, 현대지성, 2020).

Francis Fukuyama, *The End of History and the Last Man*, 1992(이상훈 역, 『역사의 종말』, 한마음사, 1992).

_____, *Liberalism and Its Discontents*, New York: FSG, 2022.

Friedrich A. Hayek, *Law, Legislation and Liberty: Volume 1, Rules and Order*, Chicago: The University of Chicago Press, 1973.

_____, *Law, Legislation and Liberty: Volume 2, The Mirage of Social Justice*, Chicago: The University of Chicago Press, 1976.

_____, *Law, Legislation and Liberty: Volume 3, The Political Order of a Free People*, Chicago: The University of Chicago Press, 1979.

Georg Wilhelm Friedrich Hegel, *Phanomenologie des Geistes*, 1807 (김양순 역, 『정신현상학』, 동서문화사, 2016).

_____, *Grundlinien der Philosophiie des Rechts*, 1821(박배형 주해, 『헤겔과 시민사회: 『법철학』『시민사회』장 해설』, 서울대학교 출판문화원, 2017).

Henry B. Hansmann, "The Role of Nonprofit Enterprise", *The Yale Law Journal* 89(5), 1980, pp.835~901.

Henry George, *Progress and Poverty: An Inquiry into the Cause of Industrial Depressions and of Increase of Want with Increase of Wealth: The Remedy*, 1879(김윤상 역, 『진보와 빈곤』, 비봉출판사, 2017).

Ian S. Ross, *The Life and Rimes of Adam Smith*, Oxford: Clarendon Press, 1995.

Immanuel Kant, *Kritik der reinen Vernunft*, 1781(최재희 역, 『순수이성비판』, 박영사, 2021).

_____, *Kritik der praktischen Vernunft*, 1788(최재희 역, 『실천이성비판』, 박영사, 2018)

_____, *Zum ewigen Frieden. Ein philosophischer Entwurf*, 1795(박환덕 역, 『영구평화론』, 범우사, 2015).

Jacques Derrida, *Spectres de Marx: l'état de la dette, le travail du deuil et la nouvelle Internationale*, Éditions Galilée, in French, 1993(진태원 역, 『마르크스의 유령들』, 그린비, 2017).

James S. Coleman, *Foundations of Social Theory*, Cambridge, MA: Harvard University Press, 1990.

Jean Jacque Rousseau, *A Discourse on Inequality*, 1755 (김중현 역, 『인간 불평등 기원론』, 펭귄클래식, 2015).

_____, The Social Contract, 1762 (김중현 역, 『사회계약론』, 펭귄클래식, 2010).

Jeremy Rifkin, *The European Dream*, UK: Jeremy P. Tarcher/Penguin, 2004 (이원기 역, 『유러피안 드림』, 민음사, 2005).

John Rawls, *A Theory of Justice*, US: Harvard University Press, 1971 (황경식 역, 『정의론』, 이학사, 2014).

John Stuart Mill, *On Liberty*, 1859 (권기돈 역, 『자유론』, 펭귄클래식, 2015).

Jürgen Harbermas, *Faktizitat und Geltung*, Berlin: Suhrkamp Verlag, 1992 (한상진·박영도 역, 『사실성과 타당성』, 나남, 2017).

_____, *Der Philosophische Diskurs der Moderne: Zwolf Vorlesungen*, 1985 (이진우 역, 『현대성의 철학적 담론』, 문예출판사, 2021).

Karl Polanyi, *The Great Transformation*, 1944 (홍기빈 역, 『거대한 전환』, 길, 2009).

Lester M. Salamon, "Of Market Failure, Voluntary Failure, and Third-Party Government: Toward a Theory of Government-Nonprofit Relations in the Modern Welfare State", *Nonprofit and Voluntary Sector Quarterly*, 16, 1987, pp.29~49.

_____, *Partners in Public Service: Government - Nonprofit Relations in the Modern Welfare State*, Baltimore: Johns Hopkins University Press, 1995.

Lester M. Salamon, S. Wojciech Sokolowski, and Associates, *Global Civil Society: Dimensions of the Nonprofit Sector*, US: Kumarian Press, 2004.

Lev Nikolayevich Tolstoy, *War and Peace*, 1864-1869 (연진희 역, 『전쟁과 평화』, 민음사, 2018).

_____, *Voskresenie*, 1898~1899 (이동현 역, 『부활』, 동서문화사, 2015).

Marilyn Rubin, and John Bartle, "Equity in public budgeting: Lessons for the United States.", *Journal of Social Equity and Public Administration* 1(2), 2023, pp.11~25.

Max Weber, *Politik als Beruf*, 1919 (최장집 엮음, 박상훈 역, 『소명으로서의 정치』, 후마니타스, 2013).

Mike Berry, *Morality and Power: On Ethics, Economics, and Public Policy*, Massachusetts: Elgar, 2017.

OECD, *Consumption Tax Trends 2022: VAT/GST and Excise, Core Design Features and Trends*, Paris: OECD Publishing, 2022.

Richard A. Musgrave, "Public finance and three branch model", *Journal of Economics and Finance* 32, 2008, pp.334~339.

Robert A. Dahl, *Democracy and Its Critics*, US: Yale University Press, 1991.

Robert Putnam, "Bowling Alone." *Journal of Democracy* 6(1), 1995, pp.65~78.

Samuel Enoch Stumpf and James Fieser, *Socrates to Sartre and Beyond-A History of Philosophy*, US: McGraw-Hill, 2003(이광래 역, 『소크라테스에서 포스트모더니즘까지』, 열린책들, 2019).

Samuel P. Huntington, *The Clash of Civilizations and the Remarking of World Order*, US: Simon & Schusterm 1996(이희재 역, 『문명의 충돌』, 김영사, 2003).

Seok Eun Kim and You Hyun Kim, "Measuring the Growth of the Nonprofit Sector: A Longitudinal Analysis", *Public Administration Review* 75(2), 2015, pp.242~251.

_____, "Democracy and Nonprofit Growth: A Cross-National Panel Study", *Nonprofit and Voluntary Sector Quarterly* 47(4), 2018, pp.702~722.

_____, "What Drives Social Responsibility Commitment? An Empirical Analysis of Public Enterprises in South Korea", *International Review of Administrative Sciences* 88(1), 2022, pp.152~170.

Thomas Hobbes, *Leviathan*, 1651(최공웅·최진원 역, 『리바이어던』, 동서문화사, 2018).

Thomas Piketty, *Capital in the Twenty-First Century* (Translated by Arthur Goldhammer, 2014), US: Harvard University Press, 2013.

Thorstein Bunde Veblen, *The Theory of the Leisure Class*, 1899(김성균 역, 『유한계급론』, 씨네스트, 2005).

William Godwin, *An Enquiry Concerning Political Justice*, OXFORD University Press, 1793.

You Hyun Kim and Seok Eun Kim, "Testing an Economic Model of Nonprofit Growth: Analyzing the Behaviors and Decisions of Nonprofit Organizations, Private Donors, and Governments", *International Journal of Voluntary and Nonprofit Organizations* 27(6), 2016, pp.2937~2961.

_____, "What Accounts for the Variations in Nonprofit Growth? A Cross-National Panel Study",*International Journal of Voluntary and Nonprofit Organizations* 29(3), 2019, pp.481~495.

김대중, 『김대중 옥중서신』, 靑史, 1984.

김유현, 「정치적 민주화가 비영리부문 성장에 미치는 영향」, 『한국행정학보』 50(3), 2016, pp.131~159.

_____, 「사회적경제 활성화 요인에 대한 시군구 지역별 횡단면 분석」, 『한국행정학보』 53(4), 2019, pp.151~175.

김유현·홍다연·김석은, 「공공기관의 전략적 사회책임 활동이 경제적 성과에 미친 영향」, 『한국행정학보』 52(2), pp.143~164.

노무현, 『성공과 좌절, 노무현 대통령 못다 쓴 회고록』, 돌베개, 2019.

노무현, 『그리하여 노무현이라는 사람은: 노무현의 말과 글』, 돌베개, 2019.

관계부처 합동, 「탄소중립·녹색성장 국가전략 및 제1차 국가 기본계획(중장기 온실가스 감축목표 포함)」, 2023.4.

국회예산정책처, 「2023 대한민국 조세」, 2023.

중앙선거관리위원회, 「제20대 대통령선거 투표율 분석」, 2022.

프레시안, "23년 세계 경제는 '해도에 없는 바다'… 윤석열 '감세' 위험", 2023.2.13.